Vorwort

Kein Thema der Welt läßt sich vorurteilsfrei darstellen und schon gar nicht ein so umstrittenes wie das der Okkultwelle, deren Zeugen wir gerade werden.

Als wir vom Heyne Verlag um diesen Beitrag gebeten wurden, stand von vornherein fest, daß es nicht darum gehen konnte, das Phänomen des Esoterikbooms von außen zu beurteilen. Dazu waren und sind wir beide zu verwickelt in diesen Bereich. Wir haben die letzten 20 Jahre in der Auseinandersetzung mit Themen aus dem Bereich der Esoterik verbracht und wurden so quasi von Anfang an Zeugen jenes Phänomens, das heute als sogenannte Esowelle an Einfluß gewinnt. So wird es eher auf eine kritische Beleuchtung der Szene und ihrer Phänomene von innen hinauslaufen.

Wir wollen dabei versuchen, die Spreu vom Weizen zu trennen durch eine deutliche Unterscheidung, was Esoterik und der esoterische Weg im positiven Sinn bedeuten kann, und jenem, was sich heute im Zuge der Okkultismuswelle unter diesem Namen anbietet und anbiedert. Wer oder was sich heute auf Esoterikmessen gut verkauft, muß nicht unbedingt mit den ursprünglichen Inhalten esoterischer Weisheitslehren zu tun haben. Dabei soll der profane geschäftliche Aspekt der Okkultwelle nicht abgewertet, sondern eher abgegrenzt werden von jener tieferen und nicht käuflichen Ebene. Es soll gleichermaßen ein Leitfaden entstehen, um die glitzernde, spektakuläre Fassade als Ausdruck der Modeerscheinung von den ursprünglichen und eigentlichen Inhalten wieder zu trennen.

Ein anderer Schwerpunkt gilt der Frage, was gerade unsere Zeit reif macht, von einer Okkultismuswelle diesen Ausmaßes überflutet zu werden. Handelt es sich hier um den Beginn einer Sintflut, die letztlich all die Errungenschaften der vernunftregierten jüngeren Vergangenheit verschlingen wird? Oder um die segensreiche Bewässerung einer vertrockneten Geistes/r-Landschaft?

Ein-Blick in die Okkultszene

Der Papst ruft auf, »dem ungezügelten Treiben des Satans ein Ende zu setzen«, 300 Wissenschaftler treffen sich zu einem Kongreß über Satanologie in Turin, der heimlichen Hauptstadt der schwarzen Magie. Hier soll der Teufelskult 40.000 Anhänger haben. Die katholische Kirche der Stadt beschäftigt allein sechs Exorzisten, die zunehmend zu Hilfe gerufen werden. In Deutschland gesteht ein Junge, einen Polizisten umgebracht zu haben, weil ihn während einer Seance ein Dämon dazu aufgefordert habe. Ein Vierzehnjähriger tötet seine Mutter, nachdem ihm Satan in einer Vision erschienen ist. Ein Fünfzehnjähriger erschießt seinen Bruder, um dem Teufel ein Opfer zu bringen. Ein junges Mädchen bringt sich selbst um und hinterläßt ein Tagebuch voller satanistischer Zeichnungen. In München werden zehn junge Leute zwischen 15 und 21 zu mitternächtlicher Stunde auf einem Friedhof festgenommen. »Luzifer, Herr der Finsternis, höre uns!« hatten sie während ihres Teufelsdienstes ausgerufen.

Was anmutet wie makabre Berichte aus dunkelsten Zeiten, sind in Wirklichkeit einige wenige Schlaglichter aus jüngster Vergangenheit der wiederauflebenden Satansszene. Die Reihe solcher Schilderungen ließe sich noch lange fortsetzen. Dabei handelt es sich hier lediglich um einen kleinen, wenn auch besonders düsteren Randaspekt der immer schneller wachsenden Okkultszene. Die sechs in bundesdeutschen Polizeiberichten ausdrücklich aufgeführten Ritualmorde dürften allerdings nur die Spitze eines Eisberges sein. Jener Bereich, in dem die Satansszene mit dem Strafgesetzbuch kollidiert, ist naturgemäß klein. Dieses ist auf solche Irrationalismen in keiner Weise eingestellt. Als die, sich als Hexe bezeichnende Ulla von Bernus im bundesdeutschen Fernsehen berichtet, wie sie durch Hexerei mordet, bleibt der Arm des Gesetzes ganz entspannt. Derlei gilt bei uns als unmöglich und Unmögliches ist natürlich nicht strafbar. Auch die zum bewußten Mord bereiten Khomenianhänger blieben straffrei, obwohl sie mit Mordparolen gegen Salman Rushdi, den Verfasser der *Satanischen Verse,* durch die

Straßen zogen. Verfluchungen, Todeswünsche und anderer irrationaler Zauber sind in unserer rationalen Zeit nicht strafbar, soviel wenigstens glauben wir aus der dunklen Zeit der Inquisition mit ihren Hexenverfolgungen gelernt zu haben.

Der dunkelste Aspekt der gegenwärtig rollenden Okkultwelle ist sicherlich verbreiteter als vielfach angenommen. Der Bayreuther Theologieprofessor Spar schätzt, daß heute bereits wieder 40% der Bundesbürger an den Teufel glauben. Gegenüber den weniger schlagzeilenträchtigen Aspekten der Bewegung bleibt der satanistische Anteil jedoch eher bescheiden. Laut Umfrage der Dortmunder Gesellschaft für Sozialforschung (Forsa) glauben 93% der Deutschen, daß es »Dinge zwischen Himmel und Erde gibt, denen die herkömmlichen Wissenschaften nicht beikommen«. Von 1000 repräsentativ Befragten geben 45% an, schon einmal Erfahrungen gemacht zu haben, »die sich mit dem Verstand nicht erklären lassen«. 80% der Bundesbürger halten es gar für »möglich«, vor diesem Leben schon einmal gelebt zu haben. 12% sind sich in dieser Hinsicht sogar ganz sicher. Das sind immerhin sieben Millionen Menschen. Interessant ist, daß besonders junge Menschen mit überdurchschnittlicher Schulbildung an die Lehre von der Wiedergeburt glauben. Unter ihnen sind es 19%; Gleichaltrige ohne höhere Schulbildung vertrauen nur zu 12% auf Reinkarnation. 60% aller Hauptschüler glauben fest an die magische Kraft des Pendels, 200.000 Schüler haben laut Umfrage schon Erfahrungen mit Spiritismus gemacht. Der Freiburger Psychologieprofessor Johannes Mischo beschwört bereits die Gefahr einer »suchtartig anmutenden Abhängigkeit« der Jugendlichen. Und in der Tat geben fast 40% aller wegen »psychosozialer Auffälligkeiten« in Behandlung geratenen Jugendlichen an, Mitglied eines okkulten Zirkels zu sein. Wobei man natürlich auch umgekehrt vermuten könnte, daß sie erst auf Grund ihrer Schwierigkeiten zu diesen Zirkeln gestoßen sind. Seminarrektor Wolfgang Hund, der als Beauftragter des bayerischen Kultusministeriums gegen den Okkultismus an den Schulen zu Felde zieht, sagt: »Es gibt in Bayern wohl keine Schule mehr, an der okkulte Praktiken nicht gang und gäbe sind.« Sogar in Jugendzeitschriften wie »Bravo« fanden sich bereits detaillierte Anleitungen, wie man mit

Geistern in Kontakt treten könne. Es wäre aber weit gefehlt, das Ganze als ein Jugendphänomen abzutun. Der Düsseldorfer Sozialpsychologe Ulrich Müller von der Forschungsgruppe »Weltanschauung« stellt fest: »Die Eltern sind oft Vorbild. Ein Jahresumsatz der Okkultismusindustrie von 600 Millionen Mark allein in der Bundesrepublik beweist doch, daß diese Phänomene zunehmend von der Gesamtgesellschaft akzeptiert werden.«

Tatsächlich konnte man im deutschen Fernsehen Augenzeuge werden, wie ein lange verstorbener Arzt namens Dr. Fritz durch einen heute lebenden brasilianischen Arzt spricht und handelt. Dieser »operierte« ohne jede Narkose und Desinfektion vor laufenden Kameras und am laufenden Band. Weniger spektakulär, aber ebenfalls vor Millionenpublikum fand der Geistheilungsversuch des Schweizer Mediums Silvia Wallimann im Fernsehen statt. Dem Aufschrei der rational-intellektuellen Zuhörer stand eine Flut von positiven Erfahrungen geheilter oder gebesserter »Patienten« gegenüber. Laut der Zeitschrift »Der Spiegel« lasen 1982 bereits 54% der Deutschen regelmäßig ihr Horoskop in Zeitschriften, 10% mehr als 1975, und die Tendenz war weiter steigend. Mit 60 Millionen DM gibt der »Spiegel« die Ausgaben der Deutschen allein für Astrologie an. In fast jeder größeren Stadt der Bundesrepublik werden inzwischen Tarot-Seminare, I-Ging Kurse und andere uralte Orakeltechniken[1] angeboten. Vielerorts kann man in Wochenendkursen lernen, Kontakt mit dem eignen Schutzengel aufzunehmen, seinen Tierverbündeten in schamanistischen Ritualen kennenzulernen oder mit magischen Praktiken dem eigenen Leben neuen Schwung zu geben. Turnvater Jahn und biedere Gymnastik sind lange passé, die Deutschen üben sich in Tai Chi und Hatha Yoga[2]. Eine unübersehbare Flut von östlichen und

---

[1] Auf Tarot, I Ging und andere heute wieder populär werdende Orakeltechniken wird in einem eigenen Kapitel ausführlich eingegangen.

[2] Beim Tai Chi handelt es sich um jene Grundform der östlichen Kampfkünste, die bei uns auch als chinesisches Schattenboxen bekannt wurde. Hatha Yoga ist der bei uns am meisten verbreitete Yogaweg. Hier geht es vor allem um die Einübung in besondere Körperhaltungen, Asanas genannt.

westlichen und völlig neuen Meditationssystemen wird angeboten und findet reißenden Absatz. Immer mehr Deutsche verlieren auch das Zutrauen zur etablierten Medizin und wechseln zu Heilpraktikern oder sogar Geistheilern über, philippinische Psychochirurgen öffnen aushilfsweise nun auch deutsche Haut, indianische Medizinmänner überlassen gegen entsprechendes Entgelt gestreßten Wohlstandsbürgern ihre alterprobten Heilungsrituale.

Diese Phänomene beschränken sich aber keineswegs auf den deutschen Raum, in den USA schlagen die Wellen des Esoterikbooms eher noch höher. Generell schwappt die Esoterikwelle über alle Industrieländer und scheint zu einem nicht mehr zu leugnenden Phänomen in unserer aufgeklärten Zeit zu werden. In den »weniger entwickelten« Ländern war der Glauben an das Okkulte sowieso nie erloschen. Der amerikanische Philosophieprofessor Paul Kurtz konstatierte kurz und bündig: »Wir leben in dem beginnenden Zeitalter des pseudowissenschaftlichen Irrationalismus.« In seiner US-amerikanischen Heimat glaubt fast die Hälfte der Bevölkerung bereits wieder an überirdische Kräfte. Channeling, was nichts anderes bedeutet, als sich zum Kanal für Geistwesen zu machen, ist der große Renner. Diese moderne Wiedergeburt des Spiritismus hat dort bereits über fünf Millionen Anhänger gewonnen und wird in eigenen Fernsehsendungen propagiert. Die von Geistwesen diktierten Bücher lassen sich kaum noch zählen, und auch bei uns gewinnt diese neue Spielart des Geisterglaubens ständig an Boden.

Mit amerikanischer »Entwicklungshilfe«, aber auch schon zunehmend aus eigener Geister/s-Kraft werden »internationale Konferenzen« für Channeling abgehalten und Seminare veranstaltet.

Diese Aufzählung von Phänomenen und Strömungen ließe sich noch lange Zeit fortsetzen, ohne allerdings in irgendeiner Form weiterzuführen. Man kann dagegen wettern wie es etwa die etablierten christlichen Kirchen tun oder mit verklärtem Blick die Anzeichen für ein heraufdämmerndes Neues Zeitalter darin orten. Was man dagegen kaum noch kann, ist, das Gesamtphänomen ignorieren oder gar leugnen. Will man es als Ganzes verstehen, ist es notwendig, sich genauer mit den einzelnen Strömungen zu befassen, ihre Herkunft zu durchleuchten und die Rolle zu untersuchen, die sie in der heutigen Zeit spielen. Denn offensichtlich ist die Okkultwelle ein Kind unserer Zeit. Bei genauerer Betrachtung stellt man allerdings schnell fest, daß die Phänomene an sich gar nicht so neu sind. Der Same war immer da, nur brauchte er offenbar den richtigen Nährboden. Ohne es recht zu merken, muß unsere Zeit geradezu einen idealen Nährboden für all die Blüten der Okkultszene geschaffen haben. Bevor die einzelnen Richtungen eingehender betrachtet werden, scheint es angezeigt, diesen Urgrund zu durchleuchten. Erst nach der Erforschung des Bodens, auf dem das Ganze so farbenfroh und artenreich gedeiht, werden sich mögliche Gefahren und eventuelle Chancen der Bewegung wirklich einschätzen lassen.

Die Hintergründe der Esoterikwelle – betroffene Institutionen und deren Weltanschauung

Über das neuerliche Aufleben des Okkultismus erregen sich vor allem Vertreter der offiziellen christlichen Kirchen, der etablierten Wissenschaft und Politiker. Während die Antipathie gegen alles Irrationale bei der Wissenschaft mit ihrem auf strikter Ratio gegründeten Weltbild verständlich erscheint und Politiker traditionell erschrecken, wenn Menschen unter »unkontrollierten« Einfluß geraten, überrascht dieselbe Reaktion bei den Kirchen. Eigentlich müßte eine Abkehr der Menschen vom rational-materialistischen Denken ihrem Bestreben entgegenkommen. Wenn wir uns den Warnungen dieser drei, die Okkultwelle bekämpfenden Instanzen zuwenden, geht es dabei vorerst nicht so sehr darum, die wirklichen Gefahren dieser Bewegung aufzuzeigen, als vielmehr die tieferen Beweggründe hinter den Antipathien dieser drei Gruppen aufzudecken. Sie verhalten sich ja nicht nur wie Bedrohte, sondern sind es offensichtlich, geraten sie doch in Gefahr, immer mehr Anhänger und damit Einfluß an die okkulte Konkurrenz zu verlieren. Bei der Durchleuchtung der Hintergründe solcher Bedrohung werden wir mit großer Wahrscheinlichkeit die Bedingungen finden, von denen die Okkultwelle lebt.

Die Wissenschaft und ihr Weltbild

Das Weltbild der heute an unseren Schulen gelehrten Wissenschaft hat vielfältige Wurzeln. An seiner Basis ist es geprägt von Namen wie Descartes, Newton, Kant und Darwin. Mit den Studien von Kopernikus und Galilei setzte sich eine auf kühlen Verstand und strenge Nachprüfbarkeit bauende Geisteshaltung durch. Die Naturwissenschaft setzte ihr auf strenger Rationalität fußendes Weltbild gegen den heftigen Widerstand der bis dahin praktisch unumschränkt herrschenden Kirchenmacht durch. Von nun an dominierte ihre Rationalität viele Fakultäten, die bisher von der Dogmenlehre der Kirche beherrscht wurden. Die Wirklichkeit war nun genau definiert und sorgfältig im cartesianischen Koordinatensystem eingefangen. Auch im großen Rahmen bewegten sich die Himmelskörper auf den von Newton vorausberechneten Bahnen. Die mechanistische Sicht der Welt hatte die spirituelle abgelöst. Was bis vor kurzem als beseelt galt, war nun zu toter Materie geworden, die logischen Gesetzen gehorchte. Die Physik beendete ihren Dornröschenschlaf, in dem sie seit der Antike verharrte, ließ alle Metaphysik hinter sich und fand die mechanischen Gesetze, die die unbelebte Natur bestimmen. Die Astronomie löste sich von der Astrologie und erforschte erfolgreich die mechanischen Abläufe am Himmelsgewölbe, das nun keines mehr war. Die Biologie wurde von Darwin durch die Evolutionstheorie bereichert, die ganz ohne einen Schöpfergott auszukommen schien. Was die Bibel so bildreich umschrieb, war nun in wissenschaftlicher Sprache faßbar geworden. Das Gesetz von der Durchsetzung des Stärksten, das Darwin in der Natur gefunden hatte, wurde nebenbei zur beherrschenden Maxime der Wirtschaft, wobei es natürlich auch bisher schon im Zusammenleben der Menschen seine Spuren hinterlassen hatte. Nun war es aber gleichsam auch noch von der Natur abgesegnet. Die Medizin bemühte sich mit der ihr eigenen Verzögerung, die kirchlichen Dogmen hinter sich zu lassen und der neu entdeckten Maschine Mensch wissenschaftlich gerecht zu werden.

Dieser Geisteshaltung, die die Welt als eine große vorausberechenbare Maschine betrachtete, verdanken wir fast alles, was heute als Fortschritt bezeichnet wird, vom immensen Wissen über die Vorgänge in der Natur bis zu den Errungenschaften moderner Technik. Die Wissenschaften, und ganz besonders die Naturwissenschaften, schienen auf dem besten Wege, das Leben auf dieser Erde mitsamt derselben in den Griff zu bekommen. Als Lord Kelvin, einer der bedeutenden Physiker des vergangenen Jahrhunderts, von einem Studenten gefragt wurde, ob er ihm rate, Physik zu studieren, riet er ihm mit dem Hinweis ab, daß bis auf geringfügige Probleme das Feld der Physik bereits abschließend bearbeitet sei. Der Teufel saß aber wie so oft gerade im Detail.

An diesen minimalen Unstimmigkeiten setzten die Physiker Albert Einstein, Niels Bohr und Max Planck an und enthüllten Zug um Zug Unstimmigkeiten im Weltbild der klassischen Physik. Bisher hatte alles so verläßlich seinen geregelten Lauf genommen. Die klassische Newtonsche Physik hatte sich auf das bestens erprobte Kausalitätsprinzip verlassen können, auf das noch einzugehen sein wird. Tür um Tür hatte sich den Forschern so bereitwillig geöffnet. Und nun traten ihnen bei der Erforschung des Mikrokosmos mit denselben bewährten Mitteln plötzlich unüberwindliche Hindernisse entgegen. So war es das rationale Denken selbst, das dem von ihm geschaffenen Weltbild den Boden entzog. Experimente enthüllten, daß die Grundlagen dieses Denkens bei weitem nicht so verläßlich waren wie angenommen. Einstein rüttelte mit seiner Relativitätstheorie an diesen Grundfesten, indem er zeigte, daß Raum und Zeit, bisher die Basis des cartesianischen Weltbildes, nicht absolut sind, sondern den Umständen entsprechend variieren können. Heisenberg ging mit seiner Unschärferelation noch weiter und bewies, daß es im Mikrokosmos gar nicht möglich ist, im bisher geglaubten Ausmaß objektive Meßdaten zu erhalten. Schließlich geriet auch noch das ehern geglaubte Kausalitätsprinzip ins Wanken und stürzte unter den unerbittlichen Ergebnissen der Experimente. Versuche, wie etwa der Doppelspaltversuch, die das unumschränkte Wirken der Kausalität widerlegen, können bereits im Physikunterricht der Schulen nachvollzogen werden.

Trotz solcher Erkenntnisse, die dem alten mechanistischen Weltbild den Boden entziehen, bleibt es doch bis in unsere Tage bestimmend. In den Schulen wird es nicht nur als Ausgangsbasis für ein neues von der Physik begründetes Weltverständnis gelehrt, sondern immer noch als das gängige Erklärungsmodell unserer Wirklichkeit. Wie bei jedem überholten Weltbild erleben wir hier einen langsamen Wandlungsprozeß. Schließlich hatte das mechanistische Verständnis auch seinerseits lange gebraucht, um die auf Dogmen gestützte Weltsicht der Kirche abzulösen. Eines der Experimente, die die mechanistische Weltsicht widerlegten, sei hier kurz skizziert. Es geht in seiner Planung noch auf Einstein, Rosen und Podolsky zurück und wurde von dem englischen Physiker David Bohm durchgeführt. Dabei werden in einem Teilchenbeschleuniger subatomare Teilchen erzeugt. Diese treten jeweils als spiegelbildliche Zwillinge auf. Wenn etwa ein negativ geladenes linksdrehendes Elektron auftritt, muß als Gegenpol auch ein positiv geladenes rechtsdrehendes Positron entstehen. Die Atomphysiker haben nun gelernt, solche Teilchen durch besondere Felder zu beeinflussen. Dabei trat immer wieder folgendes unerklärliche Phänomen zu Tage: Wird eines der beiden Teilchen in seinen Eigenschaften von außen verändert, geschieht bei seinem Zwillingsteilchen automatisch eine gegensinnige Zustandsänderung, ohne daß dieses Teilchen von außen in irgendeiner Form beeinflußt worden wäre. Noch unerklärlicher war die Tatsache, daß diese automatische Mitveränderung des Zwillingsteilchens im selben Moment stattfand, es also nicht die geringste Möglichkeit für eine Informationsübermittlung zwischen den beiden gab. Es war, als würde das Prinzip der spiegelbildlichen Gegensätzlichkeit im wahrsten Sinne des Wortes unter allen Umständen und um jeden Preis aufrechterhalten. Der englische Physiker John Bell ging dem Phänomen mathematisch nach und belegte schließlich im sogenannten Bell'schen Theorem, daß es sich um eine Gesetzmäßigkeit handelt. Damit war das Kausalitätsprinzip wissenschaftlich beerdigt. Bell ging aber noch einen Schritt weiter, indem er aufzeigte, daß es sich nicht um ein auf den subatomaren Raum beschränktes, sondern um ein generell gültiges Gesetz handelt. Alle sogenannten phasenverriegelten Teilchen (Teilchen, die im selben Augenblick aus derselben Quelle hervorgegangen sind) hängen für immer zusammen. Geht man davon aus, daß unser Universum aus einem Urknall hervorgegangen ist, wie die Wissenschaft lehrt, dann sind auch alle an dieser Urexplosion beteiligte Materiephasen verriegelt bzw. auf immer miteinander verbunden; und zwar auf eine nicht kausale und uns bisher nicht verständliche Art.

Wenn aber alle Materie auf diesem Planeten und in diesem Sonnensystem aus dem Urknall stammt, hängt in diesem Universum alles mit allem zusammen. Das nun ist eine Aussage, die sich ganz identisch auch in den uralten Schriften buddhistischer und hinduistischer Tradition findet und eine der Grundlagen der Esoterik bildet. Hier ist auch der Punkt, an dem neuerdings Physiker auf die Esoterik stoßen, einfach weil sie erleben, daß viele ihrer allerneuesten Erkenntnisse bereits seit Jahrtausenden in der esoterischen Tradition überliefert werden. Diese Begegnung von moderner Physik und alter esoterischer Tradition hat nicht unwesentlich zur Entstehung jener als New-Age-Bewegung populär gewordenen Erscheinung beigetragen.

Mögen die Ergebnisse der Physik in ihrer mathematischen Unerbittlichkeit auch bestechend sein, sie sind der täglichen Lebenserfahrung doch nur schwer zugänglich. Selbst wenn wir nachgewiesenermaßen wissen, daß Zeit relativ ist, leben wir doch weiter im festgefügten Stundentakt unserer lebenslangen Erfahrung. Höchstens im Traum, in dem wir Jahrzehnte in einem Moment durchleben können, mag für Augenblicke jenes Wissen von der wirklicheren Wirklichkeit durchblitzen, das uns die Physik zunehmend enthüllt.

Nicht anders ist es mit der Kausalität. Auch von ihr ist nun nachgewiesen, daß sie auf einer, wenn auch sehr plausiblen, Illusion aufbaut. Solange wir aber keine Erfahrungen aus jener stimmigeren Wirklichkeitsebene der Synchronizität[3] haben, wird sich das Bewußtsein an den alten überholten Gewohnheiten festklammern. Damit sich das Weltbild ändern oder, wie die Wissenschaft heute sagt, das Paradigma wechseln kann und wir jene uns von der Physik eröffnete Ebene der Gleichzeitigkeit geistig in Besitz nehmen können, sind Erfahrungen des Neuen notwendig.

---

[3] Synchronizität bezeichnet jenes unerklärliche Phänomen der Gleichzeitigkeit, wie es uns bei dem physikalischen Versuch mit den phasenverriegelten Zwillingsteilchen begegnet war. Die beiden Teilchen verhalten sich absolut synchron, wofür es keinerlei kausal-logische Ursache gibt. Für den Bereich der Psychologie hat C. G. Jung die Synchronizität ebenfalls als das der Wirklichkeit angemessenere Gesetz erkannt. Auch hier können wir es uns nicht erklären, haben aber eher die Möglichkeit, sein Wirken zu erfahren. Wenn wir etwa an einen Menschen denken müssen, den wir seit Monaten aus den Augen verloren hatten, und der Betreffende ruft im selben Moment an. Wir sprechen bei solchen Erlebnissen der Synchronizität gern von unerklärlichen Zufällen.

Das führt zum nächsten Berührungspunkt zwischen moderner Wissenschaft und Esoterik, jenem Punkt nämlich, wo die Wissenschaft gleichsam der Esoterik bedarf, um ihre neuen Ergebnisse erfahrbar zu machen. Schon vor der Atomphysik hatte der Psychologe Carl Gustav Jung das Prinzip der Synchronizität als das der Wirklichkeit angemessenere erkannt. Und lange vor ihm haben Zen-Meister und vedische Seher, Schamanen und Eingeweihte der verschiedensten Mysterien von diesem Prinzip nicht nur gewußt, sondern mit ihm gearbeitet. Sie sind den umgekehrten Weg wie die Physiker gegangen und haben zuerst Erfahrungen auf dieser Existenzebene gemacht und diese dann sekundär in Worte und Bilder gekleidet, um sie unserer Wirklichkeit mit ihrer scheinbaren Kausalität und ihrem linearen Zeitfluß verständlich zu machen.

In dem Maße, wie die Physik das theoretische Verständnis für diese Ebene der Wirklichkeit geliefert hat, erlangen die praktischen Übungen und Exerzitien, die diese Ebene erfahrbar machen, zunehmende Wichtigkeit. Es war die Wissenschaft selbst, die in ihrem Forscherdrang dem eigenen alten Weltbild den Boden unter den Füßen wegzog. Auf dem neu bereiteten Boden können die neuen Erkenntnisse, die sich der gewohnten Logik entziehen, am ehesten über die alten Exerzitien der Esoterik erlebt werden.

Diese Übungen gibt es schon seit Jahrtausenden, doch blieben sie einem größeren Bevölkerungskreis bisher unzugänglich. Die notwendigen Bedingungen waren nicht vorhanden, die Zeit war noch nicht reif. Insofern hat die Wissenschaft und insbesondere die Physik unsere Zeit reif gemacht für das alte Wissen der Esoterik, das ihren eigenen Erkenntnissen so weitgehend entspricht.

Auch bevor die Menschen begriffen, daß die Erde eine Kugel ist, waren schon Schiffe am Horiziont verschwunden und später wieder wohlbehalten aufgetaucht. Menschen hatten diese Erfahrung vom Ufer aus gemacht und andere an Bord der betreffenden Schiffe. Obwohl also alle Erfahrungen längst vorhanden waren, konnte sich das Wissen von der Kugelgestalt der Erde erst durchsetzen, als auch die notwendige Theorie, das entsprechende Bild dazu gefunden war. Auch das ist ein guter

Beleg für die Relativität unserer Wahrnehmung. Wir sehen und erleben nicht, was ist, sondern was wir einordnen können.

Diese Trägheit ist wohl der Grund, daß sich trotz der hieb- und stichfesten Beweise der Physik und der subjektiven Erfahrungsmöglichkeiten in geistigen Exerzitien das neue Weltbild nur langsam und allmählich durchsetzt. Unsere jahrhundertealten Erfahrungsmuster suggerieren uns ständig, daß wir eben doch nicht mit allen anderen Wesen und Dingen dieses Universums verbunden sind, wie Neue Physik und Esoterik gleichermaßen belegen. Wir fühlen uns im Gegenteil frei und unabhängig, wollen weiter so leben, als hätte unser Handeln keine weltweiten Auswirkungen. Das ganze Bild vom allumfassenden Netz, in dem alles Geschaffene zusammenhängt, ist uns noch fremd und ungewohnt. So bedürfen wir weiterer Hinweise, die uns das neue Weltbild nahebringen. Und wir bekommen sie immer reichlicher.

Im dem Maße, wie die Physik mit dem Kausalitätsgesetz gebrochen hatte, brach plötzlich auch in anderen Wissenschaftszweigen das Eis, und es fanden sich Ergebnisse, die mit dem logischen Verstand nicht mehr zu erklären waren. Dabei war es gar nicht notwendig, auf okkulte Phänomene zurückzugreifen. Ein inzwischen populär gewordenes Beispiel handelt von den Affen einer Insel im japanischen Meer. Verhaltensforscher hatten begonnen, sie mit Süßkartoffeln, die sie am Strand in den Sand legten, zu füttern. Eine Affendame ging dazu über, ihre Kartoffeln vor dem Verzehr zu waschen, um den Sand loszuwerden. Allmählich äfften andere, vor allem junge Affen sie nach, und irgendwann kam der für die Forscher überraschende Punkt, an dem plötzlich alle Affen sich zur Kartoffelwäsche bekehrten. Noch viel unerklärlicher aber war die Tatsache, daß auf einer hunderte von Meilen entfernten Insel im japanischen Meer, wo Forscher ähnliche Experimente durchführten, zur gleichen Zeit auch alle Affen anfingen, ihre Süßkartoffeln zu waschen. Bis dahin hatte hier kein einziger Affe solche Tendenzen gezeigt. Da das Phänomen gleichzeitig auftrat und keinerlei herkömmliche Kommunikation zwischen den Affen denkbar war, blieb das Phänomen den Wissenschaftlern unerklärlich. Der Biologe Rupert Sheldrake sammelte eine ganze Reihe solcher Phänomene und entwickelte daran seine Theorie der morphogenetischen Felder. Diese versucht nicht, die unverständlichen Zusammenhänge kausal-logisch zu erklären, sondern besagt, daß es von Raum und Zeit unabhängige Felder geben muß, die Entwicklungen in eine bestimmte Richtung lenken können. Das Entscheidende an diesen Feldern ist, daß sie weder auf materieller noch auf energetischer Vermittlung beruhen. Sheldrake spricht von »nichtenergetischer formbildender Verursachung« und vergleicht die Felder mit dem Bauplan eines Hauses. Als Idee ist dieser auch in keiner Weise materiell oder energetisch wirksam, aber doch von entscheidender Wichtigkeit beim Hausbau.

Auch wenn die morphogenetischen Felder noch nicht eindeutig bewiesen sind, erklären sie doch eine ganze Reihe von bisher kaum verständlichen Phänomenen. Das Beimpfen von gesättigten Lösungen in der Chemie wäre solch ein Beispiel. Gibt man einer mit irgendeinem Stoff gesättigten Lösung ein paar Kristalle des zu erwartenden Kristallmusters sozusagen als Vorlage, wird der Vorgang der Auskristallisation enorm beschleunigt. Es ist, als bräuchte die Lösung ein Bild, einen Bauplan des fertigen Produktes, um ihm nachbauen zu können. Ähnlich mögen die Wirkungen im Bereich des Impfens generell zustandekommen. Dem Organismus reicht ein Muster des gefährlichen Angreifers, um jederzeit wieder Antikörper gegen ihn produzieren zu können. Lediglich die Form ist dabei wichtig, nicht dagegen, ob der Angreifer überhaupt wirksam ist. Deshalb werden bei Impfungen äußerlich identische, innerlich aber ungefährliche Varianten des eigentlichen Erregers verabreicht. Auch das Phänomen der Wirksamkeit homöopathischer Hochpotenzen fände so eine Erklärung. Selbst wenn kein einziges Molekül des betreffenden Stoffes mehr in der Lösung ist, kann immer noch das durch Verschüttelung Schritt für Schritt übertragene Muster enthalten sein.

Nach Sheldrake sind es aber vor allem bewegte Abläufe, wie eben das Kartoffelwaschen der Affen, die Felder aufbauen. Solche Muster werden umso wirksamer, je häufiger sie wiederholt werden, eine Erfahrung, die jedermann kennt. Wenn man Bewegungsabläufe etwa beim Schwimmenlernen sehr häufig wiederholt, gehen sie einem »in Fleisch und Blut« über, und man wird das Schwimmen nie mehr verlernen. Hat sich das Muster einmal gebildet, bleibt es stabil. Nun ist es sogar schwierig, dieses Muster noch zu verändern. So könnte die Existenz der morphogenetischen Felder auch unser relativ hartnäckiges Festhalten an Gewohnheiten erklären. Einmal eingefahrene Muster werden mit jeder Wiederholung tiefer und wirksamer, wie die Spuren von Wagenrädern in alten Straßen.

Hierin wiederum könnte der Schlüssel liegen für die Vorliebe der Menschen, Gewohnheiten anzunehmen. Sie wirken wie sichere Leitschienen durch die Fährnisse des Lebens. Andererseits ließe sich mit den morphogenetischen Feldern auch die Wirkung alter Rituale erklären und der Widerstand, der sofort entsteht, wenn sie geändert werden sollen.

Zusammenfassend läßt sich feststellen: Die moderne Naturwissenschaft und voran die Physik präsentiert heute ein Weltbild, das dem der Esoterik sehr nahe steht. Sie hat damit esoterische Auffassungen auch für im wissenschaftlichen Sinn kritische Menschen annehmbar gemacht. Einige Physiker wie Fritjof Capra und Gary Zukav haben die Verschwisterung zwischen Wissenschaft und New-Age-Bewegung einerseits und Religion andererseits sogar propagiert und die Popularisierung dieses Weltverständnisses mit entsprechenden Stellungnahmen gefördert. Der Biologe Sheldrake hat schließlich mit seiner Theorie der New-Age-Bewegung weiteren Auftrieb gegeben. Mit dieser Theorie lassen sich die uralten Forderungen der Religionen und die Sehnsüchte der Menschen quasi wissenschaftlich formulieren. Hier wird ein irrationaler Zusammenhang zwischen den Lebewesen belegt, wird der Zusammenhang der Menschen untereinander und mit der Schöpfung wahrscheinlich gemacht. Und schließlich wird zum ersten Mal wissenschaftlich formulierbar, warum Rituale, zu denen Menschen zu allen Zeiten Zuflucht genommen haben, auch in einem wissenschaftlichen Sinne wirken.

Insofern haben die modernen Wissenschaften mit ihren mutigen Schritten und der Formulierung eines neuen Weltverständnisses die Sehnsüchte vieler Menschen auf eine Vereinigung von Religion und Wissenschaft genährt. Wenn es auch noch keine wirkliche Vereinigung ist, so kann man doch von einer deutlichen Annäherung sprechen. Diese wiederum speist die Hoffnung, doch noch mit all den Problemen, die uns aus den Errungenschaften des alten mechanistischen Weltverständnisses erwachsen sind, fertigzuwerden. So hat der Aufbruch der Wissenschaft aus dem Zeitalter der Kausalität in das neue Zeitalter der Synchronizität auch zu einem Aufbruch vieler Menschen aus den Schrecken einer von der eigenen Technik bedrohten Zeit in jenes vielbesungene New Age beigetragen.

Bei den Anhängern der New-Age-Bewegung handelte es sich aber nur in den seltensten Fällen um Wissenschaftler, die das wirklich Neue des neuen Denkens in seiner Tiefe erfassen konnten. So ist aus dem Aufbruch vielfach eine Flucht nach vorn geworden, die über alle Ziele hinausschießt und mit der Kausalität gleich alle Vernunft über Bord wirft.

Wenn die an den Schaltstellen der Macht noch ziemlich fest etablierte alte Wissenschaft heute über den wiedererstarkenden Irrationalismus klagt, der sich im Okkultismus ausdrückt, müßte sie sich zweierlei eingestehen: Erstens, daß es an der Zeit ist, sich nach der eigenen Vorhut umzusehen. Die nämlich ist selbst schon tief in ein neues Land eingedrungen, in dem die alten rationalen Gesetzmäßigkeiten des gesunden Physikerverstandes nicht mehr gelten und Paradoxes und rational Unfaßbares salonfähig geworden sind.[4] Zweitens könnte die Physik in der New-Age-Bewegung einen eigenen Bastard entdecken, hervorgegangen aus dem Flirt mit der Religion, wie er in Büchern wie dem »Tao der Physik« deutlich wird. Von der neuen Wissenschaft so nebenbei gezeugt, wurde dieses Kind der Zeit auch anfangs gehätschelt. Dann aber, als offenbar wurde, daß es die Tiefe des eigenen Ansatzes lediglich mit lieben und platten Oberflächlichkeiten verunzierte, setzten seine geistigen Väter es

[4] Einen Einblick in diese neue Physik gewähren folgende Bücher: David Bohm: Die implizite Ordnung. Grundlagen eines dynamischen Holismus. München 1985. Fritjof Capra: Das Tao der Physik. Die Konvergenz von westlicher Wissenschaft und östlicher Philosophie. Bern, München, Wien 1983. Gary Zukav: Die tanzenden Wu Li Meister. Der östliche Pfad zum Verständnis der modernen Physik: Vom Quantensprung zum schwarzen Loch. Reinbek 1981.

aus.[5] Daß es sich nun ohne jede Aufsicht in immmer seltsamere Gesellschaft begab, fällt auch auf die Eltern zurück. Hatte die Wissenschaft als Vater fungiert, indem sie den befruchtenden Geistesblitz einbrachte, gab die Religion den Mutterschoß ab. Womit diese es nötig machte, auf ihre alten Tage noch solch ein Kind gebären zu müssen und wie sie ihren Mutterpflichten nachkam, soll im Folgenden untersucht werden.

Die etablierten Kirchen und ihr Weltbild

Wenn sich heute scharenweise junge Menschen östlichen Religionen und Heilslehren wie dem Buddhismus zuwenden, wenn laut Umfrage jeder vierte Deutsche wieder Interesse für die alten Naturreligionen zeigt und ein Drittel überzeugt ist, daß sich immer mehr Menschen vom Christentum abwenden und zum Heidentum bekehren werden[6], dann liegt der Verdacht nahe, daß die großen christlichen Kirchen auf breiter Front Vertrauen eingebüßt haben. Dieses Schicksal erleiden traditionell jene Religionsgemeinschaften, die die Bedürfnisse ihrer Anhänger nicht mehr ausreichend erfüllen oder der Wirklichkeit ihrer Zeit nicht länger gerecht werden.

Bei den christlichen Kirchen wird das an drei entscheidenden Punkten deutlich, die hier thesenhaft vorangestellt seien:

1. Den Gläubigen wird die Hälfte der Wirklichkeit, nämlich der weibliche Pol vorenthalten, was z. B. an der traditionell geringen Gewichtung der Weiblichkeit in der christlichen Religion wie auch Gesellschaft deutlich wird.
2. Die Anhänger werden mehr (evangelisch) oder weniger (katholisch) um lebenswichtige Rituale gebracht. Entscheidende Wendepunkte des Lebens wie die Pubertät werden

---

[5] Capra etwa, einer der entscheidenden Wegbereiter jener New-Age-Szene, die alte Weisheit und neues Wissen zusammenbringen wollte, distanziert sich heute ausdrücklich vom New Age. Wie es sich in seinem Buch »Wendezeit. Bausteine für ein neues Weltbild« (Bern, München 1985) schon andeutet, zielte er später in Richtung politischer (grüner) Aktivität.

[6] laut Umfrage des Dortmunder Forsa Institutes.

durch Konfirmation und Firmung nicht mehr im notwendigen Maße geladen wie es früher durch die entsprechenden Pubertätsrituale geschah.
3. Die Kirchen haben es versäumt, den Zugang zur geistigen Welt, zur Transzendenz, offenzuhalten.

An diesen drei Punkten sind die etablierten Kirchen naturgemäß besonders empfindlich für die Konkurrenz, die ihnen in den Okkultzirkeln erwächst; vor allem, wenn diese Gruppen und Bewegungen ihren Anhängern an den drei entscheidenden Punkten wirkliche Alternativen zu bieten haben. Insofern ist es auch wenig verwunderlich, wenn sich die Amtskirchen ausgesprochen vehement gegen Bewegungen mit ähnlichem Anspruch und Denken wenden.

Tatsächlich ist es ja die Kirche selbst, die den Glauben an die Geisterwelt auf ihre Fahnen geschrieben hat, steht doch z. B. der Glaube an den Heiligen Geist mitten in ihrem Zentrum. Der amtierende Papst Johannes Paul II. hat noch bei seinem Amtsantritt gesagt: »Der Teufel hat sich durch eine Lücke in den Vatikan einschleichen können.« Vor Pilgern stellte er fest: »Natürlich kann der Teufel Besitz vom Menschen ergreifen.« Wäre dem aus Sicht der katholischen Kirche nicht so, bräuchte es keinen Exorzismus und man könnte das Rituale Romanum aus dem Jahre 1616, das diesen regelt, außer Kraft setzen. Letztlich muß man feststellen, daß zumindest die Führung der katholischen Kirche das Weltbild der Okkultszene in seinen Grundzügen teilt. Im Rituale Romanum ist festgeschrieben, woran der Exorzist vom Satan befallene Menschen erkennen kann. »Übernatürliche Kräfte« sind etwa ein starkes Indiz. Noch heute kann der italienische Jesuitenpater Mondrone unwidersprochen und vom Rituale Romanum gedeckt formulieren: »Wer fremde Sprachen verstehen oder sprechen kann, ohne sie gelernt zu haben, wer die Zukunft voraussagen kann, ist verdächtig.« Immerhin konnten das ja auch die Anhänger Christi, wie uns die Pfingstgeschichte berichtet. Und Christus selbst hat einige Male seine Fähigkeit gezeigt, die Zukunft vorauszuwissen. So ist also der innerste Kreis verdächtig. Das entscheidende Kriterium, um die Schuldfrage im katholischen

Sinne zu klären, ist, auf welche Seite sich der Betreffende stellt. Christus und seine Jünger sind natürlich auf der richtigen Seite. Die Geschichte der Inquisition zeigt allerdings, wie leicht man auf die falsche Seite gerät. Die Kirche kann den Okkultisten folglich nicht eine Denkart vorwerfen, die sie selbst teilt, sondern lediglich, daß sie für die falsche Partei Stellung beziehen, sich nicht genügend zu Gott bekennen und damit letztlich auf seinen Widersacher, Satan, setzen.

Die schnelle Tendenz der Kirche, die fragliche oder eindeutige Parteinahme für die Gegenseite mit Ausgrenzung und, solange es in ihrer Macht stand, sogar mit Ausmerzung zu ahnden, erstaunt wenig, wenn man sie mit »gesundem Menschenverstand« betrachtet. Auch jeder Industriekonzern »denkt« und »handelt« ähnlich. Wer nicht für ihn ist, wird als Gegner behandelt und möglichst an die Wand gedrückt. Aus der Politik kennen wir dieses Vorgehen: die Menschen werden in Anhänger und Gegner geteilt und entsprechend behandelt. Auch die Religionen »primitiver« Stammesgesellschaften funktionieren nach diesem Prinzip. Die Welt ist in Gut und Böse aufgeteilt. Man selbst und die eigenen Götter gehören zur guten Seite, und diese hat nicht nur das Recht, sondern sogar die Verpflichtung, die anderen Bösen mitsamt ihren ebenso gearteten Göttern auszurotten.

Bei der christlichen Kirche erstaunt dieselbe Haltung nur gemessen am eigenen hohen Anspruch. Von der »Heiligen Römischen Kirche« ist etwa bei Katholiken die Rede. »Heilig« kommt aber von »heil« und das meint »ganz« und vollkommen und damit letztlich »alles enthaltend«. Wie aber kann etwas ganz sein, wenn es dauernd andere und anderes ausschließt und bekämpft? War nicht auch die christliche Kirche urspünglich wie andere Hochreligionen von einem *alleinigen* Gott ausgegangen, der alles geschaffen hat und ohne den nichts in dieser Schöpfung ist? Der folglich auch keines unter seinen eigenen Werken ausschließen und bekämpfen müßte. Denn wenn Gott die ganze Schöpfung und alles in ihr geschaffen hat, spiegelt er sich auch in seiner ganzen Schöpfung, und nichts kann außerhalb von ihm sein.

Ganz ähnlich haben es auch christliche Mystiker immer

wieder erlebt und beschrieben. Folglich muß aber auch der Teufel von Gott selbst geschaffen und gewollt sein.

An diesem entscheidenden Punkt nun beginnen die seltsamsten Verrenkungen christlicher Theologie. Widerwillig wird noch zugestanden, daß Gott den Satan wohl geschaffen haben müsse, gewollt habe er ihn und das Böse aber gewiß nicht. In der Not des argumentativen Engpasses wird der eben noch allgewaltige und allwissende Gott nun ein wenig zurückgenommen und auf die Bedürfnisse des theologischen Alltags zurechtgestutzt. Er hat zwar alles geschaffen, aber nicht gewußt, zu welchen Bosheiten sich die von ihm geschaffenen Geschöpfe hinreißen lassen könnten. Andererseits will man theologischerseits aber auch nicht den Makel auf Gott sitzen lassen, er sei alles andere als allwissend, habe sich einen Fehler oder auch nur eine Unaufmerksamkeit zu Schulden kommen lassen. So versucht man durch einen Trick, Gott von der Verantwortung für das Böse reinzuwaschen. Trotz aller Sternstunden theologischer Bibelexegese bleibt das Dilemma doch bestehen: man will gleichzeitig einen all-einigen all-wissenden Gott, der alles geschaffen hat, und einen Lieben Gott, der nur das Gute will und das Böse ablehnt. Auch ohne Theologiestudium ist die Unvereinbarkeit dieser beiden Wünsche leicht zu erkennen. Christliche Theologie hat nun einen »Kompromiß« gefunden, über dessen Redlichkeit sich streiten läßt. Einerseits gibt sie den Anspruch auf einen allgegenwärtigen Gott nicht auf, andererseits lehrt sie im Religionsunterricht den Lieben Gott, der nur das Gute liebt.

Es ist nicht zuletzt dieser Widerspruch, der die christliche Theologie so leicht unglaubwürdig erscheinen läßt und der die Kirchen sturmfrei für stimmigeres Gedankengut machte. Die östlichen Traditionen gehen wesentlich redlicher mit dem Problem von Gut und Böse um und haben so vor allem bei jungen Menschen in den letzten Jahrzehnten enorm an Attraktivität gewonnen und zwar ohne aggressive Mission. Östliche Religionen wie Hinduismus und Taoismus haben ihre esoterischen Wurzeln bewahrt und eine Flut entsprechenden Gedankengutes mit zu uns gebracht.

Dabei ließe sich das christliche Problem auf dem Boden der Bibel lösen. Während der Religionsunterricht Generationen von Schülern weismachen wollte, daß es einen guten, eben den Lieben Gott gibt und auf der anderen Seite den bösen Gegenspieler, nämlich Satan, weiß die Heilige Schrift es besser. Dort läßt sich nachlesen, daß der alleinige Gott beide Seiten der Wirklichkeit verantwortet und der Regisseur hinter allen auch noch so widersprüchlichen Bestrebungen ist. Als die Juden etwa unter der Führung des »guten« Moses aus der Knechtschaft Ägyptens fliehen wollten, habe sie der »böse Pharao« daran gehindert, lehren die Religionslehrer. In der Bibel aber lesen wir es ganz anders: Dort nämlich wird berichtet, Moses habe den Pharao um Erlaubnis gebeten, Gott aber habe dessen Herz verhärtet, so daß er seine Erlaubnis verweigerte. Ganz eindeutig wird hier Gott auch hinter dem sogenannten Bösen gesehen. Die Heilige Schrift wird einfach ihrem Namen gerecht, sieht sie doch Gott hinter *allem.* Die spitzfindigen Ausnahmen sind eine Errungenschaft späterer theo-, aber nicht gerade logischer Klimmzüge.

Gehen wir zurück zum Ausgangspunkt des Dilemmas, finden wir im Buch Henoch den Bericht über den Höllensturz Luzifers. Ursprünglich ist er der Lieblingsengel Gottes. Als er sich aber gegen Gott auflehnt, wird er vom Engel Michael im Kampf hinab in die Finsternis gestoßen. Dort unten regiert er dann über die Welt der Körperlichkeit. So bezeichnet ihn Christus nach dem letzten Abendmahl ganz eindeutig als »Herrn dieser Welt«. Auch nach diesem »Höllensturz« bleibt Luzifer aber ein Geschöpf Gottes und ihm weiterhin unterstellt. Auch daran läßt die Bibel keinen Zweifel: Im Buch Hiob erhält Luzifer von Gott ausdrücklich die Erlaubnis, Hiob zu prüfen. Daß auch bereits die Juden Probleme mit ihrem alleinigen Gott hatten, wird an anderen Stellen deutlich. Laut dem 2. Buch Samuel befiehlt Gott David eine Volkszählung abzuhalten. Im 2. Buch der Chronik ist dagegen nachzulesen, der Teufel habe es David anbefohlen. Auf jeden Fall wird hier deutlich, wie nahe sich die beiden stehen, ja der Teufel wird auf Erden vielfach zum Befehlsempfänger Gottes.

Im zweiten der Zehn Gebote entlarvt die Bibel das Wunschdenken vom »Lieben Gott« und stellt klar, daß Gott ein Allesumfassender ist, dem beide Seiten der Wirklichkeit unterstehen.

Dort heißt es: »Du sollst dir kein Gottesbild machen, keinerlei Abbild, ... denn ich der Herr bin ein eifersüchtiger Gott, der die Schuld der Väter heimsucht bis ins dritte und vierte Geschlecht an den Kindern derer, die mich hassen, der aber Gnade übt bis ins tausendste Geschlecht an den Kindern derer, die mich lieben und meine Gebote halten.« (2. Mose 20, 4–6) Sowohl die eifersüchtige Rache als auch die Gnade sind folglich Gottes Thema. Lediglich jener Pol der Wirklichkeit, der dem materiellen weltlichen Bereich entspricht und uns leicht als »böse« erscheint, wird häufig vom Teufel vertreten. Auch dann aber bleibt dieser Gottes Geschöpf und ihm unterstellt. Das wird sogar indirekt von der Kirche bestätigt, wenn etwa beim Exorzismus nach dem katholischen Ritual oder dem evangelischen Gebetsexorzismus der Teufel durch die Macht Gottes vertrieben wird. Auch in seinem Namen enthüllt uns *Teufel* etwas mehr über seinen wahren Charakter als gefallener *Engel* Gottes. Luzifer heißt der »Lichtträger« und diese Rolle übernimmt er von Anfang an in der Schöpfungsgeschichte. Jene Schlange, die die ersten Menschen verführt, vom Baum der »Erkenntnis des Guten und des Bösen« zu essen, ist sein Geschöpf. Er handelt »böse«, verleitet die Menschen dazu, Gottes Verbot zu übertreten, und macht sie damit erkenntnisfähig. Vorher sind Adam und Eva eins mit Gott. Sie leben im Paradies, dem Ort der Einheit, und sind nicht in der Lage, irgendetwas zu unterscheiden oder zu erkennen. Erst als sie durch ihre Übertretung aus der paradiesischen Einheit vertrieben sind, erkennen sie ihr Geschlecht und damit ihre Unterschiedenheit. In der Bibel heißt es, sie schämten sich dafür und bedeckten ihre Blöße mit den berühmten Feigenblättern. Sie sind schuldig geworden, da sie sich von der Einheit abgesondert und den Weg in die Erkenntnis eingeschlagen haben. Das ist ihre Sünde, die ja auch sprachlich nichts anderes als Absonderung meint. Andererseits liegt in dieser Absonderung, diesem Sündigen, die einzige Chance der Menschen, auf den Entwicklungsweg zu gelangen. So hat die Schlange als verlängerter Arm des Teufels die Menschen in die Welt der Gegensätze verführt. In dieser Welt herrscht laut Bibel Satan. Während die Bibel dem Satan aber nur den Rang eines Abteilungsleiters, nämlich des

Herrn über die Finsternis (so wird unsere Welt im Gegensatz zum Paradies bezeichnet), zukommen läßt, befördert ihn der Religionsunterricht zu einem Gott gleichgestellten Wesen und *verteufelt* ihn zugleich. Nun läßt die Heilige Schrift aber keinerlei Zweifel daran, daß die eigentlich wesentliche Welt die der Einheit ist. Es ist jene Ganzheit, die schon war, bevor die Welt geschaffen wurde und zu der alles Geschaffene dereinst zurückkehren muß. Insofern kommt dem Teufel an der Ganzheit gemessen eine recht untergeordnete Rolle zu. Er darf in der Welt der Gegensätze, in der die Menschen leben und lernen, den Gegenspieler Gottes mimen. Gott aber herrscht über, bzw. *ist* die Einheit, die alles, auch die Welt der Gegensätze, umfaßt. So ist der Teufel laut Heiliger Schrift lediglich Handlanger Gottes, des alleinigen Regisseurs. Er spielt den Schurken mit allerhöchster Billigung und bringt dadurch das ganze Geschehen ordentlich voran. Das wohl hatte Goethe im Sinn, wenn er seinem Mephisto die Worte in den Mund legte: »Ich bin ein Teil von jener Kraft, die stets das Böse will und stets das Gute schafft«.

Was auf den ersten Blick wie eine religionsphilosophische Haarspalterei anmuten mag, enthüllt auf den zweiten die Wurzeln vieler Probleme. Dadurch nämlich, daß es den Teufel zu einer Gott gleichberechtigten Figur befördert hat, handelt sich das offizielle Christentum Hypotheken ein, unter denen es bis heute zu leiden hat. Hier liegt z. B. die gnadenlose Verdammung des weiblichen Prinzips begründet. Wie die Bibel lehrt, ist der Teufel der Herrscher über die materielle Welt. Diese steht ihrerseits im Gegensatz zur geistigen Welt, in der eindeutig Gott allein herrscht. Wie uns das Wort *Materie* enthüllt, in dem das lateinische »Mater« (= Mutter) steckt, handelt es sich hier um den weiblichen Bereich. Die Zwei ist die weibliche Zahl und bezeichnet nicht zufällig unsere Welt der polaren Gegensätze. Ohne Gegenpol können wir uns von den Dingen, die letztlich alle die urweibliche Mutter Erde hervorbringt, kein Bild machen. Wir wüßten nicht, was »groß« ist, wenn wir nicht zugleich »klein« kennen würden, »schön« müßte uns ohne »häßlich« ebenso fremd bleiben wie »Licht« ohne »Schatten« und »Gut« ohne »Böse«. Demgegenüber gehören die »Eins« und die geistige Welt dem männlichen Prinzip an. Durch die irrtümliche

Gleichstellung von Gott und Teufel kam es im Christentum einerseits zu einer enormen Überbewertung der materiellen Welt, wurde ihr doch ein gottgleicher Rang zugestanden. Andererseits wurde sie als Herrschaftsbereich des Satans verteufelt und mit ihr alles, was unter das weibliche Prinzip fiel.

Andere Religionen wie etwa der Hinduismus konnten es ertragen, den Teufel als Teil Gottes zu erkennen. Die Hindus nennen ihn Shiva, den Zerstörer, und haben ihm als Herrn über die Zweiheit und damit über die Schöpfung eine tragende Rolle in ihrem religiösen Denken zuerkannt. Allerdings kann er ihnen nicht annähernd so gefährlich werden wie der Teufel den Christen, da er niemals gleichberechtigt, sondern in der Hierarchie deutlich unter dem Schöpfergott rangiert. Solchermaßen eingeordnet erfüllt Shiva seine Aufgaben und wird als Teil der Einheit nicht zu bedrohlich, ja er kann sogar in seiner Rolle verehrt werden. Neben ihm steht Vishnu, der für das Gleichgewicht zuständige Erhalter, und darüber der alleserschaffende Brahma. In dieser Dreifaltigkeit ist also durchaus Platz für einen unserem Teufel vergleichbaren Gott. Im religiösen Denken der Hindus ist Shiva als dem in der Welt der Zweiheit und Gegensätzlichkeit vorherrschenden Gott sogar besondere Beachtung und Ehrfurcht sicher. Tatsächlich findet man in Indien kaum dem Schöpfergott Brahma geweihte Tempel und nur wenige für Vishnu, den Erhalter. Eine unübersehbare Fülle aber ehrt Shiva, den Zerstörer und Herrn der Gegensätze. Diese Verehrung des weiblich-mütterlichen Prinzips der Zweiheit spiegelt sich auch in der tiefen Verehrung der eng mit Shiva verbundenen großen Göttin Kali. Überall im Lande wird ihr geopfert. Sie ist es, die als Mutter des Lebens die eigentlich wertvollen Gaben erhält. Der Taoismus macht das Ganze noch anschaulicher in seiner Philosophie von den Gegensätzen Yin und Yang, weiblich und männlich.

Für uns ungewohnt, rangiert hier auch sprachlich das weibliche Yin an erster Stelle und nimmt genausoviel Raum ein wie das männliche Yang. Beide aber, Yin und Yang, sind enthalten im Tao, der Einheit, symbolisiert durch den allesumfassenden Kreis. Dieser Kreis ist das eigentlich Wesentliche und das einzig Wirkliche. Das Spiel der Gegenpole Weiblich und Männlich

Yin-Yang-Symbol

wird als untergeordnetes Illusionsspiel erkannt, als jenes Spiel, das aber unsere Welt erschafft. Den Taoisten liegt es noch ferner als den Hindus, das göttliche Prinzip, die Einheit, in die Welt der Gegensätze herabzuziehen. Das Tao steht wie Brahma über allem, weit darunter inszenieren Yin und Yang die Welt der Menschen, die eine Welt der Zweiheit und Gegensätzlichkeit ist.

Ein starkes Bedürfnis, das in unserer Welt herrschende Prinzip der Zweiheit, repräsentiert vom weiblichen Pol, nicht nur als teuflisch zu bekämpfen, sondern auch zu verehren, läßt sich in jeder katholischen Kirche entdecken. Während sich die evangelische Kirche überhaupt keine weibliche Hauptfigur leistet, hat die katholische mehr oder weniger notgedrungen und recht spät mit Maria eine durch die Hintertür eingeführt. Nachdem Maria in der Volksverehrung immer einen zentralen Rang eingenommen hat – für sie brennen z. B. in jeder katholischen Kirche und Kapelle mehr Kerzen als für Christus, konnte auch der offizielle Klerus nicht umhin, diesem Volksempfinden zu entsprechen. Aber er brauchte immerhin bis 1950, um Maria per Dogma auch offiziell in den katholischen Himmel aufzunehmen. 1964 wurde sie dann, dem Zeitgeist Rechnung tragend, sogar zur »Mater ecclesiae«, zur Kirchenmutter, befördert. Frühere Bestrebungen, den weiblichen Pol der Wirklichkeit aus seiner teuflischen Isolation zu befreien, waren ausnahmslos blutig niedergeschlagen worden. Die in den frühen christlichen Jahrhunderten starke Bewegung der Gnosis wurde von den ersten Amtschristen bereits blutig ausgemerzt. Die

Katharer mit ihrem reinen urchristlichen Glauben, der der Liebe wieder den ersten Platz sicherte und das weibliche Prinzip verehrte, gingen in einem Blutbad unter. Daß die Katharer, die auch sprachlich zum Urbegriff aller Ketzerei gegen die römisch-katholische Obrigkeitskirche wurden, weibliche Priesterinnen hatten, mußte dem herrschenden Papst als besonderer Greuel erscheinen. Nur wenig später wurde der Templerorden, der zu jener Zeit neben dem Papsttum die größte religiöse und weltliche Macht darstellte, bis zu seinen Wurzeln ausgetilgt. Die Templer hatten, wohl durch ihre ausgeprägten Kontakte zum Osten, begonnen, die Gewichte ihrer Gläubigkeit zu verschieben. Maria war an die erste Stelle und vor Christus gerückt, und der Teufel hatte seine abgrundtiefe Abscheulichkeit allmählich verloren. In den Templerprozessen, die die Vorläufer der Inquisition werden sollten, wurde den Rittern dann auch vor allem Teufelsverehrung vorgeworfen. Die Inquisition schließlich wurde sehr schnell zu einem Kreuzzug gegen das weibliche Prinzip schlechthin. Der Teufel wurde auf dem Wege der Projektion aus dem eigenen unterdrückten Triebleben auf alles Weibliche projiziert und darin bekämpft. Nach der damaligen Einschätzung, wie sie 1484 in der Hexenbulle von Papst Innozenz III. (innocens = lat. unschuldig!) und 1487 im Hexenhammer der beiden deutschen Dominikaner Sprenger und Insistoris festgeschrieben wurde, wäre der überwiegende Teil der modernen Frauen heutiger Industriegesellschaften als Hexen zu bezeichnen und zu verbrennen.

Wie tief dieses ganze Problem sitzt, kann man daraus ersehen, daß bis heute eine eindeutige Aufarbeitung der Inquisition seitens der Kirche fehlt und zum Beispiel auch daran, daß es inzwischen zwar einige evangelische Pastorinnen, aber keine einzige katholische Priesterin gibt. Ein weiteres Indiz für die Tiefe des Traumas ist aber auch die Angst, die in kirchlichen Kreisen auftaucht, wenn sich heute eine schnell wachsende Gruppe von Frauen selbstbewußt und frech wieder Hexen nennt, wie etwa die Anhänger des Wicca-Kultes.

Durch die Überbetonung seiner Wichtigkeit und die gleichzeitige Verdammung des Teufels kam aber nicht nur der weibliche Pol der Wirklichkeit in Verruf, die ganze Wirklichkeit geriet in ein schiefes Licht. Da der Blick für die Abhängigkeit der beiden Pole voneinander verlorenging, wurde es zur Gewohnheit, sich ganz auf die eine der beiden Seiten zu schlagen und zu versuchen, die andere zu beseitigen. Dies gelang allerdings nur in des Wortes eigentlichem Sinn. Das Beseitigte landete auf der Seite und fristete hier ein Schattendasein. Einer unter taoistischem Einfluß stehenden Kultur hätte derlei Einseitigkeit kaum passieren können, ist hier doch die Abhängigkeit und das Aufeinander-angewiesen-sein der beiden Seiten der Wirklichkeit zu offensichtlich. Die christliche Kultur brachte es dagegen im Zuge der Überbetonung des einen Poles und des Versuches der endgültigen Beseitigung des Gegenpoles zu einer erheblichen Schattenbildung. Das sah dann so aus, daß man sich mit besten Absichten aufmachte, seine Feinde zu lieben. Liebe war das zentrale Anliegen und Haß ihr verabscheuter Gegenpol, den es aus der Welt zu schaffen galt. Trotz größter diesbezüglicher Anstrengungen ließ sich aber der Haß nur »beseitigen« und landete im eigenen Schatten. Hier konnte man ihn zwar nicht mehr wahrnehmen, unbemerkt und unbewußt wurde er aber noch gefährlicher. Und tatsächlich ist die Geschichte des Christentums voller Beispiele für diese tragische Verkennung der Wirklichkeit. Mit Parolen wie allumfassender Gnade und Nächstenliebe auf den Lippen übersah man geflissentlich den Haß (auf der eigenen Seite = im eigenen Schatten) und mordete in Christi Namen brutaler und effektiver als jede andere damalige Institution.

Zu Hilfe kam dem Christentum dabei zu allen Zeiten der psychologische Mechanismus der Projektion, wie er sich klassisch in der Inquisition zeigte. All die eigenen »teuflischen« Instinkte wurden verdrängt und nach außen projiziert, man selbst konnte sich dann weiterhin licht und rein fühlen. Das eigene Problem, die dunklen Triebe in diesem Fall, bekämpfte man dann um so heftiger im Außen. Wie gut dieser Mechanismus bis heute funktioniert, zeigt ein geschichtlicher Überblick. Vor gut 200 Jahren, anno 1775, wurde in Kempten im Allgäu die letzte Hexe auf deutschem Boden offiziell verbrannt. Die Inquisitionsrichter hatten nach ausführlicher »Befragung« herausgefunden, daß sie auf der falschen Seite des damaligen

Rechtes stand. 1989 werden ganz in der Nähe, in Memmingen, wieder Frauen vor Gericht wegen illegaler Abtreibungen verhört. Einer der Richter, der sich durch besondere Härte auszeichnete, soll noch kurze Zeit vorher seine eigene Partnerin zur Abtreibung genötigt haben. Das wäre ein klassisches Beispiel für Projektion: Nicht man selbst ist böse, sondern die anderen, und bei ihnen werden die eigenen »Sünden« dann entsprechend bekämpft. Auch dieser moderne Richter dürfte mit ähnlich gutem Gewissen und innerer Überzeugung vorgegangen sein wie jene früheren Richter der Inquisition. Der eigene Schatten arbeitet unbewußt, aber nichtsdestoweniger äußerst wirksam. Er ist die Triebfeder, wenn Menschen Sündenböcke kreieren und diese dann stellvertretend opfern. Man versucht das Böse aus der Welt zu schaffen und übersieht geflissentlich, was es mit einem selbst zu tun hat. Die Reihe der Sündenböcke ist unendlich lang. Juden als gleichsam klassische Vertreter stehen hier neben Schwarzen und Roten, Zigeunern und Huren, Homosexuellen und Ausländern. Jeder ist aber im weitaus größten Teil der Welt Ausländer und jeder kann Sündenbock bzw. Projektionsfläche werden, es kommt nur auf den richtigen bzw. falschen Blickwinkel an. Daß die offiziellen christlichen Kirchen an diesem unseligen Spiel besonders intensiv teilgenommen haben und immer noch teilnehmen, obwohl es ihren ureigensten Maximen widerspricht, macht sie nicht gerade attraktiv für bewußte Menschen. Man denke in diesem Zusammenhang an die Stelle im Lukasevangelium, in der es heißt: »Was siehst du aber den Splitter in deines Bruders Auge, des Balkens jedoch in deinem eignen Auge wirst du nicht gewahr? ... Du Heuchler, ziehe zuerst den Balken aus deinem Auge, und dann magst du zusehen, daß du den Splitter herausziehst, der in deines Bruders Auge ist.« (Lukas 6/41) Ausgesprochen denkwürdig wird die ganze Sache, wenn dieselbe Kirche, die auf 2000 Jahre zum Teil mörderische Projektion zurückblickt, dieselbe Technik nun weiter gegen andersdenkende Menschen anwendet, nach dem Motto: Die Okkultisten und Satanisten sind Schuld, daß es mit den christlichen Werten in dieser Zeit so schlecht steht. Mit sehr viel mehr Recht ließe sich darauf verweisen, daß es mit den christlichen Werten so schlecht steht, weil die Kirchen nach wie vor die Welt durch die Projektionsbrille betrachten. Eine Folge davon wiederum dürfte sein, daß sich immer mehr Menschen von ihnen abwenden und woanders Zuflucht suchen. Daß sie dabei wiederum der Projektion aufsitzen können, wird der Blick auf Teile der Esoterikszene zeigen.

Der Untergang der Rituale

Daß Rituale in den großen christlichen Konfessionen immer mehr in den Hintergrund treten, fällt in der heutigen Zeit kaum jemandem besonders auf. Die Mehrheit der Menschen fühlt sich unabhängig von derlei »religiösem Aberglauben«. Daß ihnen ausgerechnet Rituale fehlen könnten, befürchten die Allerwenigsten. So ersetzen die Pfarrer meist bereitwillig alte Rituale durch dem Zeitgeist angepaßte intellektuelle Predigten und legerere Umgangsformen im Gottesdienst. Die evangelische Kirche hat sowieso kaum Rituale durch die Reformation retten können und wollen. Hier geht alles streng nach logischen Kriterien geregelt vor sich. Auf Schmuck in den Gotteshäusern und überhaupt alles Überflüssige wird geflissentlich verzichtet. Selbst die kirchlichen Feste sind von allem »Überflüssigem« befreit, auf die Gefahr hin, daß von einem solcherart durchrationalisierten Fest kaum etwas Festliches übrigbleibt. Die Priorität gehört allein dem Inhalt, die Form darf keine Rolle spielen. So wirken evangelische Gotteshäuser in ihrer Schlichtheit auch leicht wie Gerichtssäle. Kommt noch der moralinsaure puritanische Unterton hinzu, steht der Gläubige jeden Sonntag vor seinem Richter. Kein Wunder, daß der überwiegende Teil der eingetragenen Mitglieder es unter diesen Bedingungen vorgezogen hat, zuhause zu bleiben.

Wie wichtig auch der Formaspekt ist, zeigte sich schon bei der Betrachtung der morphogenetischen Felder. All die Impfungen, auf die die moderne Medizin so stolz sein kann, beruhen allein auf einem Verständnis des Formaspektes. Natürlich ist der Inhalt im Allgemeinen, und bei der Religion im Speziellen, von entscheidender Wichtigkeit. Und genauso sicher war die Kirche vor der Reformation in leerem Formalismus beinahe erstickt. Als Reaktion darauf aber den formalen Aspekt ganz hintan zu stellen, entsprach der Ausschüttung des Kindes mit dem Bade. In einigen Fällen, wie etwa im Bereich der Kunst, ist der Inhalt vielleicht sogar wichtiger als die Form. In jedem Fall aber ist die Form der einzige Weg, um mit dem Inhalt überhaupt in Kontakt zu kommen. Die genialste Idee bleibt im Kopf des Malers ohne Aussage, wenn sie sich nicht auch im Formalen mit Farben ausgestaltet. Was bringt das großartigste Theaterstück, wenn es nicht über Schauspieler und Bühne erlebbar wird? Was bewirkt die tiefste religiöse Wahrheit, wenn sie nicht im Herzen erfahrbar ist? Mit der weitestgehenden Zurücknahme des Formaspektes hat vor allem die evangelische Kirche ihren Anhängern die Erfahrungsebene genommen und sie so besonders »anfällig« für Alternativen gemacht. So verwundert es wenig, daß der Aderlaß, den der Protestantismus durch die Okkultismuswelle erleidet, ein wesentlich stärkerer ist, als das vergleichbare Phänomen auf katholischer Seite. Generell ist die Austrittsquote aus der evangelischen Kirche wohl vor allem aus diesem Grund soviel höher.

Evangelische Christen sind durch diese Kirchenpolitik geradezu in eine Double-bind-Situation geraten. Ihnen wird geraten, aus freudigem Herzen Silvester zu feiern, aber auf den Sekt und die Luftschlangen zu verzichten, nur ja kein Geld für Knallkörper und Raketen zu verschwenden und auch sonst keinen unangemessenen Lärm zu schlagen. Anstelle von üppigem Essen und Alkohol mögen Zwieback und Hagebuttentee gereicht werden. Eigentlich sollte sich die Kirchenleitung nicht wundern, daß ihre Anhänger nicht mehr recht in Stimmung kommen und allmählich ganz auf's Feiern verzichten, zumal auch noch Bleigießen und alle anderen alten Bräuche verpönt sind.

In den katholischen Kirchen sieht es nicht annähernd so trostlos aus. Hier wird noch Wert auf Formen gelegt, und Feste werden wirklich gefeiert. Was zu Ehren Gottes aufgewendet wird, gilt hier nicht als verschwendet. Und doch hat sich auch in diese altehrwürdige Umgebung schon der Zeitgeist eingeschlichen, der es so sehr liebt, alles ein bißchen effizienter und vernünftiger zu gestalten. Seit Jahrhunderten unveränderte Rituale werden verkürzt, alte Texte überarbeitet und übersetzt, damit sie besser verstanden werden. Tatsächlich werden sie damit aber nicht verständlicher, jedenfalls nicht auf jener tiefen Ebene, auf die es entscheidend ankommt. Das Wissen um die morphogenetischen Felder kann hier erhellend wirken. Seit Jahrhunderten unverändert abgehaltene Rituale haben tiefe Spuren auf jener uns heute noch unerklärlichen, aber immerhin schon nachweisbaren Ebene der Entwicklungsfelder hinterlassen. Sie bilden einen sicheren Rahmen, in dem sich die Gläubigen geborgen fühlen und ihre Erfahrungen machen können. Rituale sind gleichsam das Rückgrat einer Glaubensgemeinschaft und geben ihr den *notwendigen* Rückhalt.

Diesbezüglich verfolgt auch die katholische Kirche einen gefährlichen Weg, wenn sie alte Rituale neuen Zeiten anpaßt. Sie könnte damit nicht nur ihren Anhängern den Rückhalt nehmen, sondern sich selbst sogar langfristig das Rückgrat brechen. Die Reform der Liturgie hat gerade diese Gefahren bestätigt. Tatsächlich sind es gerade die »einfachen« Leute auf dem Lande, die doch am wenigsten von der alten lateinischen Liturgie vestanden haben dürften, die ihr am meisten nachtrauern und am treuesten zu jenen wenigen Priestern stehen, die sich der neuerlichen Reformation widersetzen. Wahrscheinlich sind es genau diese »konservativen« Menschen, die die Tiefe der alten Form am ehesten erfassen und den Verlust am deutlichsten spüren. Der Zugewinn an rein sprachlichem Verständnis dürfte dagegen gering wiegen.

Auch alle Versuche, den Gottesdienst gefälliger zu gestalten, zu verkürzen oder etwa durch moderne Musik die Jugend zuückzugewinnen, haben letztlich keinen Erfolg gebracht. Wer Rockmusik hören will, geht sowieso nicht in die Kirche, sondern in die Disco. Die »Beschwerlichkeit« des Gottesdienstes war andererseits gewiß kein Grund für den nachlassenden Besuch. In die Okkultszene abgewanderte Christen nehmen zum Teil unvergleichlich schwerere Bürden auf sich. Auch die Gottesdienstlänge muß kein Hindernis sein, wenn Inhalt und Form stimmen. Die freie evangelische Ordensgemeinschaft von Taizé wäre hier ein gutes Beispiel. Ihre zum Teil stundenlangen Gottesdienste mit den sich ständig wiederholenden liturgischen Gesängen sind überfüllt.

Die Menschen suchen und brauchen Rituale und sind durchaus bereit, Opfer dafür zu bringen. Ein Beleg dafür ist gerade ihre massenhafte Hinwendung zu indianischen und anderen schamanistischen, tibetischen oder buddhistischen Ritualen, die die Esoterikszene anbietet. Als der Dalai Lama vor einigen Jahren zum Kala-Chakra-Ritual ins Schweizerische Rikon rief, kamen 4000 vor allem junge Menschen, die wenigsten Tibeter, die meisten aus christlicher Tradition. Das Ritual dauerte eine Woche, und jeder Tag war mit langen und anstrengenden Übungen angefüllt. Das alles geschah ganz freiwillig und wurde zudem von den Teilnehmern bezahlt. Der tibetische Vajrajana-Buddhismus ist eine Religion, deren Jahrtausende alte Rituale vor allen Verbesserungen bewahrt blieben. Sie fordert weit mehr Einsatz im alltäglichen Leben als die christlichen Kirchen. Trotzdem hatte diese Religion keine Probleme, ihre Gläubigen bei der Stange zu halten, auch dann nicht, als sie im Exil mit der modernen westlichen Zivilisation konfrontiert wurde. In ihrer Heimat Tibet verteidigen die Menschen unter größten Opfern ihre Religion gegen alle Versuche der chinesischen Eroberer, das Leben zu modernisieren und die Religion in den Hintergrund zu drängen. Dazu waren die Christen in ihrer Anfangszeit auch in der Lage, solange sie mit der lebendigen Quelle ihres Glaubens verbunden Erfahrungen machten, die sie diese Lebendigkeit in sich spüren ließen. Die buddhistische Religion ist immerhin noch 600 Jahre älter und hat diese Kraft bewahrt.

Wie wichtig Rituale für jede menschliche Gesellschaft sind, zeigt sich wohl am besten an der Tatsache, daß sie letztlich gar nicht abzuschaffen sind. Es besteht lediglich die Wahl, sie bewußt oder unbewußt durchzuführen. Selbst Systeme, die von ihrer Philosophie her nicht die geringste Nähe zu religiösen Dingen haben, wie etwa die kommunistischen, können nicht auf Rituale verzichten. Statt alter Pubertätsrituale lassen sie Jugendweihen feiern, statt religiöser Feste werden Jahrestage rituell begangen, und Prozessionen sind durch Paraden ersetzt. Die Ritualidee aber bleibt unverkennbar. Auch in unserer säkularisierten Gesellschaft spielen die christlichen Ritualfeiern nur noch eine verschwindende Rolle. Weihnachten ist von einem

Geburtstagsfest des Herrn zu einer Verherrlichung des Herrn Mammon verkommen. Aber selbst dieser Konsumrausch trägt noch, wenn auch völlig unbewußt, rituelle Züge.

Tatsächlich könnten wir uns eingestehen, daß wir kaum ein altes Ritual wirklich abgeschafft haben, sondern lediglich den alten Strukturen die Bewußtheit entzogen haben. So sind die Rituale nicht verschwunden, sondern ins gesellschaftliche Abseits gerutscht und führen dort ein Schattendasein, das oft recht problematisch ist.

Auch dem jungen Christentum war es übrigens nicht gelungen, die alten heidnischen Rituale gänzlich abzuschaffen. Es wählte damals den geschickteren Weg der Umwandlung und langsamen Assimilation. So war *Weihnachten* auch schon bei den alten Germanen und Kelten die geweihte Nacht und entsprach wie bis heute der Wintersonnenwende. Diese Nacht der längsten Dunkelheit im Jahreslauf wurde immer rituell gefeiert, war sie doch der Ausgangspunkt für den anschließenden Siegeszug des Lichtes. Es war mehr als ein geschickter Schachzug des jungen Christentums, die Geburt des »Lichtes dieser Welt«, ihres Heilands, gerade auf diesen Tag zu verlegen. Historisch gesehen wurde Jesus mit allergrößter Wahrscheinlichkeit nicht am 24. Dezember geboren.

Mit dieser Einverleibung alter Riten bis hin zu Weihnachtsbaum und Osterhasen, die beide ohne christliche Wurzeln sind, erreichte das Christentum zweierlei. Die eigenen Inhalte wurden nun rituell gefeiert und die Menschen konnten trotzdem ihre gewohnten Feiertage beibehalten. Zudem profitierte die junge Religion beim Aufbau ihrer Muster von den schon in die Matrix der Wirklichkeit eingegrabenen Spuren der Vorgänger. Wie stabil und langlebig diese übernommenen Muster waren und immer noch sind, zeigt sich heute, wo das Christliche allmählich wieder in den Hintergrund tritt und die alten heidnischen Elemente allein übrig bleiben. Die Krippe wird bei vielen Weihnachtsfeiern inzwischen wieder weggelassen, der Weihnachtsbaum aber darf nirgends fehlen. Zu Ostern wird wesentlich eher auf das Passionsspiel als auf den Osterhasen verzichtet.

Unser heutiges Vorgehen unterscheidet sich wesentlich von

der frühchristlichen Assimilationstaktik. Wir wollen die Rituale nicht umwandeln und mit neuen Inhalten füllen, sondern sie ganz aufgeben. In dem Maße, wie wir aber klassische Ritualpunkte im Lebensrhythmus zu ignorieren versuchen, fordern sie auf der unbewußten Ebene ihren Tribut. Hier sind sie aber nicht bloß lästig, sondern oft geradezu gefährlich, wie wir es etwa mit den Pubertätsritualen erleben.

Archaische Stammeskulturen, die wir gern als primitiv bezeichnen, feierten mit Pubertätsritualen den Übertritt von der Jugendzeit in die Erwachsenenwelt. Dieser Schritt galt ihnen als äußerst wichtig und sehr gefährlich, weshalb sie viel Augenmerk darauf legten, daß er möglichst bewußt und erfolgreich hinter sich gebracht wurde. Im Bewußtsein der Gefährlichkeit dieses Momentes im Leben des jungen Stammesmitgliedes wurde auch die Situation, oft eine Art Mutprobe, entsprechend gefährlich gestaltet. Junge Männer wurden häufig einige Tage in der Wildnis ausgesetzt. Des Nachts mußten sie zusätzlich den Angriffen aller möglichen Geister und Dämonen standhalten. Zu diesem Zweck verkleideten sich nicht selten die Männer des Stammes in furchterregender Weise. Andere Stämme muteten ihren Jugendlichen richtiggehende Torturen zu, wie z. B. stundenlanges Stehen in Ameisenhaufen. Mädchen wurden für einige Tage in stockdunklen Erdhöhlen eingesperrt. Oft fügte der Schamane den in die gefahrvolle Erwachsenenwelt Einzuweihenden auch blutige Verletzungen zu.

Heute stehen wir natürlich weit über solchen Praktiken. Kein moderner Medizinmann würde absichtlich Verletzungen setzen. Im Gegenteil sähe er es als seine Aufgabe an, sie zu verhindern oder zu heilen. Anstatt junge Menschen in der sowieso schon bedrängenden Pubertätszeit in Angst und Schrecken zu versetzen, betrachten wir es als unser Anliegen, ihnen all das zu ersparen. Wenn sie schon in Panik geraten, bemühen wir uns nach Kräften, sie wieder davon zu befreien. Mit anderen Worten, wir sind genau auf dem Gegenpol tätig und fühlen uns dort auch sehr wohl und vollkommen im Recht.

Es bleibt allerdings die Frage, ob wir das Thema Pubertät heute soviel sinnvoller bewältigen? Als verbliebene offizielle Pubertätsrituale wären sicherlich die Konfirmation auf evangelischer und Kommunion und Firmung auf katholischer Seite anzusprechen, geht es hier doch um den Schritt vom Kind zum vollwertigen Gemeindemitglied. Erst nach diesem »Einweihungsritual« ist der Betroffene reif für das »Geheimnis des Glaubens«, das Abendmahl, als wesentlichstes Ritual der Christenheit. Allerdings werden weder Firmung noch Konfirmation, denen es, wie die Namen verraten, um die Stärkung des jungen Menschen geht, dieser Aufgabe in unserer Zeit gerecht. Von vielen Christen, Eltern wie Jugendlichen, nicht mehr besonders wichtig genommen, werden die entsprechenden Rituale kaum noch bewußt durchgeführt und so in ihrer Wirkung entscheidend geschwächt. Alles in allem sind sie viel zu harmlos als Einweihung in die heutige Erwachsenenwelt.

Die Reifeprüfung wäre ein anderes zeitlich später liegendes Ritual, das die Einweihung in die akademische Erwachsenenwelt markieren soll. Wohl kann noch einiges an Angst und Schrecken damit verbunden sein, als bewußtes Ritual wird die Reifeprüfung aber kaum noch ernst genommen und ist in der Praxis auch eher zu einem Anzeichen ausgesprochener Unreife geworden. Geprüft wird nicht Lebensreife, sondern eingetrichtertes Wissen und abgelegt wird diese Prüfung fast ausschließlich von Jugendlichen, die lebensunerfahrener sind als ihre Altersgenossen, die diese Prüfung nicht bestehen müssen.

Neben diesen bewußten Pubertätsritualen und wegen deren Harmlosigkeit haben sich eine Reihe unbewußter Ersatzrituale eingeschlichen. Ein sehr verbreitetes ist das erste Rauchritual. Der Erwachsenenwelt vorbehalten und von dieser auch eifersüchtig mit Verboten und Strafandrohungen verteidigt, üben Zigaretten eine hohe Faszination gerade auf jene Jugendliche aus, die Probleme mit ihrem Erwachsenwerden haben. Hinweise auf die Gefahren des Rauchens können in dieser Zeit die Faszination noch verstärken. Schließlich ist man ja ausgezogen, das Fürchten zu lernen und will sich und vor allem den anderen »Halbstarken« beweisen, daß man schon ein ganzer Kerl ist oder eine richtige Frau, die nichts mehr umwirft. In der Praxis hat das Ritual der ersten Zigarette tatsächlich einige Ähnlichkeiten mit jenen düsteren Schilderungen aus alter Zeit. Auch hier ist Angst (vor dem Verbotenen, dem Tabu) mit im Spiel. Häufig bekommen die Betroffenen »Schiß« in des Wortes Doppelsinn, müssen gegen Übelkeit und die Mißempfindungen in ihrer Lunge ankämpfen und tatsächlich Nervenstärke beweisen, wollen sie nicht in Husten und Wehklagen ausbrechen. Vor allem, wenn sie ihr Ritual im Kreise Mitbetroffener begehen, müssen sie da hindurch und schaffen es um des hohen Zieles willen: Dazuzugehören zur Welt der Großen ist ihnen einiges Leid wert.

Eine ähnliche Ersatzfunktion dürfte die Flut der Horror- und Gewaltfilme erfüllen. Mit einiger Distanz betrachtet ist es doch erstaunlich, daß so viele Jugendliche danach Sehnsucht haben, sich einmal richtig zu fürchten. Nicht nur Märchen wissen um den hohen Wert, den es hat, seine tiefste Angst zu überwinden. Wie zu allen Zeiten müssen die Jugendlichen ausziehen, das Fürchten bzw. ihre Angst überwinden zu lernen.

Das bringt uns zum wohl heute wichtigsten und problematischsten Pubertätsersatzritual, der Führerscheinprüfung. In einer Autogesellschaft kann natürlich nur ein Führerscheininhaber Vollmitglied sein, und so kommt dieser Prüfung und den sich anschließenden Mutproben entscheidende Wichtigkeit zu. Vor allem, wenn man Unfallstatistiken des ersten Führerscheinjahres betrachtet, kann man sich des Eindrucks nicht erwehren, daß hier etwas nicht mit rechten Dingen zugeht. Widmet man den einzelnen Unfällen intensiveres Interesse, verstärkt sich dieser Eindruck noch erheblich. Was der Polizei als unerklärlicher Unfug, lebensverachtender Leichtsinn oder kindische Verantwortungslosigkeit erscheint, bekommt makaberen Sinn, wenn man dahinter den Drang sieht, sich zu beweisen, das Bedürfnis nach Bewährungs- und Mutproben.

All diese Ersatzrituale haben gegenüber ihren archaischen Vorbildern einen großen Nachteil. Durch ihre Unbewußtheit und durch das mangelnde Entgegenkommen von der anderen, der Erwachsenenseite, kommen sie zu keiner befriedigenden Lösung. Die Prüflinge der alten Gesellschaften mußten in manchmal herzzerreißender Art als Jugendliche rituell sterben, um danach in der Erwachsenenwelt wiedergeboren zu werden. Sie haben damit aber den Schritt unwiderruflich geschafft, sind in das neue Muster eingefügt, sind der Initiation teilhaftig geworden. Sie wissen das und die ganze Gemeinschaft weiß und spürt es. Zweifel sind nicht möglich. Moderne Pubertierende haben es diesbezüglich viel schwerer, denn sie bekommen kaum Hilfestellung. Völlig auf sich gestellt, bleiben sie überhäufig an den unbewußten Ritualen hängen. Da diese nicht wirklich mit bewußtem Inhalt geladen sind, müssen sie als gleichsam leere Hülsen ständig wiederholt werden und verkommen so zu lästigen und sogar wirklich gefährlichen Gewohnheiten. Der Unterschied zwischen einem Ritual und einer Gewohnheit liegt ja vor allem in der Bewußtheit. Da stellt sich mit Recht die Frage, ob es nicht besser ist, sich einmal richtig zu fürchten und durch diese Angst hindurchzugehen, als zum Horror-Film-Fan zu werden? Ist nicht eine große Bewährungsprobe im geschützten Rahmen einer verantwortungsbewußten Gemeinschaft ständigen Mutproben im Dschungel moderner Straßen vorzuziehen? Ja, selbst die absichtlich zugefügte Wunde scheint noch humaner als die Ströme von Blut, die im ersten Führerscheinjahr fließen.

Damit wäre erst eine einzige typische Ritualsituation beleuchtet. Deren gibt es aber unzählige, und die meisten werden in den modernen Wohlstandsgesellschaften auf die schmerzlich unbewußte Art durchlebt. Viele kleine und große Gewohnheiten und Zwangsrituale zeugen davon. Das x-malige Kontrollieren, ob die Tür verschlossen, der Stecker herausgezogen, das Licht aus ist, die ungezählten Hygiene-Fimmel, die Unfähigkeit erwachsener Menschen, auf einem Muster von Pflastersteinen normal zu gehen, der Zwang, bestimmte Dinge abzuzählen, sind dabei noch die harmlosesten Varianten in den Schatten gerutschter Rituale.

Kein Mensch und erst recht keine Gemeinschaft von Menschen kann ohne Rituale leben, das Bedürfnis danach ist unübersehbar. Es wäre Aufgabe der Religionen, diesem Bedürfnis durch bewußte Rituale nachzukommen und so dem Leben verläßliche Strukturen und den Menschen Rückhalt zu geben. In dem Maße, wie die christlichen Kirchen diese Aufgabe übersehen oder bewußt ablehnen, müssen die Rituale weiter auf unbewußten Ebenen als starre und meist neurotische Gewohnheiten leben, oder aber die suchenden Menschen greifen andere bewußte Alternativen auf. Genau das geschieht im Augenblick.

In der Flut der Angebote des in jüngster Zeit entstandenen Esoteriksupermarktes findet jeder etwas, und immer mehr Menschen bedienen sich. So werden alte Vollmondrituale neu belebt, Sonnwendfeuer wieder entzündet, man tanzt im Stile der Indianer zu Ehren der Mutter Erde, mit den Sufis um die eigene Mitte, verehrt die Elemente auf den Spuren der Druiden, leiht sich Heilungsrituale aus dem alten Indien oder versucht sogar an Ort und Stelle in fremde Traditionen und Rituale einzusteigen.

Christentum und Transzendenz

Aus der frühchristlichen Zeit ist uns eine Fülle von Transzendenzerfahrungen und Wundern überliefert. Die Jünger Christi und Mitglieder der Urgemeinde sprechen in Zungen, werden Zeugen von wundervollen Heilungen, ergriffen vom Heiligen Geist verstehen sie fremde Sprachen und erleben persönlich die Tiefen ihrer Religion. Im ursprünglichen Sinne der Religio (= die Rückverbindung) sind sie verbunden mit dem Urgrund ihres Menschseins, haben eine lebendige Verbindung zu Gott, bzw. der anderen Seite der Wirklichkeit. Parallel mit der Organisation des christlichen Glaubens und der Entwicklung der Kirche treten solche direkten Erfahrungen jener transzendenten Ebene hinter der offenbaren zurück. Wie der Religionsunterricht schonungslos aufdeckt, kommt es von nun an zur Kirchengeschichte, und in der spielt Übersinnliches eine untergeordnete Rolle. Zwar gibt es noch Wunder, aber sie werden zunehmend argwöhnisch von der offiziellen Kirche betrachtet, zumal es kaum ein einziges Beispiel gibt, wo einem Kirchenfunktionär ein Wunder widerfahren wäre. Nicht wenige christliche Mystiker bekamen wegen ihrer direkten Gotteserfahrungen erhebliche Probleme mit ihrer Kirche. Meister Eckehart ist der bekannteste, wohl vor allem deshalb, weil er zugleich einer der gebildetsten Kirchenmänner seiner Zeit war und sich wortgewandt zu verteidigen wußte. Neben ihm stehen viele andere mit weniger guten Verteidigungstechniken, die nicht selten mit Exkommunikation und noch drastischeren Strafen belegt wurden. Besonders die Zeit der Inquisition und der Katharerverfolgung war hier wenig zimperlich. Das Verbrechen dieser ersten Ketzer bestand ja im Wesentlichen darin, daß sie sich nach innen wandten auf der Suche nach der Wahrheit, anstatt nach außen an die päpstliche Autorität. So rückte der Heilige Geist, von den Katharern Paraklet genannt, ins Zentrum der religiösen Praxis. Ähnlicher Überzeugung waren die Gnostiker viele Jahrhunderte davor - und wurden ebenfalls ausgemerzt. Direkte religiöse Erfahrung war den Vertretern der offiziellen Kirche meist fremd und deshalb höchst verdächtig. Das ist insofern leicht zu verstehen, da Mystiker nur schwer zu kontrollieren oder gar zu lenken sind. Ihnen ist Politik und auch Kirchenpolitik fremd oder jedenfalls von geringem Interesse im Angesicht direkter Gotteserfahrungen. War ausnahmsweise einmal ein Mystiker in die offizielle Richtung einzupassen, wurde er auch in den Schoß der Kirche aufgenommen. Franziskus von Assissi wäre solch ein Beispiel. Wie auch in seinem Fall kehrte die Kirche aber, sobald der Betreffende das Zeitliche gesegnet hatte, sehr bald dankbar zum Alltag zurück. Vom franziskanischen Armutsgebot etwa wollte man sich offiziellerseits doch nicht anstecken lassen. Anstatt die Tiere als unsere jüngeren Brüder zu betrachten, verspeiste man sie lieber weiterhin genußvoll.

Aus dieser Problematik heraus war die Kirche gegenüber religiösen Übungen und direkten Erfahrungsmöglichkeiten des eigenen inneren »Himmels« skeptisch bis ablehnend. Hatte Christus seine Anhänger noch mit Sätzen wie »Das Himmelreich Gottes ist in euch« auf den Weg nach innen geschickt, vermied die offizielle Kirche dies zunehmend. Wenn sie die Menschen irgendwo hinschickte, dann nach außen, auf Kreuzzüge oder bestenfalls auf Wallfahrten. Der Zusammenhang zwischen äußerer und innerer Reise wurde im Laufe der Zeit immer weniger betont.

Die Angst ging sogar soweit, daß den Gläubigen über Jahrhunderte hinweg das eigene Studium der Bibel verboten wurde. Bis heute beziehen vor allem Katholiken ihr Bibelverständnis weitgehend aus Religionsbüchern und Katechismen. Der nach wie vor lebendige Zündstoff in der Bibel wird ihnen offiziellerseits zum großen Teil erspart. Die konsequente Folge ist, daß die Gläubigen auf dem Boden einer harmlosen und direkte eigene Erfahrungen vermeidenden religiösen Praxis eine zunehmend intellektuelle Beziehung zu ihrem Glauben bekommen. Während es im katholischen Bereich neben den Ritualen wenigstens noch Reste praktischer Übungen gibt, wie etwa das Rosenkranzgebet und die Fastenzeit, befreite sich die evangelische Kirche fast ganz davon. Sie hat zwar von Anfang an auf eigenes Bibelstudium gesetzt, die religiösen Übungen aber auf das Anhören intellektueller Predigten und das Beten beschränkt. Natürlich könnte Beten allein ausreichenden Zugang zur transzendenten Welt eröffnen, wenn man etwa an das Herzensgebet der Ostkirche denkt. Aber statt solcher am Intellekt vorbeizielender Übungen peilte man bei uns im Westen eher das vergleichsweise harmlose intellektuelle Zwiegespräch mit Gott an. Nicht umsonst wird er den Kindern unter Mißachtung des zweiten Gebotes als weiser alter Mann nahegebracht.

Die Intellektualisierung hat, zwar geringer, aber auch auf katholischer Seite ihre Spuren hinterlassen. Ehedem lebendige Übungen fristen vielfach nur noch ein Schattendasein, wie z. B. das Fasten. Im Laufe der Zeiten wurde es immer mehr entschärft und ist heute eigentlich nur noch eine Farce. Wesentlicher Bestandteil der meisten Religionen in ihrer Gründerzeit, machte das christliche Fasten, wie etwa auch das islamische Ramadanfasten, einen inhaltlichen Abstieg durch.

Christus und Johannes, Moses und Mohammed, Buddha und Shankaracharya hatten lange Fastenzeiten hinter sich gebracht, bevor sie ihre tiefsten Einsichten gewannen. Wenn sie für ihre Anhänger entsprechende Fastenzeiten einrichteten, hatten sie damit wohl im Sinn, ihnen eine ähnliche Erkenntnistiefe zu ermöglichen. In dem Sinne, wie es der offiziellen Kirche und ihren Anhängern nicht mehr um lebendige Erfahrung, sondern um die Verwaltung des Erreichten ging, reformierten sie entsprechend brisante Übungen solange, bis ihnen nichts Gefährliches, aber auch nichts Wirksames mehr anhaftete. Die Geschichte des Fastens hat in dieser Hinsicht etwas Exemplarisches.

Fasten im Sinne von gar nicht mehr essen, wie es von Christus und Moses berichtet wird, wurde sehr schnell als viel zu hart für die schwachen Gläubigen und ihr ebenso schwaches Fleisch empfunden. So wurden einzelne Speisen während des Fastens zugelassen. Nur als Null-Fasten hat die Übung aber ihre tiefgreifenden spirituellen (und medizinischen) Auswirkungen. Allmählich wurde die Liste des beim Fasten Erlaubten immer länger, und dann drehte man das ganze der Einfachheit halber um: Es wurde wieder alles erlaubt, nur einzelne Speisen ausgeschlossen. Und schließlich blieb nur das Fleisch ausgeklammert. »Fasten« bedeutet für viele Katholiken bis heute auf Fleisch verzichten. Wenn sie sich bei leckersten Mehlspeisen, die groteskerweise häufig »Fastenspeisen« genannt werden, dick und rund futtern, dürfen sie sich geborgen in den Geboten ihrer Kirche fühlen.

Die Verwässerung des Fastengebotes führte im Laufe seiner Entwicklung zu ausgesprochen menschlichen Erscheinungen. Im Mittelalter mußten die Mönche der bayerischen Klöster noch davon ausgehen, daß Fasten wirklich nichts essen bedeutete und lediglich trinken gestattet war. Aus dieser »Not« brauten sie das erste Starkbier, wohl die früheste Form künstlicher Flüssignahrung. Bis heute fällt der Beginn der Fastenzeit mit jenem der Starkbierzeit zusammen. Wenn am Nockherberg in München am Aschermittwoch das erste Starkbierfaß rituell angezapft wird, ist die bayerisch katholische Prominenz dabei und die Welt in Ordnung. Überflüssig zu erwähnen, daß dem starken Bier mit üppigen Mahlzeiten, bevorzugt vom Schwein, eine solide Unterlage geschaffen werden muß. Womit nichts gegen diesen inzwischen altehrwürdigen Brauch gesagt, sondern lediglich ein Schlaglicht auf die Entwicklung des Fastens im Christentum geworfen sei. Nachdem die liberaleren Sitten die Mönche aus der Not des Nichtessens befreit hatten, behielten sie die Starkbiersitte gerne bei, blieben aber auch sonst erfinderisch. Sie durften jetzt wie die übrigen Gläubigen auch »fastend« wieder alles essen außer Fleisch. Nun brachen schlechte Zeiten für die bayerischen Fische an. Aus der Definition des Fisches als einem schwimmenden Wesen entwickelten die nicht unklugen Mönche den Umkehrschluß, daß alles, was schwimmt, ein Fisch sein müsse. Daraufhin wurden die bayerischen Biber aufgegessen. Die spätere völlige Ignorierung des Fastengebotes kam für die armen Tiere zu spät. Sie waren inzwischen bereits im wahrsten Sinne des Wortes vertilgt.

Weniger anschaulich, aber mit ähnlichem Ergebnis verlief der Abstieg des Rosenkranzbetens, jenes monotonen Wiederholens derselben Maria lobpreisenden Sätze. Die Verwandtschaft zum Rosenkranz der islamischen Sufis und zur Mala der Inder liegt auf der Hand. Wer einen buddhistischen Bauern in der entlegenen Bergwelt Bhutans erlebt, wie er seinen »Rosenkranz« Perle für Perle durch die Finger gleiten läßt, während er »Om Mani Padme Hum« summend gemächlich hinter dem Pflug herschreitet, bekommt ein Gefühl dafür, daß diese einfache Übung Schlüssel sein könnte zu einem Leben in Kontemplation. Bei uns ist sie dagegen aufgegeben oder bestenfalls zur Strafaufgabe nach der Beichte verkommen.

Zwischen den Beobachtungen, daß die Intellektualisierung auf dem Lande hinterherhinkt und sich hier die praktischen religiösen Übungen am längsten hielten, dürfte ein Zusammenhang bestehen. Das Ergebnis von beidem sind die unübersehbar volleren Kirchen. Daß sich aber auch Großstädter bzw. betont intellektuelle Menschen nach Anleitungen zu transzendenten religiösen Erfahrungen sehnen, zeigt der Run auf Übungen, die solches versprechen. Im Zuge der Esoterikwelle werden sie neuerdings überall angeboten. Nicht wenige westliche Menschen hängen sich nun eine indische Mala um den Hals und unterziehen sich fremdartigen Exerzitien. Der steigende Besuch von Fastenseminaren, die von einer für alte Traditionen allmählich aufwachenden Medizin angeboten werden, spricht ebenfalls für ein großes Bedürfnis nach inneren Erfahrungen und transzendenten Erlebnissen.

Zum Teil wird das Problem des Mangels an eigenen Übungen und Techniken in den großen Kirchen in letzter Zeit registriert und mit sachten Vorstößen in die entsprechende Richtung beantwortet. Statt den mit Abwanderungsgelüsten schwanger gehenden Anhängern fremde Meditationen auszureden oder gar zu untersagen, bieten einige Pfarrer schon wieder christliche Meditationen und Exerzitien an. Zum Teil werden kirchlicherseits in der Not auch einfach östliche Übungen übernommen. Der katholische Pater Enomiya Lasalle hat schon vor Jahrzehnten einen eindrucksvollen Brückenschlag zum Osten unternommen und die Za-Zen-Meditation bei uns eingeführt. Auf diesem

Grundstein entwickelte sich z. B. eine lebendige Meditationsbewegung innerhalb des Jesuitenordens. Gerade dieser Orden ist ja ursprünglich von Ignatius von Loyola auf einem äußerst harten und strengen Exerzitientraining aufgebaut worden.

Tatsächlich fänden sich im Christentum genug Ansätze, die bereits ihre Eignung bewiesen haben, Brücken in transzendente Bereiche zu schlagen. Dazu wäre es allerdings notwendig, sich auf die eigenen Wurzeln zu besinnen und die eigene Geschichte zu konfrontieren. Mit Sicherheit fänden sich in den seinerzeit unterdrückten gnostischen und katharischen Traditionen, in jener des Templer- und des Franziskanerordens und der des Gralschristentums, in den apokryphen Schriften und jenen von Qumran mehr als genug Auswege aus der intellektuellen Sackgasse. Allerdings wäre dann auch der Mut nötig, in aller Öffentlichkeit einzugestehen, daß man nicht nur nicht unfehlbar war, sondern Menschen für ein Verhalten hinrichtete, das man heute eigentlich empfehlen könnte.

Bis vor 200 Jahren hätte die Kirche im Einvernehmen mit der Staatsmacht das Problem der okkult fremdgehenden Gläubigen schlicht durch deren Vernichtung gelöst. Da heute aber der Austritt aus der Kirche nicht mehr mit dem aus dem Leben zusammenfällt, müßte sie sich andere Möglichkeiten überlegen, ihre Anhänger bei der Stange zu halten. Letztlich wird ihr nichts anderes übrigbleiben, als ihnen das zu geben, was sie sonst bei der Konkurrenz suchen. Neben Ritualen sind das vor allem Exerzitien oder moderner ausgedrückt Techniken, um wieder lebendige Erfahrungen zu machen.

Eine gegen die Esoterikwelle und ihre fremden und gefährlichen Übungen eifernde Kirche ließe sich mit einem Gemischtwarenhändler vergleichen, der seinen Kunden die Wichtigkeit von Vitaminen ausreden will, nur weil er selbst sich entschlossen hat, auf haltbares Konservenobst umzusteigen. Die Chancen für sein Überleben und das seiner Kunden wären besser, wenn er es riskieren würde, das wegen seiner leichten Verderblichkeit gefährliche Frischobst wieder ins Angebot zu nehmen. Dazu bräuchte er nicht einmal bei der Konkurrenz Ideen zu hamstern, sondern sich nur an seine eigene Gründerzeit zu erinnern. Allerdings müßte dann wohl auch wieder auf einnahmeträchtige

Konzepte verzichtet werden. Eine Maxime wie die heute gültige – ohne Geld (Kirchensteuer) keine Gnade (der Sakramente) – läßt sich mit dem Anspruch der eigenen Gründerzeit kaum verbinden.

Eso- und Exoterik im Christentum

Die heute fast unüberbrückbar erscheinende Distanz zwischen offiziellen christlichen Kirchen und christlicher Esoterik, wie sie sich etwa in der Gnosis zeigte, kann nicht darüber hinwegtäuschen, daß beide auf Christus zurückgehen und ganz offenbar auch von ihm gewollt waren. Die offizielle Kirche kann sich auf Petrus berufen, der von Christus selbst eingesetzt wurde. Obwohl Christus Petrus sehr wohl in seinen Schwächen durchschaute, machte er ihn zu dem Felsen, auf den er seine Kirche bauen wollte. Daß Petrus ihn unter den Jüngern am wenigsten verstand, änderte daran nichts. Bei Christi Festnahme durch die Soldaten war es Petrus, der als einziger sein Gebot brach und bewaffneten Widerstand leistete. Vor allem aber wußte Christus, daß Petrus ihn noch zu seinen Lebzeiten vielfach verleugnen würde. »Ehe der Hahn dreimal kräht, wirst du mich dreimal verleugnen!« sagte er ihm voraus. Und die Bibel berichtet, wie diese Prophezeiung noch in derselben Nacht Wirklichkeit wurde. Es scheint so, als habe die Petruskirche die Symbolik, die in diesem Beginn liegt, nie mehr loswerden können. Aus den Evangelien geht aber auch hervor, daß Christus genau diese Kirche wollte, eingedenk der Tatsache, daß ihr erster Papst wie auch dessen Nachfolger ihn und sein Anliegen immer wieder verleugnen würden.

Die Einsetzung der esoterischen Linie wird von deren Anhängern auf den Jünger Johannes zurückgeführt. Dies ist aus der Bibel weniger leicht abzuleiten als die Petruseinsetzung. Die Bibel bezeichnet Johannes als den Lieblingsjünger des Herrn. Und man kann vermuten, daß das seine tieferen Gründe gehabt haben muß. Außerdem war es Johannes, dem Christus in seinen letzten Stunden die Sorge um seine Mutter Maria anvertraute. Daraus könnte man schließen, daß er den weiblichen Pol seiner Lehre in Johannes Hände legte. Schließlich berichtet die Bibel, wie Christus sehr entschieden seinen Lieblingsjünger verteidigte, als Petrus einmal über Johannes herzog. Er verwies Petrus darauf, daß Johannes eine Aufgabe zukomme, die ihn, Petrus, nichts anginge.

Wie stimmig diese Ableitung auch sein mag, Tatsache ist, daß es zu allen Zeiten christliche Esoteriker gab. Die Kette dieser Tradition ist naturgemäß weniger gut dokumentiert als die der exoterischen, auf äußerliche Macht gerichteten Kirche. Die esoterische, auf innere Entwicklung des einzelnen Gläubigen zielende Bewegung legte aus ihrem Selbstverständnis nie Wert darauf, äußere Zeichen ihrer Existenz zu hinterlassen. Im Gegenteil, aus Prinzip und aus berechtigter Angst vor den todbringenden Nachstellungen der exoterischen Kirche blieb vieles im Geheimen. Die wenigen nachweisbaren Spuren reichen von den Gnostikern über die Mystiker bis zu den Katharern und Albingensern, von der Gralsbewegung und den Templern bis zu den Rosenkreuzern. Heute vertritt die Christengemeinde der Anthroposophen die wohl bekannteste Form esoterischen Christentums.

All diese esoterisch christlichen Bewegungen haben dem kirchlich organisierten Christentum gegenüber eine Gemeinsamkeit: Sie sehen den Menschen als Einheit von Körper, Seele und Geist und kümmern sich auch um alle drei Bereiche. Das Heil, die Ganzheit oder Vollkommenheit des Menschen, rangiert hier an erster Stelle. Die Hauptanliegen der offiziellen Kirche, wie der Aufbau einer schlagkräftigen Organisation und die Ansammlung von Macht, Einfluß und materiellen Gütern, spielen eine sehr untergeordnete Rolle. Wo diese Bestrebungen beginnen, endet im gleichen Maße wieder der esoterische Anspruch. Bei der offiziellen Kirche ist es gerade umgekehrt: Sie führt zwar gern noch den Anspruch auf das Heil im Munde, konkret ist ihr aber anderes, und vor allem Weltliches, wichtiger. Sie hat sich arrangiert und begnügt sich heute weitgehend mit dem geistigen Bereich des Menschseins. Nachdem sie mit dem Polaritätsprinzip so schlecht zurechtkommt, hat sie mit dieser Ebene und den darin auftauchenden Widersprüchen auch reichlich zu tun. Das Engagement auf dieser Ebene äußert sich im Anspruch, den rechten Weg zu Gott intellektuell weisen zu können. Die Sorge um das körperliche Heil hat die Kirche längst aufgegeben und an die Medizin delegiert. Selbst die Seelsorge, bis vor kurzem noch eine kirchliche Domäne, wird inzwischen recht bereitwillig den Psychotherapeuten überlassen.

Das Problem dieser Delegation der einzelnen Existenzebenen des Menschen an verschiedene Spezialdisziplinen ist, daß eine derartige Aufspaltung dem Heil niemals gerecht werden kann. Zwar entspricht diese Art des analytisch aufteilenden Vorgehens den Denkgewohnheiten dieser Zeit, aber eben nicht der Wirklichkeit. In der nämlich gehören alle drei Ebenen untrennbar zusammen, und Heilsein kann sich nur aus ihrem vollkommenen Zusammenwirken ergeben. Das Heil in diesem Sinne hat mit dem Heiligen zu tun und der Erleuchtung, wie östliche Kulturen sagen würden.

Natürlich kann die Amtskirche diesen Anspruch nicht ganz und schon gar nicht offiziell aufgeben. In der Praxis tut sie es dennoch. Besonders deutlich wird das, wenn einmal einer ihrer Priester das profane Spiel nicht mitspielt, sich den ungeschriebenen Regeln widersetzt und den ganzen Menschen ins Auge faßt. Ein gutes Beispiel ist der in seiner bayrischen Bodenständigkeit über jeden Ketzereiverdacht erhabene Pfarrer Kneipp. Er akzeptierte den geistigen Anspruch seiner Kirche vollkommen, hatte auch mit dem seelsorgerischen Bereich keine Probleme, da die Kirche diesen zu jener Zeit noch selbst versorgte. Kneipp wagte es lediglich, sich auch um das körperliche Heil seiner Mitmenschen zu kümmern. Der Ärger, den er von der eifersüchtigen Ärzteschaft bekam, war gering, gemessen an dem, den ihm seine eigene Kirche bereitete. Diese sah ihren heimlichen Rückzug aus dem körperlichen Bereich in die Öffentlichkeit gezerrt und außerdem ihr gutes Einvernehmen mit Ärzteschaft und Staat bedroht. So könnte man Kneipp vielleicht zusammen mit Pastor Felke als die beiden letzten Priesterärzte unserer Zeit bezeichnen, beide auf ihren ganzheitlichen Standpunkten heftig gescholten und bekämpft.

Bei ihren Anhängern, Gläubigen und Patienten in einem, waren sie dagegen unvergleichlich beliebt und angesehen. Weitgehend unbeeinflußt von kirchenpolitischen Interessen und Rücksichten auf den warmen Strom der Kirchensteuern, hatten sich einige wenige zu allen Zeiten das Gefühl bewahrt, daß der Mensch ein ganzheitliches Wesen mit Körper, Seele und Geist ist und am liebsten als solches gesehen und behandelt wird. Heute scheint die Zahl dieser Menschen rasant zuzunehmen. Daß die Kirche ihnen und ihrem Gefühl kaum entgegenkommt, die Protagonisten der Esoterikwelle dies aber zumindest versprechen, dürfte ein weiterer Grund für das enorme Anschwellen dieser Bewegung sein.

Die Medizin, die Psychologie und das Heil

Die Entwicklung der Medizin von einer auf alten Bräuchen und überliefertem Wissen beruhenden Erfahrungsheilkunde zu einer wissenschaftlichen, technisch hochgerüsteten Gerätemedizin dürfte ebenfalls ihren Beitrag zum Anwachsen der Okkultszene geleistet haben. Deutlicher noch als die Amtskirche hat die Schulmedizin das Heil aus dem Auge verloren. Sie kümmert sich ganz ausdrücklich nur um den körperlichen Aspekt des Menschseins und nimmt bis heute selbst psychosomatische Ansätze nicht ganz ernst. Noch ganz im alten mechanistischen Weltbild gefangen, hat diese Medizin es gerade wegen ihrer enormen Leistungen schwer, über die selbstauferlegten Grenzen hinweg den Menschen als Einheit von Körper, Seele und Geist zu erkennen. Jener Chirurg, der nach 30 Berufsjahren und nachdem er den Körper überall aufgeschnitten hatte, stolz berichtete, dabei nie auf eine Seele gestoßen zu sein, ist immer noch weitgehend typisch für die schulmedizinische Haltung. Ihr von der Euphorie der Anfangserfolge bei der Bekämpfung der großen Infektionskrankheiten geprägter Omnipotenzanspruch wird aber von der Bevölkerung zunehmend weniger geteilt.

Die Erfolge in der Bekämpfung akuter Symptome, großartige Fortschritte bei den Operationstechniken und in der Intensivmedizin können nicht darüber hinwegtäuschen, daß es z. B. bei den chronischen Erkrankungen trotz aller Erfolgsmeldungen kaum voran geht. Glaubt man den medizinischen Veröffentlichungen, die jedem Arzt wöchentlich zu Dutzenden unaufgefordert ins Haus flattern, so reiht sich Erfolg an Erfolg, und man kann sich des Gefühls nicht erwehren, der Endsieg über Krankheit und Leid müsse unmittelbar bevorstehen. Wenn man dieses Spiel dann über Jahre und Jahrzehnte unverändert erlebt, mag aber auch der Verdacht auftauchen, daß es sich bei all den Forschungserfolgen, immer neuen und besseren Medikamenten und den pausenlosen Siegen über alte und neue Symptome hauptsächlich um Pyrrhussiege handelt. In der Bevölkerung ist dieser Verdacht jedenfalls schon länger lebendig. Zu viele Menschen haben inzwischen die Diskrepanz zwischen ständigen Erfolgsmeldungen und der Wirklichkeit am eigenen Leib erlebt. Und eben nicht nur am Leibe, sondern auch an der Seele, die sich im Volksempfinden nicht so einfach abspalten läßt wie in der Schulmedizin. Daß die gigantischen Großkliniken nicht nur gesund machen, hat sich genauso herumgesprochen wie die entsprechende Erfahrung bezüglich chemischer Medikamente.

Diese schienen mit dem Sturm der ersten Begeisterung einen kompletten Sieg für die allopathische Sache und gegen die homöopathische Konkurrenz errungen zu haben. Während das allopathische Konzept dem Symptom mit entgegengesetzt wirkenden Maßnahmen zu Leibe rückt, vertraut die Homöopathie auf gleichsinnig wirkende ähnliche Reize. Hat sich jemand die Füße erfroren, würden sie vom allopathischen Standpunkt aus mit Wärme behandelt, während sie homöopathisch mit Schnee eingerieben würden.

Im Laufe der Zeit wurden neben den vielfältigen Möglichkeiten der allopathischen Medikamente auch deren Grenzen deutlich. Was sie im akuten Fall leisteten, blieben sie im chronischen oft schuldig. Außerdem führen sie meist nur zur Unterdrückung der Symptome, was sehr wenig mit wirklicher Heilung zu tun hat. Auch wenn die Schulmedizin trotzdem ausschließlich auf die Allopathie setzte und die Homöopathie schlichtweg ins Reich des Aberglaubens verwies, kam sie doch nicht darum herum, sich dem Unterdrückungsproblem zu widmen. Dieser Prozeß ist allerdings bisher über eine Namensgebung nicht hinausgekommen. Immerhin kennt und beobachtet man sie jetzt wenigstens, die »Symptomverschiebung«.

Weite Kreise der Patientenschaft sind durch widerwillige Experimente am eigenen Leibe diesbezüglich weiter als die Schulmedizin. Auf Grund des hohen Spezialisierungsgrades und der größtenteils unzureichenden Kommunikation unter den Kollegen gibt es die Neigung, Symptome für geheilt zu halten, wenn sie aus dem eigenen Zuständigkeitsbereich herausfallen. Beim Patienten bleiben sie aber im selben Zuständigkeitsbereich und drängen weiter auf eine Lösung. Mit einigem Abstand betrachtet, kann man sich des Eindrucks nicht erwehren, daß die Symptome vielfach von Organ zu Organ, die Patienten von Spezialist zu Spezialist verschoben werden. Diesen unbefriedigenden Kreisprozeß durchschauen zunehmend mehr Patienten und kehren zurück zur altbewährten Homöopathie oder anderen Alternativen zur Schulmedizin. Oft haben die Betroffenen auch einfach die von der Schulmedizin angebotenen Möglichkeiten durchprobiert. Wenn sie danach immer noch nicht gesund sind, treiben sie ihre Symptome weiter, u. a. zu Homöopathen.

Nun gehört die Homöopathie in keiner Weise in den Bereich der Esoterikwelle. Sie profitiert lediglich von ähnlichen Bedingungen wie diese, nämlich von der Sehnsucht der Menschen nach ganzheitlicher Behandlung. Dennoch ist es sinnvoll, sich das Prinzip der Homöopathie an dieser Stelle klarzumachen. Wenn Homöopathie auch nur ein Ausweg der sich ihres Unheilseins bewußten Menschen ist, so doch ein sehr exemplarischer. Die Okkultszene bietet heute eine ganze Reihe anderer Möglichkeiten von Heilungsritualen über Bachblüten bis zu medialen Therapien. Diese beruhen aber weitgehend auf ähnlichem Denken wie die Homöopathie und unterscheiden sich dadurch und in ihrem Menschenbild ebenso grundsätzlich von der Schulmedizin.

Umgekehrt wie die Religion, die sich auf die Theologie, die geistige Lehre von Gott, spezialisierte und damit den ganzen Menschen und sein Heil aus den Augen verlor, ging die Medizin auf den Gegenpol. Sie spezialisierte sich auf die Somatologie, die Lehre vom Körper, und somit entglitt ihr gleichfalls der ganze Mensch und sein Heil. Ähnlich wie die Religion verlor auch die Medizin dabei den Kontakt zu ihren Wurzeln. Ihre Urväter von Asklepios über Hippokrates bis zu Galen, Avicenna und Paracelsus hatten den Menschen sehr wohl ganzheitlich gesehen und behandelt.

Viele der heute in der Okkultszene wieder auftauchenden

Heilungsmethoden knüpfen ihrerseits an diesen Wurzeln an. Auch große Teile der Naturheilkunde, die im Kielwasser der Esoterikwelle ebenfalls einen beispiellosen Boom erlebt, greifen auf diese Wurzeln zurück. In den allerletzten Jahren gibt es sogar in der offiziellen Medizin zaghafte Versuche, zumindest die über Jahrzehnte verstoßene Naturheilkunde zurück an die Mutterbrust zu holen. Neben Einsicht ist hier wohl auch geschäftliches Kalkül mit im Spiel. Nachdem die Menschen ihr nicht mehr blind folgen, geht die Medizin lieber ein paar Schritte auf sie zu, bevor sie irgendwann ganz allein dasteht.

Der Psychologie ergeht es im Prinzip sehr ähnlich, und so gießt auch sie kräftig und wider Willen Öl in die lodernden Flammen des Esobooms. Wesentlich jünger als Kirche und Medizin macht sie in ihrer rasanten Entwicklung die Sackgasse des alten Weltbildes noch deutlicher. Erst Anfang unseres Jahrhunderts von Sigmund Freud als Psychoanalyse aus der Taufe gehoben, hatte sie alle Chancen, zum fehlenden Glied zwischen Medizin und Religion zu werden und sogar einiges Licht in die Politik zu werfen. Immerhin war es mit Hilfe der Psychoanalyse möglich geworden, jene zumeist unbewußte Ebene zu durchleuchten, die hinter dem scheinbar so rationalen Vordergrund abläuft. Was sich eignet, um die persönlichen Beziehungsmuster zu durchschauen, kann natürlich auch auf die Beziehungen zwischen Gruppen und Gesellschaftsschichten angewandt werden. So gab es in den Kindertagen der Psychoanalyse zahlreiche Versuche, mit ihrer Hilfe Licht in bisher dunkle gesellschaftliche Zusammenhänge zu bringen. Im Laufe der Zeit wurde es in dieser Hinsicht aber rasch stiller, zumal die zutage geförderten Ergebnisse zumeist wenig erfreulicher Natur waren. Im Augenblick erleben wir etwas Vergleichbares bezüglich der Religion, wenn der Kleriker Drewermann mit dem Handwerkszeug der Psychoanalyse dem seelischen und politischen Zustand der katholischen Kirche zu Leibe rückt. Seine solcherart erarbeiteten Entdeckungen sind für die Kirche gleichermaßen deprimierend und provozierend. Gerade in ihrer psychoanalytischen Fundierung läge aber auch die Chance für einen Neuanfang und eine Rückbesinnung der Kirche auf die eigenen Stärken. Es bleibt abzuwarten, ob sie so stark ist, sich den unbequemen, aber heilsamen Kritiker zu Herzen zu nehmen, oder ob sie den aus zwei Jahrtausenden vertrauten Weg der Projektion beibehält und ausschließt, was zu ehrlich ist. In der von Drewermann benutzten Form ist jedenfalls die Psychoanalyse ein beeindruckendes Instrument und in der Lage, bis tief in die okkulten Hintergründe weltlicher Phänomene einzudringen.

Besonders in der Weiterentwicklung durch C. G. Jung machte die Psychoanalyse entscheidende Schritte, die zu einem Brükkenschlag zwischen Osten und Westen beitrugen. Jung entdeckte die zeitlosen Wahrheiten der östlichen Weisheitslehren für die westliche Psychologie. Nachdem schon Freud festgestellt hatte, daß in der Seele nichts spurlos verschwinden kann, ging Jung noch einen Schritt weiter und entwickelte das Schattenkonzept. Alles, was der Mensch nicht akzeptieren oder ertragen kann, verdrängt er aus seinem Bewußtsein, und es landet im Schatten. Heil ist der Mensch nach dieser Vorstellung erst, wenn er all das unbewußte Material aus seinem Schatten wieder zurück ans Licht der Bewußtheit geholt und sich mit ihm ausgesöhnt hat.

Gleichzeitig überwand Jung in seiner praktischen Arbeit, der Analyse der Seele, das Kausalitätsprinzip zugunsten jenes der Synchronizität. Damit stand die Psychologie praktisch auf gleicher Höhe mit der Physik, die auch gerade erst die entscheidenden Schritte in Richtung ihres neuen Weltbildes hinter sich hatte. Während die Physik das ganz Neue in ihrem vorwärtsstrebenden Forschungsdrang entdeckte und erst Jahrzehnte später erstaunt bemerkte, daß es dem ganz Alten zum Verwechseln ähnelte, ging Jung in beide Richtungen zugleich. Im Studium der alten östlichen Weisheiten entdeckte er dasselbe wie in den Seelen seiner Patienten, daß nämlich Zeit relativ und letztlich eine Illusion ist. Auf diesem Stand hätte die Psychologie zur Partnerin der modernen Naturwissenschaft werden können.

Stattdessen wurde die ganze Richtung der Psychoanalyse am alten mechanistischen Weltbild gemessen und für unwissenschaftlich erklärt. Von da an bewegte sich die Psychologie zielstrebig zurück ins letzte Jahrhundert. Eine dem Wissenschaftsanspruch genügende Variante wurde in Form des Behaviourismus auf den Thron gehoben. Nun konnten die Psychologen wie die Physiker des letzten Jahrhunderts messen und forschen. Die Begeisterung über die endlich errungene Anerkennung als Naturwissenschaft war so groß, daß man übersah, daß die Speerspitze der Wissenschaft bereits in eine ganz andere Dimension wies. Noch unangenehmer war, daß die aus dem Behaviourismus abgeleitete Verhaltenstherapie die in sie gesetzten Erwartungen nicht erfüllen konnte. Da es in der einmal eingeschlagenen Richtung aber keine therapeutische Alternative gab, blieb man trotzdem dabei. Die Erkenntnis, daß nicht nur der Mensch, sondern vielleicht auch seine Seele mehr als eine Maschine sein könnte, war auch zu gefährlich, hätte sie doch das Ende der ganzen Richtung bedeutet. Angesichts einer Physik, die nicht einmal mehr die anorganische, sogenannte leblose Welt für eine Maschine hält, steht die Schulpsychologie auf einsamem und verlorenem Posten.

Die weniger an Wissenschaftlichkeit als an Erfahrungen interessierten Normalbürger riskieren inzwischen immer häufiger den Gedanken an eine Seele, die über das hinausreicht, was sich an psychologischen Fakultäten in Statistiken und Tests einfangen läßt. Da aber von der Universitätspsychologie, in der Bundesrepublik mit der Verhaltenspsychologie fast identisch, alles andere als unwissenschaftlich und gefährlich gebrandmarkt wird, ist der Weg offen für alles andere. Vor dem ersten Onanieren mag der erzieherische Hinweis, daran würde man sehr schnell zugrundegehen, noch abschreckende Wirkung haben. Nach dem hundertsten Male aber fördert er eher das Gefühl, daß alles, was an Ratschlägen aus dieser Ecke kommt, offenbar Unfug ist. In diese Position hat sich die Universitätspsychologie längst manövriert und fördert so geradezu, was sie am leidenschaftlichsten bekämpfen will, die »unwissenschaftliche« Esoterik.

Zum Heilwerden des Menschen trägt sie genausowenig bei wie die offizielle Medizin. Allerdings ist das auch nicht ihr Anspruch. Schulpsychologie und -medizin haben gar kein Konzept, in dem das Heil eine Rolle spielen könnte. Wem es ums Heil geht, der muß sich an die Religion oder aus bereits genannten Gründen an die Esoterik wenden. Diese haben letztlich den Anspruch, einen Heilsweg zu weisen, weshalb sie z. B. auch eines *Heilandes* bedürfen. Die Medizin hat diesen Anspruch längst aufgegeben, die Schulpsychologie hat ihn nie gehabt. Beide orientieren sich bestenfalls an Gesundheit oder eigentlich »nur« daran, Leid zu verhindern oder so schnell wie möglich wieder zu beseitigen. Das sind sicherlich ehrenwerte Ziele, aber weit entfernt vom Heil. Diesbezüglich kann man beiden aber keinen Vorwurf machen, denn sie versprechen auch nichts in dieser Richtung. Wer ins städtische Schwimmbad geht, braucht sich nicht zu beschweren, wenn er keinen Meeresblick hat. Der war weder angekündigt noch vorgesehen.

Die Politik und die Esoterikwelle

Neben Psychologen, Medizinern und Kirchenmännern stimmen auch Politiker in das Klagelied über den Esoterikboom, seinen Irrationalismus und die damit verbundenen Gefahren ein. Neben echter Sorge dürfte hier auch die Angst mitspielen, zunehmend Anhänger an dieses Lager zu verlieren. Wer sich nach innen wendet, wie es praktisch alle okkulten Strömungen propagieren, ist naturgemäß von außen nicht mehr so leicht erreich- und beeinflußbar. Politik ist nun aber die Kunst, andere Menschen im eigenen Sinne zu beeinflussen. Natürlich mag niemand, wenn ihm seine Kunst erschwert wird.

Das Ziel der Esoterik ist die vollkommene Freiheit des Menschen; ein für Politiker wohl ebenso unvorstellbarer wie beängstigender Gedanke. Allerdings muß hier sogleich einschränkend gesagt werden, daß die meisten der sich auf dem Markt tummelnden Esozirkel eher das Gegenteil von Freiheit bei ihren Anhängern bewirken. So ist es auch die stellenweise berechtigte Sorge der Politiker um Wohl und Selbstbestimmungsrecht der Bürger, die sie in Opposition zur Esoterikbewegung bringt. Gehirnwäsche, manipulative Beeinflussung und Geldschneiderei werden häufig und manchmal zu Recht befürchtet. Bleibt die Frage, warum die Appelle an den gesunden Menschenverstand so wenig fruchten und die Bürger weiterhin und in Scharen Verstand und Freiheit in der Esowelle riskieren. Die es tun, glauben den Politikern offenbar nicht. Da es zunehmend mehr werden, bleibt nur der Schluß, daß immer mehr Menschen den Politikern immer weniger glauben. Möglicherweise ist dieser Vertrauensschwund sogar eines der Schwungräder der Esoterikwelle. Dieser Sachverhalt bleibt offenbar bestehen, auch wenn man sich vor Augen hält, daß gerade wir in diesem Teil der Welt auf eine ausgeprägt friedliche und wirtschaftlich erfolgreiche Periode zurückblicken, die in der Geschichte ihresgleichen sucht und zu einem nicht geringen Teil verantwortungsbewußten Politikern zu danken ist. Andererseits haben sicher gerade die Beseitigung des Hungers und die eindrucksvolle soziale Absicherung in unseren Breiten das Anspruchsniveau und die Sensibilität der Menschen drastisch erhöht.

In den Jahrzehnten nach dem II. Weltkrieg erlebten die Menschen neben all den erfreulichen Früchten vernünftiger Politik auch immer wieder, wie ihnen wahlkämpfende Politiker das Blaue vom Himmel herunter versprachen und sich nach ihrer Wahl nur noch schwach daran erinnern konnten. So etwas sät Mißtrauen, vor allem wenn die Probleme drängend sind. Wer jahrzehntelang von Abrüstung redet und dabei kräftig aufrüstet, wer die Bürger zum Maßhalten ermahnt und sich selbst reichlich bedient, wer dem Umweltschutz erste Priorität einräumt und dann konsequent nach der zweiten Priorität, nämlich Wirtschaftswachstum, handelt, dem glaubt man nicht mehr so leicht. Ja schlimmer noch, er ist mitverantwortlich, wenn der ge- und enttäuschte Bürger sein Heil in anderer und manchmal extremer Richtung sucht.

Viele Menschen sind inzwischen auch mißtrauisch geworden, da für neue Probleme immer noch mehr von denselben alten Rezepten angepriesen werden. Gegen noch mehr Umweltverschmutzung noch mehr Chemie zu produzieren, um die Umwelt damit zu retten, überzeugt inzwischen genausowenig wie das medizinische Dauerrezept, gegen noch mehr Symptome noch mehr Pharmazeutika zu schlucken. Es braucht mittlerweile eine gehörige Portion Naivität, um Politikern zu glauben, die ohne Vision und Ausstrahlung weiterhin vom Fortschritt reden und eine bessere Zukunft versprechen. Diese Art von Vernunft der kleinen Schritte sichert vielleicht noch einmal mangels Alternative einen Wahlsieg, aber gewiß nicht mehr die Zukunft.

Selbst die Palette der Versprechungen ist mit der Zeit etwas langweilig geworden: Noch mehr Wohlstand ist für die, die ihn schon haben, kaum noch Verlockung. Die ihn noch immer nicht haben, dürften diesbezüglich auch nur noch wenig Hoffnung hegen. Fortschritt als einziges Ziel ist vielen Menschen zuwenig, selbst wenn man davon absehen würde, daß es eigentlich überhaupt kein Ziel ist. Ein Ziel müßte sich erreichen lassen, der Fortschritt aber schreitet per Definition fort und läßt sich so nie einholen. Je mehr Menschen das einsehen, desto weniger werden ihm und den ihn propagierenden Politikern vertrauen. Sie werden sich stattdessen nach Alternativen umsehen.

Selbst wer sehr gutmütig und -gläubig ist, muß sich eingestehen, daß trotz immer wieder angekündigter und auch wirklich unternommener Anstrengungen von Seiten der Politiker in ihrem Kampf gegen den Hunger auf der Welt, die Unterentwicklung in der dritten und ersten Welt, die Umweltzerstörung, die Überrüstung[7] kaum Land in Sicht ist. Der Kampf gegen die Probleme der Welt allein mit politischen Mitteln ist eine Sisyphosarbeit. Die Politiker machen das trotz und gerade wegen ihrer ständigen guten Gründe, Prioritäten, Ausreden und Skandale *deutlich*.

Unter diesen Gesichtspunkten ist es den Menschen nicht zu verdenken, daß sie sich anderen Wegen öffnen. Viele werden mit denselben Mitteln, nur radikaler, versuchen, ihrem Unwohlsein Ausdruck zu verleihen und den politischen Extremismus verstärken. Andere werden zu wirklichen Alternativen finden und sich vorrangig um ihre eigene Entwicklung kümmern. Was

---

[7] Auch wenn es wenigstens in diesem Aspekt neue Hoffnung gibt, fehlen doch noch die konkreten Taten zumindest auf unserer Seite. Gerade hier wird deutlich, wie sehr Politiker an ihren alten Konzepten kleben. Wer Verteidigungsminister ist, will eben möglichst aufwendig verteidigen. Auch fühlt er sich natürlich als Lobbyist der ihm unterstellten Berufsverteidiger. So wie kein Kind sein Lieblingsspielzeug hergeben will, will man dann auch später nicht auf seine Spielzeuge verzichten. Gerade wenn diese besonders teuer und extrem gefährlich sind, zeigen sie doch die eigene Wichtigkeit.

von politisch Engagierten als Flucht in die Innerlichkeit beklagt wird, kann für den einzelnen Suchenden der Weg zu sich selbst und einem neuen Leben werden. Wird dieser Weg konsequent gegangen, hat er nach esoterischer Auffassung mehr Auswirkungen auf die Umwelt als alle äußere Aktivität und Betriebsamkeit. Hier muß gerechterweise angemerkt werden, daß auch zunehmend Politiker auf persönliche Entwicklung und Selbstverwirklichung setzen. Naturgemäß haben sie es dabei in ihrem nervenaufreibenden Beruf besonders schwer. Wer jedoch den ersten Schritt wagt, macht nicht selten gerade bei seiner extrem kommunikativen Arbeit die Erfahrung, wie der Schritt zu sich selbst den zum Nächsten erleichtert. Eine halbe Stunde innerer Ruhe und Einkehr im richtigen Moment kann, auch wenn das in unserer Zeit kaum zu begreifen sein mag, mehr bewirken als noch eine Diskussion. Von Größen der Politik und Strategie wie Richelieu und Sir Francis Drake ist bekannt, daß sie selbst in bedrohlichsten Situationen nie auf die innere Einkehr vor ihren Entscheidungen verzichteten.

Bezüglich der von Politikern befürchteten Anfälligkeit für unheilige Führerpersönlichkeiten und gerissene Verführer muß man feststellen, daß sich davon sicherlich genug in der Esowelle tummeln, daß diese aber auch von dem Vakuum leben können, das viele politische Führer hinterlassen. Immer mehr Menschen haben angesichts der ihnen über den Kopf wachsenden Probleme offenbar Sehnsucht nach Führern, die mit Charisma und Glaubwürdigkeit gesegnet, einen Ausweg aus der Misere versprechen. Diese Sehnsucht ist so stark, daß sogar Fanatiker und Kranke noch genügend Zulauf haben, solange sie nur eine ansprechende Vision vor sich hertragen. Diese scheint sogar um so wirkungsvoller, je weiter sie von der konkreten Alltagswelt wegführt und je irrationaler und gefühlsbetonter ihr Inhalt ist. Auch das wiederum ein Zeichen dafür, daß viele Menschen genug von der reinen Vernunft und ihren trockenen Analysen haben. Was wie ein Vorwurf an jene Politiker klingt, die sich mit vernünftigen Analysen der Probleme unserer Welt annehmen, ist lediglich als Erklärung der Tatsache gemeint, daß sie, trotz ihrer aufreibenden Sisyphosarbeit, Anhänger an irrationale gefühlsbetonte Strömungen verlieren.

In der Esoterikszene gibt es in der Tat neben den vielen, die händeringend nach Führung suchen, auch einige, die das Vakuum an Führungspersönlichkeiten spüren und für ihre Zwecke nutzen. Gelegenheit macht Gurus, könnte man sagen. Die Existenz solcher selbsternannter Lehrer und Führer, die ihre Ausstrahlung für ihre eigenen egoistischen Ziele von Macht bis Reichtum nutzen, spricht aber keineswegs gegen die Existenz echter Gurus. Genausowenig wie die Existenz von Falschgeld beweist, daß alles Geld falsch ist.

Indem die Politik keine umfassende Perspektive erkennen läßt für das eigene Leben und die Bewältigung der zukünftigen Herausforderungen, trägt sie gerade dazu bei, daß sich die Menschen an jene halten, die solche Perspektiven aufzeigen oder auch nur vorspiegeln. In dieser Perspektivlosigkeit ist es sogar zu erwarten, daß der eine oder andere Politiker selbst auf den okkulten Zug aufspringen wird, wenn der noch besser in Schwung kommen sollte; nach dem Motto, Stimmen stinken nicht. Die ökologische Bewegung haben ja auch nicht Politiker entdeckt, selbst wenn sie es heute gern so sehen würden. Und so wie sich die früher verfemten Vorsilben »Öko« und »Bio« zu richtiggehenden Rennern in Politik und Wirtschaft gemausert haben, könnte es auch mit der Vorsilbe »Eso« geschehen. Bei den letzten Wahlen hatten schon einige Schnellentschlossene auf das Esolabel gesetzt und rechtzeitig die erste Partei dieses Namens gegründet. Noch sind sie an der Wahlkampfpauschale nicht reich geworden, aber die Zeiten könnten sich ändern. »Öko«, »Bio« und »Eso« könnten sehr wohl die zukünftige Politik entscheidend mitprägen. Wenigstens würde die Esoszene den Politikern dann nicht mehr so gefährlich erscheinen, wenn sie sie selbst kontrollierten. Dann wäre eigentlich auch alles wieder beim Alten, allerdings auch die solcherart als PR-Gag benutzte Esoterik keine Esoterik mehr. Die hat nämlich mit der inneren Entwicklung des einzelnen Menschen zu tun und nichts mit äußerer Politik. Ihr Weltbild ist so verschieden von dem in der Politik gängigen, daß es sich sowieso nicht für Wahlkampfargumentationen eignen würde. Eine der Aufgaben auf dem esoterischen Weg ist es z. B., alle Schuldprojektionen zurückzunehmen. Politik, und vor allem Wahlkampfpolitik, lebt aber von geschickter Projektion, die die Schuld für alle Mißstände bei der anderen Partei sucht. Hieraus wiederum folgt, daß vieles, was sich scheinbar doch für Wahlveranstaltungen eignet und heute unter Esoterik läuft, diesem Namen nicht gerecht wird. Andererseits wird auch klar, daß gerade jene Politiker und Wirtschaftsmanager, in deren Leben Esoterik und Religion einen wirklichen Stellenwert haben, diese Tatsache kaum an die große Glocke hängen und damit Stimmenfang betreiben werden.

Bevor die offizielle Politikszene zu einer Umarmungstaktik übergehen wird, dürfte sie noch eine Zeitlang versuchen, die Esowelle zu bekämpfen. Damit wird sie ihr letztlich mehr nützen als schaden, da sie ihr noch mehr Publizität verschafft und indirekt den Menschen die Grundlagen ins Bewußtsein ruft, auf denen diese Welle gedeiht.

Insofern ist die groteske Situation entstanden, daß die vorherrschenden Strömungen in christlichen Kirchen, Medizin, Psychologie und politischen Parteien, fest gegründet in ihrem alten Weltbild, das, was sie bekämpfen, gerade dadurch fördern. Sie haben sich für zu viele Menschen erkennbar zu weit von der Wirklichkeit entfernt. Das aber ist genau der Vorwurf, den sie den Anhängern der Esoterikwelle machen. Wer nun die wirklichere Wirklichkeit auf seiner Seite hat, ist hier nicht zu entscheiden. Feststellen kann man allerdings, daß das Lager derjenigen, die sich zum Neuen Weltbild bekennen, laufend wächst, während das des alten mechanistischen Weltbildes auf breiter Front bröckelt.

Das esoterische Weltbild

Nach der Untersuchung der Grundlagen und Ursachen der sogenannten Okkultwelle soll nun Denken und Weltbild der eigentlichen Esoterik genauer betrachtet werden. Der Begriff Esoterik fällt weitgehend zusammen mit Begriffen wie Okkultismus, Geheimlehre, Philosophia perennis, Weisheitslehre. Das Wort Esoterik stammt aus dem Griechischen (esoteros = der Innere) und bezeichnet den inneren Kreis. Diesem steht die äußere oder exoterische (griech.: exoteros = der Äußere) Welt gegenüber. Nach Auffassung der Esoterik ist das Wissen um die tiefsten Zusammenhänge der menschlichen Existenz einem inneren Kreis von Eingeweihten vorbehalten. Dieses Geheimwissen wird nicht durch die Geheimniskrämerei dieser Eingeweihten verborgen, sondern verbirgt sich gleichsam selbst.

Was sich auf den ersten Blick recht verwirrend anhört, wird schnell klar, wenn wir an die moderne Atomphysik denken. Auch deren Gesetze sind von den Forschern nicht erfunden, sondern lediglich gefunden worden, waren sie doch schon immer da und wirkten seit Anbeginn der Zeiten. Auch dieses von den Physikern in komplizierten Formeln zusammengefaßte Wissen wird von ihnen nicht geheimgehalten, es hält sich von selbst geheim. Wann immer aber Menschen durch jahrelanges Studium der Physik reif werden für diese komplizierten Formeln, erschließen sie sich ihnen Schritt für Schritt. Ganz ähnlich ist es mit dem Wissen der Esoterik, nur ist die Art der Geheimhaltung hier anders. Die Formeln der Esoterik, etwa der zentrale Satz »Wie oben, so unten«, scheinen auf den ersten Blick so einfach, daß sie von allen, die für das darin geborgene Wissen noch nicht reif sind, übersehen oder als banal verachtet werden. Häufig sind die größten Geheimnisse in aller Öffentlichkeit verborgen, wie etwa in den an vielen Biertischen der Welt gebrauchten Spielkarten.[8] Ihre Symbolik läßt sich auf verschie-

---

[8] Diese gehen auf die Tarotkarten zurück, die einen esoterischen Einweihungsweg darstellen. Da sie in der heutigen Esoterikszene häufig als Orakelsystem Verwendung finden, wird auf sie an späterer Stelle noch einzugehen sein.

denen Ebenen verstehen, man kann damit sowohl Karten spielen als auch den Weg zur Selbsterkenntnis finden. Jeder wählt ganz von selbst die ihm zukommende Ebene. Die Esoterik spricht vom Resonanzgesetz. Wer keine Resonanz für die Formeln der Physik oder Esoterik hat, wird sie zwar sehen, aber damit nichts für ihn wesentliches verbinden. Sie sind für ihn wie die Worte einer Fremdsprache, die er wohl hört, aber nicht versteht.

Der Begriff des Wissens in der Esoterik unterscheidet sich generell von dem in unserer Gesellschaft üblichen. Es ist immer ein Wissen aus Erfahrung. Das ist der vielleicht noch wichtigere Grund, warum der innere Kreis der Wissenden stets klein bleibt. Solches Wissen kann auch nicht einfach weitergegeben werden, sondern muß erlebt werden. Hier mag schon anklingen, warum der Esoterikboom gar nicht allzuviel mit Esoterik zu tun hat. Wahre Esoterik hat zwar das Wissen immer für die Suchenden bereitgehalten, aber niemals versucht zu missionieren. Mission zielt auf Glauben, Esoterik ist ihrem Selbstverständnis nach Wissen. Wo missioniert wird, mag es vielleicht noch um okkulte Thematik gehen, mit Sicherheit aber nicht um Esoterik. Das rein funktionale Weitergeben von esoterischem Wissensstoff macht aus den Empfängern keine Esoteriker, es weiht sie nicht in den inneren Kreis ein. Der Glaube an physikalische Formeln macht den Gläubigen auch noch nicht zum Physiker. Das Verstehen dieser Formeln reicht allerdings für den Bereich der Physik aus, für den der Esoterik muß darüber hinaus Erfahrung hinzukommen. Damit ist Glauben aus esoterischer Sicht nicht wertlos, im Gegenteil: Es ist wichtig, an den Apfel überhaupt zu glauben. Es mag förderlich sein, seine Existenzbedingungen zu verstehen. Will man ihm aber ganz gerecht werden, muß man ihn erleben, d. h. essen.

Esoterik begreift sich als Weg, und Esoteriker ist folglich, wer auf diesem Weg vorwärtsschreitet. Wer Beschreibungen dieses Weges liest oder sich von Reisenden darüber berichten läßt, ist noch kein Reisender. Solange er nicht eigene Schritte unternimmt, hat er keine Chance, am Ziel anzukommen. Andererseits ist es natürlich auch nicht wertlos, sich vor einer beabsichtigten Reise über die Strecke und ihre Anforderungen zu informieren. Das eigene Reiseerlebnis ist so allerdings nicht zu ersetzen.

Das Ziel des esoterischen Entwicklungsweges hat viele Namen, die dasselbe meinen: Erleuchtung und Befreiung, Vollkommenheit und Weisheit, Chymische Hochzeit und Unio mystica, Kosmisches Bewußtsein oder Vereinigung mit Gott. Es gibt in den verschiedenen Kulturen viele unterschiedliche Traditionen, die zu diesem Ziel führen. Diese benutzen wiederum ganz verschiedene Techniken und Disziplinen. Allein die Zen-Tradition als eine Richtung des Buddhismus kennt neben dem Za-Zen das Bogenschießen und die Tee-Zeremonie, Ikebana oder die Kunst des Blumensteckens, und viele mehr. Der indische Weg des Yoga etwa umfaßt über das auch bei uns verbreitete Hatha-Yoga[9] hinaus viele weitere Richtungen und Techniken wie Bhakti-Yoga[10], Jnana-Yoga[11] usw. Auch der Westen hatte immer seine esoterischen Disziplinen, deren wichtigste und bekannteste Astrologie, Alchemie, Kabbala und Magie sind.

Diese Wege und Techniken sind bei all ihrer Verschiedenheit Wegweiser zum selben Ziel, der Befreiung aus der Polarität. Insofern kann es aus esoterischer Sicht keine Konkurrenz unter den Richtungen geben. Es ist aus der Sicht des inneren Kreises ganz gleichgültig, wie man an das eine Ziel gelangt, oder salopp ausgedrückt, der Erleuchtung ist es egal, wie man sie erlangt. Das Ziel, Befreiung aus der Welt der Gegensätze, macht deutlich, daß fanatisches Propagieren des eigenen Weges als des einzig wahren vielleicht zu einer Geschäftsidee gehört, aber mit Sicherheit nicht zur Esoterik. Esoterik macht frei und gerade nicht eng und schon gar nicht fanatisch. Anstelle des üblichen »Entweder oder« setzt Esoterik grundsätzlich ein »Sowohl als auch«. Diese Grundhaltung, die wie vollkommene Toleranz anmuten mag, ergibt sich zwangsläufig aus dem esoterischen Polaritätsverständnis.

Esoterik anerkennt das Polaritätsgesetz als Grundgesetz der

---

[9] Hatha-Yoga betont den Aspekt der Körperbeherrschung.

[10] Bhakti-Yoga betont den Aspekt der Hingabe.

[11] Jnana-Yoga betont den Aspekt des Wissens.

Schöpfung. Deshalb erhebt sie auch niemals den Anspruch, einen der beiden Pole aus der Welt zu schaffen, wie es etwa das organisierte Christentum mit dem Bösen versucht. Esoterik kämpft niemals gegen das Böse und für das Gute, weil sie von der Existenzberechtigung beider Pole ausgeht und sie für gleich gültig hält. Darüber hinaus geht sie davon aus, daß es gar nicht möglich ist, etwas aus der Welt zu schaffen. Lediglich die Ebene kann gewechselt werden. Dadurch rutscht etwas *Beseitigtes* dann eben auf die Seite und führt hier ein Schattendasein. Aus dieser Erkenntnis und der Erfahrung, daß kein Pol letztlich zu vernichten ist, resultiert eine Haltung der Gleichmütigkeit, die die Buddhisten »Uppekha« nennen.

Heute bestätigt die Physik in ihren Erhaltungssätzen dieses uralte esoterische Verständnis. Auch das Polaritätsgesetz bekommt aus dieser Richtung Bestätigung, wenn etwa die Atomphysiker erkennen, daß alle jene winzigen subatomaren Teilchen, die ja letztlich unsere Welt aufbauen, in Paaren von genau entgegengesetzten Zwillingspärchen auftreten. Aber auch ganz alltägliche Erfahrungen stützen das Polaritätsgesetz. Jeder Pol ist geradezu auf seinen Gegenpol angewiesen. Ohne den weiblichen Pol würde der männliche sehr schnell, nämlich innerhalb einer Generation, von dieser Erde verschwinden und umgekehrt. Ebenso ist der elektrische Strom auf jeden seiner beiden Pole gleichermaßen angewiesen. Nimmt man den positiven weg, ist auch der negative im selben Moment verschwunden. Die vielleicht grundlegendste Erfahrung im Hinblick auf die Allgegenwart des Polaritätsgesetzes ist unser Körper. Systole und Diastole des Herzens sind genauso voneinander abhängig wie Ein- und Ausatmen. Wer versucht, sich beim Atmen auf einen der beiden Pole zu beschränken, erlebt, wie sehr dieser den anderen erzwingt. Der Asthmatiker, der *krampfhaft* versucht, nur einzuatmen, ist ein deutliches Beispiel für die Aussichtslosigkeit solchen Unterfangens. Bevor er mit seinem einseitigen Nehmen und der Verweigerung des Gebens Erfolg hat, stirbt er eher.

Aus dem Durchschauen des Lebens als eines ständigen Waltens des Polaritätsgesetzes nicht nur im menschlichen, sondern auch in den Körpern aller anderen Geschöpfe und im

Leben der Erde, folgt, daß alles Leben Rhythmus besitzt. Was aber beim Tages- und Jahreslauf, in der Physik und im menschlichen Organismus so selbstverständlich ist, akzeptiert die Esoterik auch für jene Bereiche, in denen die Gesellschaft gewohnheitsmäßig parteiisch ist. Während etwa unsere Medizin leidenschaftlich für Gesundheit und gegen Krankheit kämpft, die Wirtschaft alles auf Fortschritt trimmt und gegen jeden Rückschritt Front macht, die christlichen Kirchen Kreuzzüge für das Gute und gegen das Böse führen, erkennt die Esoterik, daß das eine vollkommen mit dem anderen zusammenhängt, ja daß es nur über seinen Gegenpol erreicht werden kann. Als Luzifer wird der Teufel hier tatsächlich zum Lichtbringer und wichtigen Mitarbeiter in Gottes Schöpfung.

Die alltägliche Erfahrung bestätigt uns solche Erkenntnis. Jeder kleine Junge weiß, daß sein Pfeil um so weiter fliegen wird, je weiter er ihn auf der gespannten Sehne seines Bogens zurückzieht. Je tiefer wir einatmen, desto stärker wird das folgende Ausatmen, je stärker sich das Herz weitet, desto kräftiger wird es sich anschließend zusammenziehen usw.

Neben den Erfahrungen des praktischen Lebens bestätigen auch alle theoretischen Überlegungen das esoterische Polaritätsverständnis. Schon unsere Sprache, in ihrem Bilderreichtum Abbild der Welt, beruht vollkommen auf polaren Begriffen. Wir wären gar nicht in der Lage, »klein« zu beschreiben, wenn wir nicht auf den Gegenpol »groß« zurückgreifen könnten, »arm« wird uns nur durch »reich« ausdrückbar, so wie »gut« nur durch »böse« zu verdeutlichen ist. Wie wir uns ausschließlich mit Hilfe der Gegensatzpaare ausdrücken können, ist es uns auch nur mit ihrer Hilfe möglich, überhaupt zu denken. »Schwer« wird ohne »leicht« gänzlich undenkbar, »Frieden« ergibt ohne den Gedanken an »Krieg« keinen Sinn. Und schließlich ist unsere Wahrnehmung gänzlich auf Gegensätze angewiesen. Wir können immer nur vergleichend wahrnehmen und sind darauf angewiesen, die Dinge an ihrem Gegenpol zu messen. Etwas erscheint uns zum Beispiel hell, weil es drum herum dunkler ist, groß, wenn anderes kleiner ist usw.

Diese Betrachtung der Welt entspricht in ihrer Stimmigkeit weitgehend dem Bild, das die moderne Physik zeichnet und ist frei von den Widersprüchen, mit denen sich etwa organisiertes Christentum, westliche Schulmedizin und Politik herumschlagen müssen. Einige östliche Religionen und Philosophien wie Taoismus, Buddhismus und Hinduismus, aber z. B. auch viele Richtungen des Schamanismus teilen diesen Polaritätsbegriff. Wahrscheinlich ist das, neben der daraus folgenden Toleranz, für ihre große Anziehungskraft mitverantwortlich. Religionen, die wie das Christentum mit der Polarität auf Kriegsfuß stehen, spielen jedenfalls in der neuen Religiosität eine vergleichsweise bescheidene Rolle, wenn man etwa an Judentum und Islam denkt.

Aus der widerspruchsfreien Anerkennung der Polarität ergibt sich auch das Ziel des esoterischen Weges. Wenn alles einen Gegenpol hat, gilt das natürlich auch für die Polarität selbst. Ihr Gegenpol ist die Einheit, jener Bereich, der unserem polaren Denken und Wahrnehmen verschlossen ist und der deshalb in allen Religionen bildreich umschrieben wird. Im Christlichen haben wir das Bild des Paradieses, in dem die ersten Menschen sorgenfrei leben. Weil sie eben noch gar nicht in der Lage sind, zu unterscheiden, nehmen sie doch noch nicht einmal wahr, daß sie verschiedenen Geschlechts sind. Ein noch stimmigeres Bild ist der androgyne Adam vor dem Verlust seiner anderen Hälfte, aus der später Eva erschaffen wird. Jener für uns, die an die Polarität Gefesselten, unvorstellbare Bereich der Ununterschiedenheit ist trotz aller verschiedenen Namen per Definition ein einziger, der alles andere enthält.

Der esoterische Weg besteht in der Bewältigung der Polarität. Der angstfreie Umgang mit dieser ermöglicht dem Suchenden schließlich zu erkennen und zu erleben, daß alle Gegensätze zusammengehören und in eins zusammenfallen. Die Aufspaltung der Welt in Gegensätze kann gerade, weil sie zuvorderst akzeptiert wird, letztendlich als Täuschung erkannt werden.

Die Inder sprechen in diesem Zusammenhang von Maya, der großen Täuschung über den Charakter der Welt. Die alten Ägypter nannten dieselbe Illusion den Schleier der Isis. Der esoterische Weg führt über die Auseinandersetzung mit der Polarität zu deren Überwindung in der Erkenntnis und dem Erlebnis, daß es in der Wirklichkeit gar keine Trennung gibt, sondern nur eines in allem und alles in einem: die Einheit.

Die neuerliche Attraktivität dieses Zieles für westliche Menschen ergibt sich aus zwei Punkten. Zum einen ist es ein wenigstens theoretisch erreichbares Ziel, im Gegensatz zum gesellschaftlichen Ziel des Fortschritts. Zumindest berichten sämtliche Heiligen Schriften dieser Welt ohne Ausnahme und in der Essenz übereinstimmend von dieser Möglichkeit. Erfahrungsberichte von christlichen Mystikern wie Meister Eckehart oder von islamischen wie Rumi, von hinduistischen Gurus und buddhistischen Zen-Meistern handeln offenbar vom selben und stimmen im Wesentlichen überein.

Der zweite, wohl nicht minder wichtige Grund für das wachsende Interesse an der esoterischen Weltanschauung und ihrem Ziel ist seine zunehmende Belegbarkeit durch die Wissenschaft. Daß all das, was wir mit unseren Sinnen wahrnehmen, nur relativ und letztlich Täuschung ist, beweist heute auch die Physik. Was wir als feste Materie wahrnehmen, ist in Wirklichkeit kreisende Energie. Auch der für unser Auge massivste Felsbrocken besteht im wesentlichen aus Leere. Seine Grundbausteine, die Atome, haben nur einen winzigen Materiekern, der Rest ist Energie in rasender Bewegung. Vergrößern wir ein Atom gedanklich auf die Größe des Petersdomes, hat sein Kern gerade erst die Ausdehnung eines Sandkornes. Wie täuschend unsere Wahrnehmung ist, wissen wir aber auch aus dem täglichen Leben. Was uns bei Filmen so lebendig vorkommt, sind in Wirklichkeit lauter stehende Bilder. Die Trägheit unseres Auges ist es auch, die uns vorgaukelt, daß sich plötzlich Wagenräder rückwärts drehen. Die Relativität der Sinneswahrnehmung erleben wir, wenn wir in einer Kathedrale eine Stecknadel fallen hören, auf einem Verkehrsknotenpunkt aber den lautesten Knall praktisch überhören. Folgende einfache Skizze zeigt das Phänomen in aller Deutlichkeit.

beide Linien sind gleich lang[1]

[1] Müller-Lyer'sche Täuschung

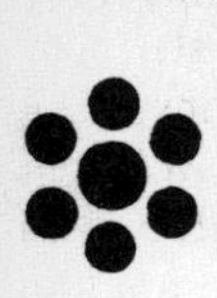

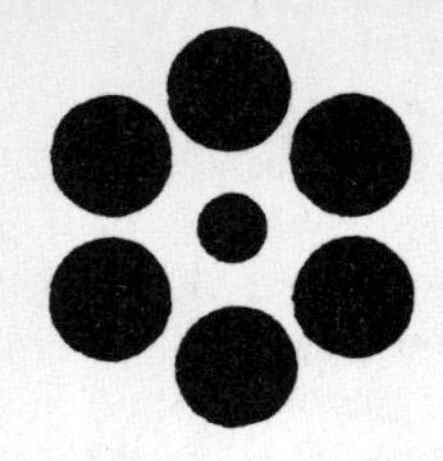

die mittleren Kreise sind gleich groß[2]

Die beiden oberen Linien sind in Wirklichkeit gleich lang, so wie die mittleren Kugeln gleich groß sind, auch wenn unsere Augen das ganz anders sehen.

Unsere Wahrnehmung ist aber nicht nur täuschend und relativ, sie ist auch ausgesprochen selektiv, wie die folgende Abbildung zeigt.

[2] Ebbinghaus'sche Täuschung

Ob man zuerst die alte oder die junge Frau wahrnimmt, hängt nicht von der Abbildung ab, sondern vom eigenen Raster bzw. der eigenen Affinität. Ohne es zu bemerken, wählen wir ständig aus, sehen, worauf wir eingestellt sind, und übersehen, wozu wir keinen Draht haben. Selbst wenn wir es dann geschafft haben, beide Gesichter zu entdecken, sind wir nicht in der Lage, sie gleichzeitig wahrzunehmen, obwohl das offensichtlich der Wirklichkeit am ehesten entspräche. Wir neigen nicht nur dazu, bestimmte Dinge ein- und andere auszublenden, wir sind auch nicht fähig, mit unseren Sinnen der Gleichzeitigkeit oder Synchronizität gerecht zu werden. Da wir gleichzeitig Vorhandenes hintereinander erleben müssen, sind wir an die Illusion Zeit gefesselt. Moderne Physik weiß seit Einsteins Relativitätstheorie um diese Illusion, Esoterik geht schon immer davon aus.

Unser funktionales Denken hat im Gegensatz zum inhaltlichen der Esoterik für derlei Erkenntnisse kaum Verständnis, zu sehr sind wir an unsere Wahrnehmung und ihre Gaukeleien gewöhnt. Ein Phänomen, mit dessen Hilfe sich unserer Vorstellungskraft ein wenig nachhelfen läßt, ist das Fernsehen. Wir wissen natürlich, daß unsere Erde mit ihren verschiedenen Ländern und Kontinenten immer ganz da ist. Fernsehbilder von ihnen können wir aber niemals gleichzeitig, sondern immer nur hintereinander empfangen. Der Fernseher arbeitet mit denselben Beschränkungen wie wir selbst. Natürlich sind auch all die Programme in ihren jeweiligen Wellenmustern gleichzeitig im Wohnzimmer, wir aber können sie prinzipiell nur hintereinander empfangen und auch nur dann, wenn wir eine entsprechende Antenne dafür haben. Wenn wir unsere Antenne in Resonanz zu einem Programm bringen, blenden wir damit automatisch all die anderen aus. Ganz ähnlich verfahren wir mit der Wirklichkeit. Wenn wir eine Antenne für die alte Frau haben, blenden wir die junge aus und umgekehrt. (Hinweis für noch immer an der Polarität Zweifelnde: Die Nasenspitze der alten Frau ist die Kinnspitze der jungen; das Ohr der jungen ist das Auge der alten.)

Die Esoterik spricht in diesem Zusammenhang vom Resonanz- oder Affinitätsprinzip. Dieses besagt, daß wir immer nur mit dem in Berührung kommen können, zu dem wir eine innere

Entsprechung haben. Auf Grund des Polaritätsprinzips kann das aber immer nur die eine Hälfte der Wirklichkeit sein, die andere blenden wir schlicht aus. Entweder wir stellen uns auf das erste oder das zweite Fernsehprogramm ein, entweder wir sehen das Schöne oder das Häßliche in einer Sache. In Wirklichkeit sind aber immer beide Seiten da.

Ziel des esoterischen Weges ist es, zu dieser Wirklichkeit vorzustoßen, die Halbseitigkeit unserer Wahrnehmung aufzuheben. Letztlich wird dieses Ziel erst in Einheitserfahrungen zu verwirklichen sein. In der Polarität hat alles notgedrungen seine zwei Seiten. Auf dem esoterischen Weg versucht man, mit diesem Wissen um die Gegensätze zu arbeiten. Der diesbezüglich wesentlichste und schwierigste Punkt ist die Zurücknahme aller Projektionen. Da wir grundsätzlich immer nur die Hälfte wahrnehmen und an uns heranlassen können, bleibt die andere unbewußt bzw. sinkt in den Schatten. Damit verschwindet sie zwar nicht, aber wir nehmen sie nicht mehr wahr.

Welche Hälfte wir an uns heranlassen und welche wir in den Schatten drängen, regelt das Resonanzgesetz. Hat ein Mensch z. B. das innere Bild (Programm) von sich, ein guter Mensch zu sein, wird er alles, was dieses Bild bestätigt, bereitwillig annehmen, das Gegenteil aber in den Schatten drängen. Lebt er mit diesem Konzept über längere Zeit, muß sich sein Selbstbild als guter Mensch laufend festigen, während gleichzeitig im Schatten ein Bild des genauen Gegenteils heranwächst. So wird die Diskrepanz zwischen Selbstbild und Wirklichkeit immer größer und der Mensch immer einseitiger. Lediglich zusammen mit dem Schatten wäre er wieder vollständig. An diesem Punkt trifft sich das Weltbild der Esoterik mit dem der Psychologie C. G. Jungs. Jung beschreibt als Individuationsweg die Zurücknahme aller Projektionen. Das ist auch vorrangige Aufgabe auf dem esoterischen Entwicklungsweg.

Nach dem Affinitätsgesetz geht aber nicht nur das bewußte Selbstbild in Resonanz mit all dem Hellen, mit dem sich der betreffende Mensch bewußt identifiziert, sondern auch der Schatten stellt seine Resonanz zu allen ihn bewegenden Bereichen her. Diese dunkleren Resonanzebenen werden natürlich nicht gemocht, sondern abgelehnt, wie der Schatten selbst. So sehr sich das Ich, der dem Menschen bekannte Teil seines Bewußtseins, mit dem er sich identifiziert, über die eigenen hellen Resonanzebenen freut, so sehr lehnt es diejenigen des Schattens ab. Daß es dadurch immer eine halbe Portion bleibt, nimmt das Ich in Kauf, zumal es sich das nicht eingesteht.

Esoterik geht davon aus, daß Ich und Schatten-Bewußtsein zusammen das ganze Bewußtsein ausmachen. In diesem Fall spricht sie vom Selbst. Die Verwirklichung des Selbst erfordert die Integration von Ich und Schatten und ist gleichbedeutend mit Erleuchtung und Befreiung. Voraussetzung dafür ist die Zurücknahme aller Projektionen aus dem Schatten, d.h. was bisher unbewußt war, muß nun Schritt für Schritt bewußt gemacht werden.

Den eigenen Schatten kann der Mensch definitionsgemäß nicht direkt wahrnehmen. Aus oben Gesagtem folgt aber ein indirekter Weg über die Resonanzphänomene. Zum Ich gehört alles, womit man im positiven Sinne mitschwingt, folglich gehört zum Schatten all das, wozu man negativ in Resonanz tritt bzw. was man ablehnt. Da man nichts mehr ablehnt als die eigenen Feinde, sind vor allem sie geeignet, Schatten zu enthüllen. Neben den äußeren ist hier auch an die inneren Feinde, die Krankheitssymptome, zu denken. Nach diesem Konzept wird einem nicht nur die Umwelt, sondern auch der eigene Körper zum Spiegel der Selbsterkenntnis. All das Abgelehnte ist folglich für den esoterischen Weg von großer Wichtigkeit und muß benutzt werden, um den eigenen Schatten darin zu erkennen. Anstatt Schuld auf die Umwelt abzuladen, geht es im Gegenteil darum, in allem Gehaßten und Verachteten sich selbst bzw. eigene Schattenanteile zu entdecken. Nur durch Annehmen des bisher Abgelehnten kann man heiler werden. An diesem Punkt mag die urchristliche Forderung »Liebet eure Feinde« besser verständlich werden. Lieben ist ja nichts anderes als ein tiefes An- und Hereinnehmen. Wer es schafft, seine Feinde zu lieben, holt damit alle Projektionen wieder zu sich zurück und bringt Licht in den Schattenbereich.

Nimmt man noch die andere christliche Grundforderung »Liebe deinen Nächsten wie dich selbst« hinzu, hat man zugleich die Grundforderungen der Esoterik. Den Nächsten genauso anzunehmen wie sich selbst, bedeutet ja, da ausdrücklich jeder der nächste ist, keinen Unterschied zwischen einem selbst und der Umwelt zu machen. Das aber ist ein weiteres esoterisches Gesetz, daß das Innen dem Außen entspricht wie das Oben dem Unten. Wenn auch bei Christus noch in aller Klarheit und Deutlichkeit vorhanden, spielen diese beiden revolutionären Grundsätze im Kirchenchristentum praktisch keine Rolle mehr, wie der Blick auf Geschichte und heutige Wirklichkeit zeigte. In der Esoterik waren sie aber lange vor Christus wichtig und sind es bis heute.

Neben der Tatsache, daß unsere Wahrnehmung sehr täuschend ist, belegt die Physik auch, daß das Wahrgenommene untrennbar mit dem Wahrnehmenden zusammenhängt. Nach Heisenberg ist die objektive Wahrnehmung eines vom Betrachter unabhängigen und damit ebenfalls objektiven Objektes prinzipiell unmöglich. Beide hängen auf eine geheimnisvolle, aber heute beweisbare Weise zusammen. Belegt das Resonanzgesetz das Sprichwort »Wie man in den Wald hineinruft, so schallt es zurück«, besagt die Physik, daß Wald und Rufer gar nicht wirklich unabhängig voneinander sind. Es gibt bereits physikalische Theorien über die Wirklichkeit, die noch einen Schritt weitergehen und ähnlich wie die Esoterik formulieren, daß alles mit allem zusammenhängt. In ihren Büchern »Das Tao der Physik« und »Die tanzenden Wu Li Meister« belegen die Physiker Fritjof Capra und Gary Zukav die weitgehende Annäherung der modernen Physik an das esoterische Weltbild bezüglich der Identität von Innen- und Außenwelt. Capra zitiert das hinduistische Bild von Indras, des Himmelsgottes, Perlennetz als gutes Modell für die modernen physikalischen Vorstellungen von der Wirklichkeit. Dieses Perlennetz zeichnet sich neben seiner unüberschaubaren Größe dadurch aus, daß jede seiner Perlen so angeordnet ist, daß sich alle anderen Perlen in ihr spiegeln. »Jedes Teil enthält das Ganze« ist ebenfalls eine uralte esoterische Weisheit, die sich heute auch durch die Genetik anschaulich bestätigt sieht.

Die gesamte Erbinformation für den ganzen Organismus wurde in jeder einzelnen Zelle gefunden. Auch die Holographie kann zumindest einen guten Eindruck von diesem Gesetz geben, enthält doch jeder kleine Teil eines Hologramms in sich noch einmal das ganze dreidimensionale Bild.

Die Esoterik sieht seit altersher in der Trennung von innen und außen ein Kunstprodukt des polaren menschlichen Bewußtseins, das durch Bewußtseinserweiterung zu überwinden ist. Der Mensch (Mikrokosmos) entspricht nach ihrer Auffassung vollkommen der Welt (Makrokosmos), alle Prinzipien, die sich innen finden lassen, müssen auch außen wirken und umgekehrt. Dieses Gesetz, das in der Kurzform »Wie oben so unten, wie innen so außen« die Essenz esoterischen Denkens auf die kürzeste Formel bringt, eröffnet Zugang zu den verschiedensten scheinbar unerreichbaren Ebenen. Während die Wissenschaft alle Bereiche und Gebiete für sich bearbeiten und erforschen muß, kann die Esoterik von jeder Ebene auf jede andere schließen. Solch analoges Denken, bis vor kurzem von der Wissenschaft belächelt, zeigt sich seit neuestem eben dieser Wissenschaft als der Weisheit bisher letzter Schluß. Die der Wirklichkeit angemessensten Gesetze seien die Symmetriesätze, sagen die Atomphysiker. »Wie oben so unten« ist aber ein klassischer Symmetriesatz. Übrigens ist er auch im einzigen von Christus selbst überlieferten Gebet enthalten. Im Vaterunser beten wir »Dein Wille geschehe, *wie im Himmel so auf Erden.*«

In einer ihrer Disziplinen, der Astrologie, schließt die Esoterik z. B. gerade vom Himmel auf die Erde und stellt die entsprechenden Analogbezüge her. An dieser Stelle kann man sehr leicht ein weit verbreitetes Mißverständnis durchschauen. Esoterisches Denken ist prinzipiell analoges Denken und niemals kausal. Zwischen den Planeten am Himmel und dem Geschehen auf Erden wird folglich von esoterischer Astrologie niemals ein ursächlicher Zusammenhang behauptet. Der Saturn beeinflußt die Menschen genauso wenig wie die Menschen den Saturn. Es handelt sich hier nicht um Kausalität, sondern um synchrones Analoggeschehen. Schon aus dem Wissen, daß Zeit eine Illusion ist, kann Esoterik nicht auf Kausalität setzen, bedarf diese doch immer einer linearen Zeitvorstellung mit einem Vorher und einem Nachher.

Der Verzicht auf Kausalität und alle scheinbar so plausible Funktionalität sind die Grundcharakteristika des esoterischen

Denkens. Gleichzeitig sind es diese beiden Punkte, die zu ständigen Mißverständnissen führen und damit wahre Esoterik trotz Okkultwelle und Esoboom wohl auch weiterhin auf einen recht kleinen inneren Kreis beschränken werden. Statt funktional zu denken, zielt Esoterik immer auf inhaltliche Beziehungen und stellt von Anfang an die Frage nach der Sinnhaftigkeit auch in Bereichen, wo wir das überhaupt nicht gewohnt sind. Statt bei einem unverschuldeten Autounfall Schuld und Verantwortung auf den nach dem Gesetz schuldigen »Verursacher« zu projizieren, fragt sich ein Mensch auf dem esoterischen Weg: »Warum passiert gerade mir gerade jetzt gerade das?« Er deutet das Ereignis und gibt ihm damit Bedeutung. Grundsätzlich deutet Esoterik alles, denn nach ihrem Weltverständnis bleibt alles Ungedeutete im wahrsten Sinne des Wortes bedeutungslos. In dem Maße, wie immer mehr Schuldprojektionen zurückgenommen werden, wächst die Eigenverantwortung für das eigene Leben (den Mikrokosmos) im selben Maße wie für die Umwelt (den Makrokosmos). Aus dem Verständnis der Einheit von beidem wird es keine Änderung im Außen ohne eine entsprechende innere geben und umgekehrt. Insofern werden alle Forderungen an andere Menschen oder die Umwelt aus esoterischer Warte sinnlos, solange keine eigenen Schritte getan werden. Ausgehend von der Sinnhaftigkeit aller Ereignisse erlebt der esoterisch orientierte Mensch die Schöpfung als Kosmos, der, von Gesetzen regiert, keinen Platz für Zufall läßt. Zufall wird, der ursprünglichen Wortbedeutung entsprechend, als das angesehen, was einem gesetzmäßig zufällt.

Diese Position wird ironischerweise von den wissenschaftlichen Strategen des Zufalls, den Statistikern, sogar untermauert. So sehr Statistiker nämlich auf dem Zufall für Einzelereignisse, wie etwa dem jeweiligen Auftreten einer Roulettezahl, beharren, so sicher belegen sie, daß bei einer großen Anzahl von Roulettespielen unter dem Strich betrachtet kein Zufall herrscht und alle 36 Zahlen gleich häufig erscheinen. Nach dieser Logik würde aus lauter Zufällen eine Gesetzmäßigkeit entstehen. Ähnlich argumentieren Darwinisten, die behaupten, die Evolution zu jenem höchst geordneten Organismus Mensch habe sich aus einer Kette von an sich sinnlosen Zufällen ergeben. Bei den sogenannten Normalverteilungen der Statistiker, höchst geordneten harmonischen Kurven, fragt sich, woher die Roulettekugel bei den letzten 10 von 10000 Spielen weiß, welche Zahlen jetzt noch zu fallen haben, um die Kurve so schön harmonisch zu machen.

Die Grundhaltung der Esoterik zum Thema Kosmos (= griech. Ordnung) oder Chaos ist nicht nur von der Physik besser gedeckt, sie ist auch für das menschliche Empfinden nachvollziehbarer. Natürlich gibt es nach dem Polaritätsgesetz in Teilbereichen Chaos als Gegenpol zur Ordnung. Alles in allem leben wir aber, esoterisch gesehen, in einem Kosmos, so wie wir letztlich in der Einheit leben. Das allerdings müssen wir mit unseren beschränkten Sinnen nicht immer erkennen.

Unter dem Strich ergeben sich aus all diesen Gesetzen gewaltige Anforderungen, die Esoterik an ihre Anhänger stellen muß. Zuvorderst zu nennen wäre intensive Auseinandersetzung mit der Welt der Gegensätze, der Mut zu schonungsloser Eigenehrlichkeit bei der Schattenerlösung, das Stoppen neuer Projektionen und Schuldzuweisungen, die Übernahme der vollen Verantwortung für das eigene Leben unter Aufgabe aller Alibis einschließlich jener durch eigene Krankheitssymptome, volles Vertrauen in die Sinnhaftigkeit der Schöpfung, wie es sich in jenem Satz des Vaterunser ausdrückt, »Dein Wille geschehe«, letztlich Aufgabe aller Abgrenzungen des Ichs zugunsten des Selbst, bzw. vollkommene Offenheit und Weite. Angesichts des Gewichts solcher Forderungen mag es verständlich sein, daß Eosterik nicht um Anhänger wirbt und denen gegenüber, die von sich aus kommen, sehr zurückhaltend ist. In der indischen Tradition ist ein Lebenszeitschema überliefert, das versucht, der Schwere der Aufgaben gerecht zu werden. Danach ist das erste Lebensviertel der Erziehung und Ausbildung reserviert, das zweite für die Gründung einer Familie und eines angemessenen Arbeitsfeldes, das dritte ist der Versorgung und Absicherung der Angehörigen vorbehalten. Und erst danach ist das letzte Lebensviertel frei für die spirituelle Entwicklung und den esoterischen Weg. So schematisch dieser Aufbau wirken mag, er verhindert mit Sicherheit eine große Gefahr: Esoterik als Weltflucht zu benutzen. Andere Traditionen haben diesbezüglich ganz andere Vorstellungen, aber einig sind sich alle, daß dieser Weg so enorme Anforderungen stellt, daß jener, der die Anforderungen des normalen Lebens in der normalen Welt nicht zu erfüllen weiß, für den esoterischen Weg jedenfalls denkbar ungeeignet ist.[12]

[12] An dieser Stelle mag zusätzlich klar werden, warum die Parapsychologie der Esoterik niemals gerecht werden kann. Sie geht nicht nur am Wesen der Esoterik vorbei, sondern sogar, wie ihr Name schon sagt, an der Psychologie (griech. para = daneben). In den alten kausal-mechanistischen Vorstellungen fußend, versucht sie mit wissenschaftlichen Mitteln ein Weltbild zu erforschen, das sich diesem analytischen Denken prinzipiell entzieht. Die gutgemeinten Versuche ähneln denen, eine Suppe mit der Gabel zu essen.

Kritische Aspekte der Esoterikwelle

Christliche Kirchen, Apparatemedizin und Wirtschaftspolitik haben unsere Zeit reif gemacht für die Esowelle, aber nur sehr bedingt für die Esoterik. Die Diskrepanzen zwischen dem Esoboom einerseits und der esoterischen Lehre andererseits sind bei näherer Betrachtung augenfällig.

Wiedereinführung der Kausalität durch die Hintertür des New Age

Das von der modernen Physik in die New-Age-Bewegung eingeführte neue Weltbild ist dermaßen anspruchsvoll, daß sich die oft wenig anspruchsvollen Anhänger des Neuen Zeitalters recht schnell auf altgewohntes Denken zurückzogen. So konnten sie dann wieder mit dem alten Kausalitätsgedanken in gewohnter Weise umgehen, vergaben damit aber auch die Chance, etwas wirklich Neues entstehen zu lassen. Die ursprünglich federführenden Wissenschaftler verließen so allmählich die Bewegung, zum Teil enttäuscht wie etwa Capra, daß aus ihren revolutionären Ideen eine derart harmlose, wenn auch lieb gemeinte Kinderverschwörung für eine liebevolle Zukunft geworden war. Zumindest guten Willen kann man dieser Bewegung nicht absprechen, wenn sie für mehr Liebe unter den Menschen und zu den Bäumen eintritt, für den Frieden singt und tanzt und mit strahlendem Lächeln auf den verklärten Gesichtern und weit ausgebreiteten Armen einer besseren, ja lichten Zukunft entgegenschwebt. Diese freischwebende Begeisterung war bei einigen sogar so groß, daß sie das New Age schon abhakten und als nächste Stufe bereits das Light Age ausriefen. Der unter Licht- und Liebeseinwirkungen eskalierende kindlich-naive Realitätsverlust übersieht geflissentlich, daß diese Zukunft auch eine strahlende sein könnte. Das einzig geklärte an dieser verklärten Weltsicht ist die recht illusionäre Hoffnung auf das Gute im Menschen. Übersehen wird dabei nur zu gern, daß es sich hierbei lediglich um die eine Seite handelt. Die andere dunkle Seite des Menschen und der Welt verschwindet hinter einem Schleier aus Stimmungen, in die man sich sanft und absichtlich hineinträumt. Fragen der Zukunft, nicht uninteressant für ein Neues Zeitalter und für das neue Jahrtausend, bleiben dagegen so ungeklärt wie die meisten Gewässer. An diesem Punkt hat sich die Bewegung auch gespalten und einen politisch engagierten Ableger hervorgebracht, der sich mit Nachdruck statt der hellen Seite der Welt ihres trüben Gegenübers annimmt. Politisch werden grüne Positionen vertreten in der Hoffnung, den bedrohten Bäumen damit besser und vor allem realistischer zu helfen.

Sowohl die Licht-und-Liebe-Richtung als auch die ins Politische tendierende haben aber längst die ursprüngliche Basis eines neuen Weltverständnisses verlassen. Bei der politisch engagierten Bewegung wird der Rückgriff auf alte kausale Denkstrukturen besonders deutlich, wenn Verursacher der Umweltkatastrophe angeklagt werden und mit funktionalen Maßnahmen versucht wird, etwas wieder in den Griff zu bekommen, das auf inhaltlicher Ebene entgleist ist. Die Tendenz, die Schuld für das Scheitern der ganzen Bewegung, die bereits wieder deutlich an Einfluß verliert, auf äußere Widersacher zu schieben, zeigt, wie tief man ins Projizieren geraten ist. Esoterik verlangt aber das Gegenteil, die Zurücknahme aller Projektionen. Letztlich arbeitet die Licht-und-Liebe-Strömung ähnlich wie die politische, nur mit etwas ungewohnten Mitteln, versucht sie doch mit gutgemeinten Sinnsprüchen, sogenannten Affirmationen, heilsamen Einfluß auf die Entwicklung der eigenen und der weiten Welt zu nehmen.

Die Positiven (Denker)

Die Affirmationspolitik ist eine Entwicklung, die weit über die New-Age-Kreise hinausgeht und unter der Überschrift »Positives Denken« bekannt geworden ist. Die Anhänger betrachten diese Methode als therapeutische Antwort auf alle Probleme. Körperliche wie seelische Beschwerden werden damit genauso angegangen wie geistige Probleme und sogar soziale und politische. Die zugrundeliegende Theorie ist sehr einfach. Sie geht davon aus, daß das menschliche Bewußtsein voller zumeist negativer Programme steckt. Ein niedergeschlagener Mensch hat etwa das Programm: »Ich bin nicht wert zu leben, alles mißlingt mir, niemand liebt mich, ich kann selbst nicht lieben!« Gegen solch negative Programmierungen bringt das Positive Denken nun positive Programme zum Einsatz, die sogenannten Affirmationen. Solche »Bejahungen« für einen niedergeschlagenen Menschen wären etwa: »Ich bin ein wertvoller Mensch, mir gelingt alles spielend, ich bin liebenswert und liebesfähig!« Diese hoffnungsvollen Sprüche, die praktisch immer das Gegenteil der Beschwerden behaupten, denkt der Patient so häufig wie möglich vor sich hin. Er wiederholt sie im Geiste und hofft, daß sie tief in sein Unbewußtes absinken und so mehr Macht bekommen als die eigenen negativen Fixierungen.

Da es gar nicht so leicht ist, derlei fromme Wünsche in die Tiefe eines Bewußtseins zu schmuggeln, das fest auf das unfromme Gegenteil gepolt ist, haben sich die Anhänger der Methode einiges einfallen lassen. Die einfachste Möglichkeit ist, die Affirmationen vom Tonband sprechen zu lassen. Im Zeitalter des Walkman kann man sich so in jeder Lebenslage dauerberieseln. Gerade in Momenten, wo man nicht bewußt zuhört, können sich die positiven Botschaften dann besonders leicht einschleichen. Eine Weiterführung ist die Berieselung im Schlaf. Man startet das Tonband mit dem Zubettgehen, und während man schläft, sinken die Affirmationen an der Bewußtseinsschranke vorbei in die Tiefe.

Der bisher letzte Schrei in dieser Hinsicht sind die sogenannten »Subliminals«. Das sind mit elektronischen Mitteln verschlüsselte Affirmationen, die so raffiniert in die Klangmuster von Musik eingewoben werden, daß unser Ohr sie gerade nicht mehr wahrnimmt. Knapp unterhalb der Hörschwelle dringen sie aber dennoch ins Unbewußte und entfalten hier ihre Wirkungen.

Erfunden wurde diese Technik in den USA, und zwar ursprünglich, um die Kunden in Kaufhäusern zu gesteigertem Konsum anzuregen. Von angenehmer Musik umschmeichelt, fielen diese nichts ahnend und nichts hörend auf den Trick herein, und die Umsätze stiegen nachweislich. Die Untersuchungen bewiesen nicht nur die Wirksamkeit der Methode, sondern führten bald auch zu ihrem Verbot im Geschäftsbereich. Bei den Anhängern des Positiven Denkens erfreuen sie sich weiterhin einiger Beliebtheit.

Die Methode wirkt, und es ist nicht viel gegen sie einzuwenden, außer, daß sie überhaupt nichts mit Esoterik zu tun hat und dem Ziel der Esoterik, nämlich Bewußtwerdung und Befreiung, diametral entgegenläuft. Sie arbeitet nach demselben Prinzip wie Schulmedizin und -psychologie, nämlich allopathisch. Gegen negative Programme kämpft man mit positiven an, mit dem Gegenteil also. Ob man mit Cortison Krankheitssymptome unterdrückt, mit Psychopharmaka seelische Symptome niederhält (z.B. Stimmungsaufheller gegen Depressionen) oder mit Affirmationen gegen alle möglichen Symptome angeht, bleibt sich im Prinzip egal. Hier wie dort geht es um Kampf gegen etwas Ungeliebtes und nicht um Aussöhnung, und somit ist man auf dem Gegenpol zur esoterischen Lehre.

Wie bei der Schulmedizin liegt die Gefahr beim Positiven Denken nicht darin, daß es nicht funktionieren könnte, sondern im Gegenteil darin, daß es gut funktioniert. Wer im Sinne der Esoterik erkannt hat, daß alle Formen Inhalt transportieren und damit bedeutsam sind, wird sich hüten, Krankheitszeichen zu unterdrücken. Daß Unterdrücken gut funktioniert, beweist die Schulmedizin täglich millionenfach. Die Affirmationen haben zwar den Vorteil, ohne die Nebenwirkungen von chemischen Medikamenten auszukommen, ansonsten wirken sie ähnlich. Vorausgesetzt, daß es gelingt, sie tief genug ins Bewußsein zu senken, decken sie das Problem bzw. Symptom zu, ohne es in irgendeiner Weise zu erhellen oder gar heilend zu beeinflussen. Die Traurigkeit wird durch Affirmationen fröhlichen Inhalts ja nicht aus der Welt geschafft, sondern nur überlagert. Erfahrungen aus allen Lebensbereichen zeigen, daß aufgeschobene und zugedeckte Probleme dadurch nicht harmloser werden, sondern im Gegenteil gefährlicher und vor allem unberechenbarer. Wenn sie nach Jahren durchbrechen, treffen sie den, der sich mit seinen positiven Sprüchen in Sicherheit wiegte, unvermittelt und härter.

Hinzu kommt, daß Positives Denken das Polaritätsprinzip in unangenehm eindrucksvoller Weise bestätigt. Je mehr Licht und Liebe man ins Feld schickt, desto mehr wächst auch der

Gegenpol im Schatten. Mit jedem Jahr, das man mit den frommen Sprüchen scheinbar gewonnen hat, wächst auch das Gefühl, auf dem richtigen Weg und die niedergekämpften Übel wirklich los zu sein. Wenn man dann, vielleicht erst nach Jahren, feststellen muß, daß sie nur beseitigt waren und dabei sogar erheblich gewachsen sind, ist der Schrecken meist enorm.

Daß man auch mit dieser Methode der Polarität und dem Schatten nicht entkommen kann, sieht man an den besonders erfolgreichen Positiv-Denkern. Gelingt es nämlich tatsächlich, alle Ritzen zur eigenen dunklen Seite zeitweilig mit Affirmationen zuzukleistern, tritt der Schatten draußen um so deutlicher auf in Form von Widersachern und Feinden, Menschen und Umständen, die sich hartnäckig und gemein der Rettung der Welt durch positive Gedanken widersetzen. Die Projektion des sauber verdrängten Unheils auf diese Widersacher zeigt einmal mehr die Ferne zur Esoterik. Den betreffenden Menschen selbst sieht man ihre Einpoligkeit meist auch an. Ihr Lächeln ist demonstrativ, ihre Fröhlichkeit wirkt angestrengt und nicht im geringsten ansteckend. Oft geht eine Art Druck von ihnen aus, jener Druck, den sie unter Aufbietung all ihrer Kräfte und Affirmationen in ihrem Innern zurückhalten. Der Vergleich mit einem Dampfdrucktopf drängt sich auf, dessen Ventil fein säuberlich und liebevoll verstopft wurde. Der Topf macht auf den ersten Blick keinerlei problematischen Eindruck, im Gegenteil, er ist angenehmer und ruhiger als seine Artgenossen. Er pfeift nicht und man riecht nicht einmal, was da in der Tiefe kocht. Nach einiger Zeit mag den aufmerksamen Beobachter aber doch ein unangenehmes Gefühl beschleichen und sich eine Ahnung von der Spannung verbreiten, die hinter der tadellosen Fassade herrschen muß.

So wie die Schulmedizin kurzfristig angenehmer und einfacher ist als Homöopathie, so ist auch Schattenverdrängung mit Affirmationen kurzfristig wesentlich angenehmer und einfacher als die vom esoterischen Weg geforderte Schattenintegration. Da das Polaritätsgesetz langfristig nicht zu umgehen ist, bleibt Positives Denken daher lediglich ein Umweg. Nicht selten kommen Suchende gerade über ihn zur Esoterik. Oft dringen sie nach dem Ausflug auf den Gegenpol sogar auf Anhieb besonders tief ein, obwohl bzw. gerade weil sie zuerst in die Gegenrichtung strebten. Wie wir bereits gesehen haben, fliegt ein Pfeil um so weiter, je stärker er vorher in die Gegenrichtung gezogen wurde. Der unterdrückte Schatten kann mit dem Leidensdruck, der bei seiner Befreiung entsteht, geradezu als Schubkraft wirken, sich jetzt wirklich auf den Weg zu machen. Auch im ganz Konkreten wird jemand, der sich lange in die entgegengesetzte Richtung verirrt hat, nach der Aufdeckung seines Irrtums entsprechend energisch in die richtige gehen.

An der Wurzel des Positiven Denkens gäbe es noch eine andere Möglichkeit, die besonders bei Prentice Mulford, dem geistigen Urvater der Bewegung, deutlich wird.[13] Dehnt man den Anspruch, positiv zu denken, nämlich auf alles aus, auch auf die eigenen Schattenseiten und die der Umwelt, ist man dem christlichen Satz »Liebet eure Feinde« wieder sehr nahe. Nun könnte man, statt Dunkles mit hellen Sprüchen zu übertünchen, sich selbst und die Welt akzeptieren. Durch diese positive, d. h. bejahende Begegnung kann Schatten integriert werden.

Esoterische Disziplinen auf Abwegen

Auch typisch esoterische Disziplinen, wie etwa die Astrologie, wurden im Zuge des Esobooms immer wieder für die Verlokkungen kausalen Denkens zurechtgebogen. Ein wesentlicher Grund dafür dürfte darin liegen, daß das auf Synchronizität aufgebaute Weltbild der Esoterik zu anspruchsvoll ist, um sich leicht verkaufen zu lassen. Ähnlich wie sich das entsprechende Weltbild der neuen Physik nur schwer gegen das viel einfachere mechanistische durchsetzt und die Jungsche Psychologie gegenüber dem simplen Behaviourismus noch immer den kürzeren zieht, läßt sich für das esoterische Denken nicht leicht eine Massenbasis finden. Durch das spürbare Scheitern der alten Lebensphilosophien und die dadurch bedingte Offenheit so vieler Menschen für neue Ideen ist es andererseits verlockend geworden, esoterisches Gedankengut zu verkaufen. So werden

[13] Prentice Mulford: Unfug des Lebens und des Sterbens. Frankfurt 1977.

dann die alten Lehren den neuen Bedürfnissen angepaßt. Was zu anspruchsvoll und schwer verständlich ist, wird abgeschnitten. Dabei bleibt nicht selten die ganze Basis auf der Strecke, und geschickte Geschäftsleute in esoterischem Gewand lesen dem interessierten Publikum »Ursachen« für Unglücksfälle und Krankheitssymptome, Glück und andere Schicksalsschläge aus dem Horoskop oder den Tarotkarten. Esoterische Therapeuten fischen in der Vergangenheit nach Ursachen für heutige Probleme und kommen sich noch recht fortschrittlich vor, gehen sie doch nicht bloß bis in die frühen Lebensjahre zurück, sondern gleich in frühere Inkarnationen. Was Thorwald Dethlefsen als Reinkarnationstherapie begründete, verhält sich dazu wie die neue Physik zur alten mechanistischen.

Es werden in dieser schnell wachsenden Bewegung mit ihrem ständigen Bedarf an neuen sensationellen Methoden nicht selten Namen entwendet und Worte verdreht. Während esoterisch orientierte Astrologen und Reinkarnationstherapeuten versuchen, die Lebensmuster bewußt zu machen und zur Aussöhnung mit diesen anzuregen, geht das Heer der esoterischen Trittbrettfahrer den schnelleren Weg und sucht das »Urtrauma«. Urtraumata zu finden ist keine Kunst, es gibt sie in Hülle und Fülle. Das Problem ist eher, daß es zu viele gibt und man gar nicht weiß, wo man aufhören soll. Immer findet sich noch ein ursächlicheres und schließlich ist man wieder beim Urknall und entsprechend weit weg von Esoterik.

Tatsächlich ist das Gros der Menschen, die zur Zeit in der Esowelle schwimmen, wohl auch gar nicht an ihrem Muster interessiert, denn der Weg dorthin ist schwierig und anstrengend. Hat man das Muster dann in seinen Grundzügen durchschaut, wird die Aussöhnung damit sogar noch anstrengender. Die viel naheliegendere Motivation als ausgerechnet mühsame Selbsterkenntnis liegt für einen Großteil der Anhänger des Esobooms wie auch seiner Manager darin, dem Schicksal ein Schnippchen zu schlagen. Anstatt es im Sinne des »Dein Wille geschehe« anzunehmen, will man versuchen, ein bißchen mehr für sich und sein Ich herauszuholen. Diese Tendenz zeigt sich auf vielen Ebenen. Immer mehr Menschen versuchen mit Hilfe der »Esoterik« an Geld zu kommen. Jene etwa, die sich durch astrologische Schliche einen Coup an der Börse erträumen oder die Entwicklung der Goldpreise nur ein kleines bißchen vorauswissen möchten. Die schon zitierten Positiv-Denker wollen sich ihren Reichtum mit Affirmationen herbeizwingen, und Wünschelrutenschüler träumen allen Ernstes von alten Keltenschätzen in ihrem Schrebergarten. Tatsächlich vertrauen zunehmend auch hochkarätige Manager (streng vertraulich selbstverständlich) ihren Astrologen mehr als dem eigenen Verstand; jahrelang ließ der amerikanische Präsident seine Termine von einer Astrologin bestimmen. Da nimmt es kaum noch Wunder, daß auch an der Wallstreet einiges von den Sternen bzw. ihren Deutern abhängig gemacht wird. Davon mag man halten, was man will, nur für Esoterik sollte man es nicht halten, denn damit hat es nichts zu tun.

In all diesen Fällen geht es offensichtlich nicht darum, einen Entwicklungsweg zu gehen, sondern sich einige vermeintliche Vorteile zu ergattern. Das ist menschlich und braucht nicht abgewertet zu werden, vor allem, nachdem wir auch alle möglichen anderen Methoden nützen, um uns Vorteile zu verschaffen.

Die Basis der Bewegung, der derlei »esoterische« Informationen oft recht teuer verkauft werden, bildet aber natürlich nur die eine Seite der Medaille. Auf der anderen stehen die Promoter der Esowelle, die Verkäufer. Daß es hier ums Geldverdienen mit »Esoterik« geht, liegt auf der Hand. Zumeist klappt es bei ihnen auch wesentlich besser als bei ihren Kunden, wählen sie doch den ungleich sichereren Weg. Die Tatsache, daß sich mit einer Methode Geld verdienen läßt, sagt noch wenig über diese Methode aus. Und natürlich kann man auch mit einer Astrologie Geld verdienen, die sich ihrer esoterischen Basis verpflichtet weiß. Hier geht es darum, daß eine Methode mehr oder weniger bewußt leicht verkäuflich gemacht wird. Beraubt man sie dazu absichtlich ihrer Grundlage und damit ihrer tieferen Sinnhaftigkeit, zwingt man sie gleichsam zur Prostitution. In diesem Sinne wird nicht nur, aber auch die Astrologie, die frühere »Königin der Wissenschaften«, zu ihr wesensfremdem Kommerz erniedrigt.

Die Tatsache, daß der einzig sichere Weg, mit »Esoterik« Geld zu verdienen, nicht deren Anwendung, sondern ihr Verkauf ist, wird in der Esoterikszene recht schnell offenbar. So verwundert es auch nicht, daß ein gut Teil der Mitglieder versucht, so schnell wie möglich die Seiten zu wechseln und sich vom Konsumenten zum Anbieter zu mausern. In keiner anderen Bewegung dürfte die Selbstrekrutierungsrate so hoch sein. Nach ein paar Therapiesitzungen fühlen sich die Klienten oft bereits selbst zu Therapeuten berufen. Nicht wenige machen ohne die notwendige Praxis auch gleich eine eigene »Praxis« auf in jener Grauzone, die zugleich Steueroase und eigenes Wohnzimmer ist. Hier kann man völlig unkontrolliert und damit herrlich frei sich selbst und die Kundschaft entfalten. Da es andererseits in diesem Grauzonenbereich nicht ganz einfach ist, auf sich aufmerksam zu machen, gerät die Seriosität zusätzlich in Bedrängnis.

Natürlich gibt es neben der finanziellen noch andere und auch edlere Motivationen für den auffällig häufigen und schnellen Seitenwechsel. Daß finanzielle Erwägungen und die geringen Kontrollmöglichkeiten von Seiten des Staates eine entscheidende Rolle spielen, mag bei Vergleichen mit anderen Berufsgruppen deutlich werden. Wer würde schon auf die Idee kommen, nachdem er drei Monate regelmäßig die heilige Messe besucht hat, anschließend in dieser Hinsicht selbst tätig zu werden und mit der Gemeindebildung im eigenen Wohnzimmer zu beginnen. Wir hätten eine groteske Ärzteschwemme, wenn jeder dritte Patient nach einigen Behandlungen das Medizinstudium aufnehmen würde. Andererseits haben wir bald eine entsprechende Heilerschwemme, denn in diesem Bereich ist der Seitenwechsel leicht, trotzdem lukrativ und für den Wechsler harmlos. Ähnliche Entwicklungen zeichnen sich bei Atemtherapeuten, Kartenlegern, Astrologen, Hellsehern und »esoterischen Lebensberatern« ab.

Für die Kunden wird es zunehmend schwer, unter all den Möchtegernweisen die seriösen Berater und Therapeuten herauszufinden. Vertieft man sich in den Anzeigenteil einschlägiger Fachblätter, scheinen sie ziemlich in die Minderzahl geraten zu sein. In diesem Fall hilft wirklich nur noch Vertrauen zum Resonanzgesetz, das besagt, daß jeder Mensch schon den für ihn richtigen Therapeuten herausfinden wird, nämlich den, zu dem er eine Affinität hat. Ohne dieses Vertrauen könnte man bei der bunten Flut von Versprechungen, Selbstbeweihräucherungen und anderen Peinlichkeiten in gesteigerte Verzweiflung verfallen.

Angesichts dieser Entwicklung, die sich nicht nur auf besagten Anzeigenseiten, sondern zunehmend auch auf sogenannten »Esoterikmessen« spiegelt, ist es eher erstaunlich, daß die Okkultwelle noch weiter zunimmt. Nach dem Gesetz des Rhythmus wird auch hier auf den Wellenberg das Wellental folgen und die entsprechende Ernüchterung und Enttäuschung mit sich bringen. Die Ernüchterung, die jedem Rausch auf den Fuß folgt, ist offensichtlich gesund, die Enttäuschung vor allem insofern, als sie die Täuschung beendet, Esoterik sei ein Handels- und Spekulationsobjekt.

Bei aller kritischen Betrachtung der Kommerzialisierung esoterischer Disziplinen ist zu bedenken, daß die Tatsache, daß etwas korrumpiert und vermarktet werden kann, nichts über dessen ursprünglichen Wahrheitsgehalt aussagt. Auch die christliche Lehre wurde vielfach korrumpiert und in der Zeit des schwunghaften Ablaßhandels vor der Reformation sogar vermarktet. Die Wahrheit seiner grundsätzlichen Lehre blieb davon aber unberührt. Allerdings dürfte es in jener Zeit für einen Christen schwerer gewesen sein, seinen Weg unbeirrt von den Verirrungen zu gehen. In diesem Sinne ist es sehr fraglich, ob der Esoboom den Weg zur Esoterik erleichtert oder im Gegenteil verstellt.

Esowelle und (Gott-)Vertrauen

Als eine der wesentlichen Grundlagen echter Esoterik gilt das Vertrauen in die Schöpfung als einen vollkommenen Kosmos, ein Vertrauen, das sich in dem Vater-unser-Satz ausdrückt: »Dein Wille geschehe«. Die starke Betonung des Materiellen und speziell des Geldes in der Esoterikwelle weist eher in die Gegenrichtung.

Auch die wachsende Popularität der verschiedensten Orakelbefragungen zeigt unter anderem einen Vertrauensmangel.

Menschen, die sich ständig die Zukunft voraussagen lassen, haben offenbar kein Vertrauen zu ihr.

Ohne einem folgenden Orakelkapitel vorzugreifen, läßt sich an dieser Stelle festhalten, daß der enorme Auftrieb, den Kartenlegen, I Ging und andere Techniken seit einigen Jahren erleben, in dieser Richtung gesehen werden muß. Während diese Methoden früher vor allem benutzt wurden, um den Willen der Vorsehung zu erfahren und sich ihr zu fügen, dienen sie heutzutage dazu, schlauer zu werden und mehr für sich herauszuschlagen. Allerdings hat der Versuch, die Vorsehung zu betrügen und dem Orakel bzw. Schicksal ein Schnippchen zu schlagen, auch schon eine gewisse Tradition, wie sich etwa im Ödipusmythos zeigt.

Tatsächlich war der esoterische Weg zu allen Zeiten die größte Herausforderung, der sich Menschen stellen konnten. Und zu allen Zeiten begannen die Schwierigkeiten bereits bei den Grundvoraussetzungen dieses Weges. Besonders ist unsere Zeit nur in der Hinsicht, daß sich so viele Menschen okkulter Methoden bedienen, um gänzlich unesoterische Ziele damit zu verfolgen. Wer versucht, sich die Zukunft des Dow Jones Index mittels okkulter Techniken voraussagen zu lassen, ist nicht auf dem esoterischen Weg. Er ist offenbar noch nicht einmal auf dem Weg des Vertrauens, sondern verrät lediglich Offenheit für jene Welt hinter der sichtbaren, wenn es darum geht, Ziele in dieser sichtbaren vordergründigen Welt zu erreichen. Die anderen Ebenen werden benutzt, aber nicht zum Ziel erwählt. Es geht hier um den Versuch, mit okkulten Mitteln dem Diesseits den eigenen Willen aufzuzwingen. Esoterik wie auch Religion haben genau das Gegenteil im Sinn. Sie wollen das Diesseits benutzen, um ein Ziel im Jenseits zu erreichen. Und es geht nicht um den eigenen Willen und schon gar nicht Vorteil, sondern darum, sich dem Willen des Göttlichen zu fügen. Der heutige Orakelkonsum enthüllt die gegenteilige Absicht. Die betreffenden Menschen dokumentieren damit ihren Mangel an Vertrauen und Zuversicht. Andererseits zeigt sich aber auch ihre Sehnsucht nach beidem und die Bereitschaft, auf jenseitige Ebenen zurückzugreifen, wenn die diesseitigen nichts mehr versprechen.

Esowelle und Machtspiele des Ich

Die Themen Geld und Vertrauen enthüllen bereits die Diskrepanz zwischen Esoszene und Anspruch der Esoterik. Beim Thema Macht wird diese Kluft noch deutlicher. Existenz und Zukunftsangst sind Eigenschaften des Ichs. Bemüht man sich, dem Ich diese Angst zu nehmen, indem man versucht, die Zukunft zu erforschen, um alle Gefahren besser meiden zu können und andererseits die Existenz so abzusichern, daß das Ich nichts zu fürchten braucht, ist das menschlich äußerst verständlich. Es zielt aber auf Ichstärkung und keinesfalls auf seine Auflösung. Esoterik meint das Gegenteil, nämlich Ichauflösung. Insofern hat das Ich mit Recht Angst vor dem esoterischen Weg, mündet er doch in seinen Untergang. Folglich wird das Ich alles daransetzen, all jene Schritte, die es gefährden könnten, zu verhindern. Die Anwendungen okkulter Techniken bedrohen es aber in keiner Weise, im Gegenteil, sie lassen sich sogar gut zur Stärkung des Ichs benützen.

Je mehr Wissen das Ich erhält, desto sicherer fühlt es sich, desto besser kann es alle Angriffe auf die eigene Existenz abwehren und um so geschickter läßt sich auch Einfluß auf die Umwelt nehmen und damit der eigene Machtbereich erweitern. Wo also Wissen angehäuft wird, kann das Ego aufatmen. Erst wenn Wissen erlebt wird, d.h. eigene Erfahrungen gemacht werden und diese auf das Leben angewandt werden, droht ihm Gefahr. Solange Wissen benutzt wird, um damit zu glänzen, sich von anderen, die weniger wissen, abzugrenzen, hat das Ich Aufwind.

Auch all die Versuche, die eigene Esoterikversion als die einzig richtige, den eigenen »Guru« als den höchst entwickelten, eine bestimmte Meditationsrichtung als die beste oder schnellstwirkende auszuweisen, dienen dem Ego. Was immer auf Überredung, Überzeugung oder Missionierung hinausläuft, nützt ihm ebenso wie die Flügel- und Richtungskämpfe unter den wie Pilze aus dem Boden schießenden »Schulen« und Zirkeln. Auch auf anderen Ebenen würde niemand auf die Idee kommen, daß solche Hakeleien und Profilierungsversuche der Selbsterkenntnis dienten. Warum sollte ein Verhalten, das in

Politik oder Wirtschaftsleben als Aufstiegskampf, Profilneurose oder Egotrip durchschaut wird, nur durch die Wahl anspruchsvollerer Themen zur Erlösung führen? Ob man sich Staatstheorien, Prozentzahlen oder Meditationstechniken um die Ohren schlägt, bleibt bezüglich der Auswirkungen auf das Ego ziemlich gleichgültig. Ähnlich wie man es dem Geld nicht ansieht, ob es mit dem Verkauf von Aktien, Werbeideen oder Meditationssymbolen, durch Eintrittspreise bei Sport-, Musik oder Esoterikveranstaltungen verdient wurde.

Dem Ego geht es solange gut, wie man mit dem erworbenen Wissen in der Außenwelt herumwirbelt. Gefährlich wird es erst, wenn man es nach innen wendet und auf das eigene Leben bezieht. All das ist allerdings nicht esoterikspezifisch. Solange ein christlicher bzw. sozialistischer Politiker die christlichen bzw. sozialistischen Parolen zum Stimmenfang benutzt, wird sein Ego wachsen und gedeihen. Bezieht er diese Sätze aber auf sein Leben und unterläßt bestimmte Dinge, obwohl sie werbewirksam wären, wird sich sein Ego mit Recht zu sorgen beginnen. Solange etwa ein Ökologe mit grünen Parolen gegen die Konzerne wettert und Stimmung macht und Stimmen fängt, genießt sein Ego. Wenn er allerdings selbst aufhört zu rauchen und auf öffentliche Verkehrsmittel umsteigt, wird es schon bedenklicher für das Ich.

Das Ego braucht zu seinem Gedeihen vor allem Abgrenzung und baut deshalb ständig Zäune auf. Ganz konkrete, um die eigene Besitz- und Einflußsphäre abzugrenzen, aber auch solche aus Worten. Eifersüchtig und manchmal geradezu haßerfüllt wird es über seine Einzigartigkeit wachen. Die größte Gefahr droht ihm von Grenzüberschreitungen, - auflösungen und ganz allgemein von Vermischungen. Insofern ist die Liebe eine enorme Gefahr für das Ich. Gelingt es ihr doch spielend, alle Grenzen zu überwinden, um ganz mit dem Objekt ihrer Wahl zu verschmelzen. Liebende erleben nicht zufällig das Gefühl, die ganze Welt umarmen zu wollen. Das Ich hat oft die größte Mühe, dieses Gefühl wieder einzuschränken auf den einen geliebten Menschen. Den Ichzaun um diese eine Person zu erweitern, kann sich auch ein ängstliches Ego meist noch leisten. Dann läßt sich mit Hilfe der Eifersucht darüber wachen, daß das

Feld der Offenheit nicht zu groß und die Verschmelzung nicht zu bedrohlich wird. Geht die Einswerdung nämlich weiter und schließt auch noch andere Menschen und Wesen und schließlich Gott und die Welt mit ein, hat das Ego das Spiel verloren. Mystiker können auf Ich-Zäune und Schranken spielend verzichten.

Als großer Gegenspieler des Ego spielt die Liebe eine entscheidende Rolle, sowohl in der Esoterik als auch in der entsprechenden Szene. Aus all den hier herrschenden Ab- und Ausgrenzungen folgt aber schon, daß es sich um eine eher theoretische Rolle handeln muß. Die Liebe wird viel bemüht, aber vor allem schriftlich in Veröffentlichungen und auf Plakaten. Dort wird sie dem Ego am wenigsten gefährlich und hat ihren Stammplatz in der Szene, wo praktisch nichts mehr ohne sie geht. Neben dem Licht, als Gegenspieler des Schattens, ist die Liebe zum häufigsten Wort der Esowelle geworden. Mit ihr soll die Welt verändert werden. Tatsächlich könnte sie die Welt verändern, allerdings müßte dann nicht bei der Welt, sondern beim einzelnen Weltbürger begonnen werden und nicht mit der Liebe dieser Welt, die ihren Gegenpol im Haß hat, sondern mit jener himmlischen, wirklich all(es)umfassenden Liebe. Es wäre jene Liebe, mit der wir ganz selbstverständlich erwarten, von Christus geliebt zu werden. Wer wäre schon dem Heiland gram, weil er den Nachbarn auch liebt?

Diese Liebe, die alles und eben auch den Schatten einschließt, ist in Wirklichkeit eher verpönt in der Esoszene, genauso verpönt beinahe wie der Schatten. Die Betrachtung gerade jener Richtungen, die nach außen hin nur so vor Liebe triefen, macht das besonders deutlich. Diese Feststellung ist nicht als Vorwurf mißzuverstehen, denn die Verwirklichung himmlischer Liebe ist das schwerste und größte, was Menschen gelingen kann. Und immer waren es nur wenige Heilige, die es soweit brachten. Lediglich auf die Diskrepanz sei hier hingewiesen und darauf, daß das Ziel der Esoterik, die allumfassende Liebe, unerreichbar bleibt, solange es nur im Munde geführt wird.

Die häufigste Variante der Liebe, die es bis in die Praxis der Esoszene schafft, ist die sogenannte »tantrische«. Ganz abgesehen davon, daß sich eine große Strömung des Buddhismus als tantrisch bezeichnet, hat die Esoszene dieses Wort fast zu einem Synonym für »erotisch« gemacht. In der hinduistischen Tradition steht Tantra für einen Weg, der u.a. über Sexualität versucht, die Einheit zu verwirklichen. Der Sexualakt dient dabei als Symbol und Ritual der Vereinigung der Gegensätze, eben der Polarität von Männlich und Weiblich. Indem diese beiden Spannungsträger zur Einheit verschmelzen, wird rituell der Weg zur Erleuchtung gegangen. Neben der großen Bewußtheit, die diese rituelle Vereinigung erfordert, tritt der Lustaspekt ganz in den Hintergrund, ja er muß sogar vorsätzlich besiegt werden. Es geht im klassichen Tantra gerade nicht um ein Ausleben der Lust, sondern um die Befreiung davon. Schritt für Schritt wird die Lust kontrolliert, bis sie schließlich gänzlich unter Kontrolle ist und keine Gewalt mehr über den Übenden hat. Der Tantravariante, die in vielen Esozirkeln gepflegt wird, geht es im Gegensatz dazu gerade um die Lust. Mit den Techniken des Tantra wird dessen Ziel ins Gegenteil verkehrt nach dem Motto: Noch mehr, noch raffiniertere Lust durch alte indische »Geheimtechnik«. Natürlich spricht wiederum wenig gegen dieses Motto, nur sollte man nicht erwarten und auch nicht versprechen, daß es sich hier um Esoterik handelt. Ein Blick in alte tantrische Anweisungen könnte die Augen schnell von den Schuppen der Lust befreien, übten die traditionellen Tantriker, um gute Fortschritte auf ihrem Weg zu machen, doch vor allem mit unattraktiven Partnern. Allein diese Forderung würde den westlichen Anhängern der Richtung schnell die Lust nehmen. Das wäre dann zwar im Sinne der Erfinder, aber mit denen wollen die modernen Nachfahren im Ernstfall lange nicht soviel zu tun haben, wie ihr Name vermuten läßt.

Damit sei gar nichts gegen das Ausleben der Lust gesagt, es macht Spaß und ist in vielen Fällen sogar ausgesprochen sinnvoll und manchmal sogar heilsam. Ein natürliches, unverklemmtes Verhältnis zur Sexualität ist wichtig für die normale Entwicklung eines Menschen, nur Esoterik ist es deswegen noch nicht. Ein vergleichbares Mißverständnis wäre die Vorstellung, bei der Teezeremonie der japanischen Zen-Tradition ginge es darum, den Durst zu löschen. Oder Ikebana, der Weg des Blumensteckens, ziele auf schöne Sträuße. Es mag der Durst gestillt und manch schöner Strauß gesteckt werden, das Wesentliche ist damit nicht einmal gestreift. Geht es schließlich darum, wer die schönsten Sträuße steckt, die perfekteste Teezeremonie vollführen oder die längste und intensivste »Tantranummer« abziehen kann, ist wieder der Gegenpol im Mittelpunkt. Das Ego wird genährt statt überwunden.

Tatsächlich spricht auch dagegen wenig, solange man sich bewußt ist, was man tut und wo es hinführt. Problematisch wird es nur, wenn die Egofütterung als dessen Auflösung gepriesen wird. Es kann hier nicht entschieden werden, ob es für den esoterischen Weg richtig ist, ganz unabhängig von der individuellen Lebensphase auf die Egoauflösung zuzusteuern. Nicht selten mag es sinnvoller erscheinen, zuerst einmal das Ich bewußt zu nähren, um dann überhaupt etwas zu haben, was man auflösen bzw. opfern könnte.

Esoterik als Weltflucht

Die wohl häufigste Gefahr der Okkultwelle ist ihr Mißbrauch, um sich vor dem Leben zu drücken. Insofern sollte die Frage, ob es ein Leben nach dem Tod gibt, für viele Schwimmer in dieser Woge relativ nebensächlich sein angesichts der unbestreitbaren Gewißheit, daß es ein Leben vor dem Tod gibt. In all den alten esoterischen Überlieferungen wird kein Zweifel daran gelassen, daß dieser Weg so anspruchsvoll und seine Anforderung so gewaltig ist, daß jemand, der mit dem normalen Leben schon nicht zurechtkommt, überhaupt keine Chance hat. Um in dieser Hinsicht sicherzugehen und kein unrealistisches Risiko auf sich zu nehmen, wäre es das einfachste, das Leben zu bewältigen, bevor man sich auf den Weg macht. Natürlich läßt sich argumentieren, daß das ein sinnloses Zeitopfer ist, wenn man den Illusionscharakter der polaren Welt bereits durchschaut hat. Andererseits kann man, was man geistig bereits hinter sich gebracht hat, auch mit Leichtigkeit noch einmal durchlaufen. Wer die Mechanismen dieser Welt durchschaut und im Innersten verstanden hat, wird es nicht schwer finden, den dann relativ geringen Anforderungen der Welt auch noch gleichsam nebenbei gerecht zu werden.

Die Esoterikszene konfrontiert den Beobachter aber mit dem genauen Gegenteil. Hier scheinen sich geradezu Menschen zu sammeln, die mit dem Leben nicht zurechtkommen und die Schuld daran auch noch dem Leben in die Schuhe schieben. Da ist man dann beispielsweise zu sensibel, um mit den Anforderungen des unmenschlichen, auf Leistung getrimmten Schulsystems fertigzuwerden. Und wo man nicht fertigwird, hört man eben lieber vorher auf, nach dem Motto, der Klügere gibt nach. Die Schule bzw. das Leben steht dann als die, bzw. das Dümmere da. Mit ein bißchen Ehrlichkeit könnte man herausfinden, daß man bei diesem Spiel in Wahrheit immer selbst der Dumme bleibt. Ähnliches gilt, wenn man sich im »mörderischen Streß der kapitalistischen Wirtschaftswelt« seine Seele nicht ruinieren will und deshalb lieber Geld als Macht- und Unterdrückungsmittel verachtet. Die ehrliche Kehrseite dieser Haltung heißt dann, daß man sich eben dieses schmutzige Geld von denen zu besorgen sucht, die sich nicht zu schade sind, es auch wirklich zu *verdienen.* In der weniger esoterischen Welt nennt man solche Leute Schmarotzer. Sie schnorren und meditieren sich mit bestem Gewissen am Leben vorbei.

Die Wurzel des Mißverständnisses ist leicht zu orten, zielt doch der esoterische Weg darauf, sich vom Materiellen zu lösen. Aber nicht aus Angst und Unfähigkeit, es in den Griff zu bekommen, sondern aus der Erkenntnis, daß es letztlich um mehr geht. Schon ganz zu Anfang der Schöpfungsgeschichte des Alten Testaments bekommen die ersten Menschen die Aufgabe, sich die Erde untertan zu machen und nicht etwa sie zu fliehen. Der einfachste Weg, sich von der Materie zu lösen, ist, sich mit ihr auszusöhnen. Aussöhnung geschieht aber nie durch Vermeidung, sondern dadurch, daß man sich dem betreffenden Thema stellt und es von allen Seiten kennen und akzeptieren lernt. Wie ehrlich die Verachtung der Materie auch gemeint ist, Verachtung ist nie Aussöhnung.

Ein guter Test, ob man sich nur abgewandt oder schon ausgesöhnt hat, ist folgender: Solange man noch irgend jemandem auf dieser Welt irgend etwas Materielles neidet, hat man sich nur vorzeitig abgewandt. Oder umgedreht: Wenn man allen alles gönnen kann und an niemandem wegen seines Verhältnisses zur Materie herumnörgelt, ist Aussöhnung erreicht. Solange man noch irgendeinen Porschefahrer wegen dieser Tatsache ablehnt, steckt etwas Unerlöstes dahinter. Und natürlich ist es wesentlich leichter, z. B. das Porschethema dadurch zu lösen, daß man sich einen kauft und während man ihn genießt, feststellt, daß es Wichtigeres gibt und man eigentlich genausogut darauf verzichten könnte. Jetzt kann man ruhig weiter Porsche fahren oder es auch lassen, und vor allem kann man jedem anderen diesbezüglich freie Hand geben. Solange man sich gar kein Auto leisten kann oder will, ist es sehr viel schwerer, sich mit dem Porscheproblem auszusöhnen. Die Verachtung von Porschefahrern auf allen Ebenen ist lediglich ein Indiz dafür, daß man noch materielle Probleme im Schatten hat und in der Projektion steckt. An diesem Beispiel mag klargeworden sein, daß es leichter ist, sich zuerst dem Leben zu stellen und seine Anforderungen zu erfüllen, bevor man sich darüberstellt.

Eine andere nicht seltene Vermeidungsvariante in der Esoterikszene ist die Vorstellung, die eigene Zeit sei zu schade oder man schon viel zu weit, um sich durch ganz normale Ausbildungen auf einen Beruf vorzubereiten. Besonders drastisch wird diese Haltung im therapeutischen Bereich. Anstatt mit der langweiligen Anatomie an einer langweiligen Universität, beginnt man lieber mit der Aura in einem fernen Ashram. Die Vorstellung, man könnte etwa ayurvedische (traditionelle indische), chinesische oder tibetische Medizin in den Griff bekommen, wenn es nicht zum Studium der relativ einfachen westlichen Medizin reicht, ist ebenso grotesk wie weit verbreitet. Gerade wer diese Medizin für zu harmlos und kurzsichtig erachtet, sollte doch in der Lage sein, sie noch schnell als Basis und Legitimation hinter sich zu bringen. Es wird auch den Aurabehandlungen in keiner Weise abträglich sein, wenn man zusätzlich die Anatomie kennt. Das zugegebenermaßen lächerliche Papier, das einen als Arzt oder Heilpraktiker ausweist, sagt tatsächlich wenig über die therapeutischen Fähigkeiten seines Besitzers. Nicht einmal dieses Papier zu haben, sagt aber einiges.

Es gibt kaum einen Bereich in der Gesellschaft, wo eigene Unfähigkeit so hochstilisiert wird wie in der Esoterikszene. Wenn ein normaler Mensch für das normale Leben zu empfindlich ist, wird er danach trachten, sich abzuhärten. Wenn ein »esoterischer« Mensch zu empfindlich ist, wird er nicht selten projizieren: Er ist dann zu sensibel und die Welt zu grob. Hier wurzeln all die vielen und ihrem Wesen nach absolut unesoterischen Vermeidungsstrategien. Man flieht vor schlechten, groben, unterentwickelten, bösen, hektischen Schwingungen praktisch überall hin, nur ja nicht ins Leben. Es gibt kaum ein Lebensmittel auf der Welt, dem aus diesen Kreisen nicht schon das Allerböseste nachgesagt worden wäre. Hielte man sich an alle Ernährungsratschläge, die die Erleuchtung fördern sollen, dürfte man überhaupt nichts mehr zu sich nehmen. Grotesk angesichts der esoterischen Grundforderung, das Leben zu bewältigen und sich von seinen Zwängen frei zu machen. Die Inder kennen in diesem Zusammenhang den Begriff des Weltessens, Bhoga. Der Begriff der Weltvermeidung hat dagegen bisher keine Wurzeln in der esoterischen Tradition gehabt.

Nur eines von vielen, wenn auch ein besonders drastisches Beispiel, liefert die Argumentation vieler Vegetarier. Da ist man schwingungsmäßig schon so hoch entwickelt, daß man einfach kein Fleisch mehr verträgt, oder man kann kaum noch an einem Metzgerladen vorbeigehen, ohne seelischen Schaden zu nehmen. Neben einem »Fleischfresser« bei Tisch zu sitzen wird zu einer unglaublichen Herausforderung für das eigene Nervenkostüm, und manche vertragen gar die Nähe solcher »Kannibalen« schon nicht mehr. Was sich wie eine herzzerreißende Klage eigener Unfähigkeit und Anormalität anhört, ist hier aber durchaus positiv gemeint. Man bildet sich auf die eigene Unfähigkeit einiges ein und gedenkt sich damit von den anderen weniger entwickelten Menschen im höheren »esoterischen« Sinn abzusetzen. Um die Absurdität solcher Haltungen ermessen zu können, stelle man sich als Vergleich eine Runde von Auswanderern vor, wo sich einzelne brüsten, kein Wort mehr von ihrer Muttersprache zu beherrschen. Ja, es werde ihnen im physischen Sinne schlecht und sie müßten sich erbrechen, wenn sie noch ein einziges Wort dieser Sprache in den Mund nähmen. Wenn sie in ihre alte Heimat kämen, könnten sie auf Grund ihrer neuen höheren Schwingungsebene den Klang der Sprache nur unter Qualen ertragen, neben den früheren Landsleuten Platz zu nehmen sei ihnen gänzlich unmöglich, auch verstünden sie diese sowieso nicht mehr. Wahrscheinlich würde man solchen Menschen raten, sich dringend in ärztliche Behandlung zu begeben.

Zum Glück ist die Lage bei den »esoterischen« Vegetariern nicht ganz so ernst (zu nehmen). Sie könnten schon noch Fleisch vertragen, sie wollen nur nicht. Wie weit es gerechtfertigt ist, stolz auf den Versuch zu sein, Erleuchtung über den Darm zu suchen, sei dahingestellt. Sich einer eingetretenen bzw. eingebildeten Unfähigkeit zu rühmen, bleibt ein (aber)witziger Versuch der Abgrenzung von den normalen Sterblichen. Abgrenzung allein ist schon eine Absage an den esoterischen Anspruch, die stolz präsentierte Unfähigkeit, wie ein normaler Mensch zu leben, setzt dem Wahn die Krone auf.

Damit sei wiederum nicht gesagt, daß es generell unsinnig ist, vegetarisch zu leben. Im Gegenteil, es gibt Situationen, etwa Zeiten intensiver Meditation, wo es sich geradezu anbietet. Auch kann man gut sein ganzes Leben als Vegetarier verbringen, wie Millionen von Indern, ohne sich gesundheitliche Schäden zuzuziehen.

Die etwas aggressive Spielart des Vegetarismus ist nur eines von zahlreichen Beispielen, wie Anhänger des Esoterikbooms vor dem Leben flüchten. Nicht minder zu bedauern sind natürlich jene Vertreter, die immer erst auspendeln müssen, ob sie etwas vertragen, ob sie einen Weg überhaupt betreten können, die ihren Ephemeriden oder Tarot-Karten erlauben, jeden Schritt ihres scheinbar so bedrohten Lebens zu bestimmen. Einige trauen sich an manchen Tagen gar nicht mehr aus dem Bett, und andere finden keinen Platz mehr, wo sie dasselbe überhaupt aufstellen könnten vor lauter Wasseradern und anderen bedrohlichen Verwerfungen im Untergrund. Die extreme Unfreiheit, die auf diese oder ähnliche Art und Weise entsteht, zeigt die Distanz zur Esoterik und ihrem Ziel, das da heißt: Freiheit.

Und wiederum muß angemerkt werden, daß es sehr sinnvoll sein kann, die Wünschelrute bei der Standortfrage zu Hilfe zu nehmen, wenn man einen Brunnen bohren muß. Es sei hier überhaupt nichts gegen die betreffenden Hilfsmittel gesagt, solange sie wirklich Hilfsmittel bleiben und nicht benutzt werden, um sich zu ihrem Sklaven zu machen aus lauter Angst vor dem Leben. Es mag sogar legitim sein, die eigene Lebensangst durch die Überbewertung solcher Hilfsmittel allen sichtbar zu machen. Das ganze dann aber noch als Esoterik zu bezeichnen, ist vor allem lächerlich.

Gesundheitliche Gefahren im Zuge des Esoterikbooms

Menschen, die über jedem Korn, das sie vielleicht zu verspeisen gedenken, pendeln, oder jeden Ort, an den sie sich setzen wollen, vorher mit der Wünschelrute testen, mögen auf den ersten Blick komisch anmuten, auf den zweiten sind sie auf dem Weg zu einem Zwangssymptom. Was als Spiel und Versuch begann, kann bei entsprechender Angstdisposition zur fixen Idee und schließlich zum Zwang werden. Natürlich ist das Handwerkszeug aus der Esoszene nicht Schuld an dem Symptom, aber es liefert doch immerhin Anlaß für die Fixierung. Ist man bereits in einem entsprechenden Zirkel Gleichgesinnter organisiert, kommen noch rationalisierende Argumentationshilfen hinzu: Nicht man selbst hat dann ein Symptom, sondern die Welt ist so gefährlich, daß man ohne sein (symptomatisches) Verhalten nicht überleben könnte. Die Übergänge von der fixen Idee zur regelrechten Paranoia sind fließend.

Noch vor dem Verfolgungs- wäre der Beziehungswahn anzusprechen wegen seiner inhaltlichen Beziehung zur Okkultszene. Wie schon erwähnt, geht Esoterik davon aus, daß alles Bedeutung hat und im wahrsten Sinne des Wortes bedeutungslos bleibt, wenn es nicht gedeutet wird. So bekommt auch alles, was einem Menschen widerfährt, Bedeutung. Von solchem Beziehungsdenken ist der Schritt zum Beziehungswahn nicht weit. Dabei handelt es sich um eine Überbewertung der gedeuteten Ereignisse, wobei eigene Wünsche oder Ängste auf die Ereignisse projiziert werden. Was immer der Tagesschausprecher an einem Abend verkündet, ist nach Auffassung der Esoterik nicht zufällig geschehen, und jeder, der es hört und sieht, hat demnach auch irgendeine, wenn auch noch so entfernte Beziehung dazu. Wenn nun ein Zuschauer allerdings glaubt, der Sprecher meine ihn ganz persönlich und habe ihm sogar leicht zugenickt, ist die Grenze überschritten und aus Beziehungsdenken wird Beziehungswahn. Kommt es darüber hinaus zur Projektion eigener Schattenanteile auf die Umwelt, also z. B. zu dem Verdacht, selbiger Tagesschausprecher verfolge einen mit dem bösen Blick oder gefährlichen Strahlungen, spricht man von Paranoia oder Verfolgungswahn.

In solchen Fällen kann man allerdings dem Denken der Esoterik keine Verantwortung für die krankhaften Entgleisungen zuschieben. Nicht nur in der Esoterikszene wird projiziert, und es gibt eine Fülle anderer Auslöser. Andererseits ist der Weg des Beziehungsdenkens immer eine Gratwanderung, und wer sich nicht gut genug erdet, d.h. in der Realität verankert, ist gefährdet.

Hinzu kommt, daß viele Anweisungen für esoterische Übungen, die im Zusammenhang einer Tradition Sinn und Berechtigung haben, aus diesem Zusammenhang gerissen gefährlich werden können, insbesondere wenn sie dahin tendieren, Bodenkontakt und Verwurzelung zu lösen. In dieser Hinsicht kann schon jede Ernährungsumstellung wirken. Der Wechsel zu Vegetarismus, Makrobiotik oder eine Fastenkur, für sich und in angemessener Situation sinnvolle Maßnahmen, können bei dafür prädestinierten Menschen durchaus genügen, um die Erdung soweit zu reduzieren, daß Realitätsverlust begünstigt wird.

Letztlich gibt es kaum eine Maßnahme im therapeutischen Bereich, aus dem sich die Esoszene zunehmend bedient, die aus dem Zusammenhang gerissen und in der falschen Situation nicht gefährlich werden könnte. Dabei liegen die Gefahren nicht so sehr in jenen Bestrebungen, Bewußtsein in die unbewußten Schichten zu bringen, als vielmehr darin, dieses zu spät oder zu abrupt zu tun.

Daß uns der Schatten unbewußt ist, hat seinen guten Grund, enthält er doch Informationen, die wir zu irgendeiner Zeit unseres Lebens nicht bewußt verkraften konnten. Wäre dem nicht so, hätte es gar keinen Grund gegeben, sie zu verdrängen. Will man in diese dunklen Bereiche Licht bringen, ist grundsätzlich eine gewisse Vorsicht geboten, ganz unabhängig von der verwendeten Technik. Ob man mit bestimmten Meditationen oder psychotherapeutischen Interventionen an das Schattenthema herangeht, es bleibt immer ein Bereich, der sich mit gutem Grund dem normalen Tagesbewußtsein verschließt. Das wirklich Gefährliche am Schatten ist, daß er immer im Spiel ist, ob man sich dessen bewußt wird oder nicht. Er wirkt sogar dann, wenn man das Konzept vom Schatten gänzlich ablehnt. Naturgemäß wird etwas, mit dem man nicht rechnet, weil man seine Existenz ablehnt oder sich ihrer jedenfalls nicht bewußt ist, sogar wesentlich gefährlicher. Erkannte Gefahr ist halbe Gefahr, weiß das Sprichwort sehr zurecht.

Daraus folgt, daß jene Therapie- und Meditationsrichtungen, die sich bewußt des Schattens annehmen, zwar in ihrer Beschreibung gefährlicher klingen, es in der Praxis aber nicht sind. Stellt man sich dagegen ausschließlich auf Licht und Liebe ein, ist die Schattenbegegnung nicht weniger wahrscheinlich, wenn auch zeitlich etwas hinausgeschoben. Überraschung und Schock über das völlig unerwartete Dunkel können dann so groß sein, daß das Bewußtsein sie unter Umständen nicht verkraften kann. Dann besteht die Gefahr, daß es sich vor dem Grauen aus dieser Realitätsebene zurückzieht und in eine weniger bedrängende flieht. Noch unangenehmer wird es, wenn der Betreffende im Horror steckenbleibt. Oft ist er dann nicht mehr in der Lage, die normalen Wahrnehmungs- und Bewußtseinsfunktionen aufrecht zu erhalten. Die Medizin spricht in solchen Fällen von Psychosen.

In diesem Zusammenhang wird die auf den ersten Blick erstaunliche Erfahrung verständlich, daß völlig harmlos anmutende Meditationstechniken, die nur Gutes versprechen, häufiger in psychotische Gefahrenzonen führen, als wesentlich härtere und radikalere Methoden. So kam es bei den ausgesprochen friedlichen, stille Mantrameditation übenden Anhängern der Transzendentalen Meditation gar nicht so selten zu psychotischen Entwicklungen. Vor allem, wenn auf sogenannten »Rundenkursen« den ganzen Tag über meditiert wurde und lediglich dazwischen heilige Gesänge wie die Sama-Veden oder Ansprachen des TM-Meisters Maharishi Mahesh Yogi gehört wurden, gab es häufig Probleme. Solch »heilige« Atmosphäre wurde sehr bewußt angestrebt, alles sprach leise und war auf Erleuchtung ausgerichtet. Zwar war Maharishi (Sanskrit für der große Seher) die Problematik des Schattens wohl bewußt, er sprach vom sogenannten »Entstreßen« auf dem Weg, aber es wurde möglichst wenig Aufhebens von diesen zumeist recht unangenehmen Phänomenen gemacht. Bei den allermeisten Meditierenden entluden sich diese aus dem Schattenbereich heraufdrängenden Energien in zwar unangenehmen, aber ungefährlichen körperlichen Spannungen und seelischen Stimmungen. Die Betroffenen wurden daraufhin von den TM-Lehrern angehalten, weiter zu meditieren, bis sie durch die »Entstreßphasen« hindurch seien. Diese einfache Anweisung wirkte meistens Wunder, und die Betreffenden fühlten sich danach besser und freier als je zuvor. War aber bei jemandem zuviel verdrängt worden und die aufgewirbelte Schattenenergie zu groß, reichte die einfache Bestärkung in der Meditation (Chekking genannt) nicht mehr aus. Die medizinisch oft gänzlich unbeleckten TM-Lehrer übergaben dann meist schnell an Psychiater.

Die Schulpsychiatrie hat aber im allgemeinen überhaupt kein Konzept vom Schatten und versucht Schattenregungen deshalb nicht zu bearbeiten, sondern so schnell wie möglich zu unterdrücken. Mit modernen Psychopharmaka vom Schlage des Haloperidol ist es relativ leicht, Regungen des Schattens, die sich in sogenannten Trugwahrnehmungen wie Stimmenhören und optischen Halluzinationen äußern, zu unterbinden. Eine Lösung im Sinne des Heilwerdens ist solche Unterdrückung natürlich nicht. Andererseits funktioniert der Betroffene dann wieder einigermaßen normal und jagt sich selbst und seiner Umgebung nicht mehr soviel Angst ein. Diese Angst, die während der Schattenäußerungen hochsteigt, ist sehr real, und tatsächlich sind es auch die sogenannten Trugwahrnehmungen. Für den Betroffenen sind sie absolut echt. Er würde nur zu gern die Zweifel der Psychiatrie an ihrer wirklichen Existenz teilen, kann es aber nicht. Die Wahrnehmungen und Gefühle aus der Schattensphäre sind vollkommen eindeutig für ihn. Für die Realität des Schattens und das Erleben des Patienten macht es überhaupt keinen Unterschied, daß der Psychiater und die übrige Umwelt die Stimmen nicht hören und die Bilder nicht sehen können.

Damit scheint nun einiges gegen die Mantram-Meditationstechnik der TM gesagt. Andererseits ist damit aber auch belegt, daß diese Technik wirkt, daß sie nämlich in der Lage ist, Schatten hochzuholen. Wenn der Meditierende fähig ist, diese Schattenäußerungen zu integrieren, wird er auf diesem Wege durchaus heiler werden. Zum Glück macht ja auch die überwältigende Zahl der TM-Meditierenden eher erfreuliche Erfahrungen. Aus den gefährlichen Gratwanderungen der ersten Zeit haben Maharishi und seine TM-Lehrer entsprechende Lehren gezogen. Heute wird auch auf Intensivkursen nur noch zeitlich sehr begrenzt meditiert, die Sama-Veden-Konzerte sind auf Minuten beschränkt und zwischendurch werden Körperübungen aus dem Hatha-Yoga und zum Teil sogar Gartenarbeit verordnet. Letztere Übungen dienen offensichtlich dazu, sich immer wieder zu erden und so in sicherem Kontakt mit der Realität zu bleiben.

Viel weniger Probleme mit psychotischen Entgleisungen erlebten die Anhänger Bhagwans trotz rabiaterer Meditationen, scheinbar gefährlicherer Übungen und noch intensiveren Einsatzes. In ihren Ashrams war es nur selten leise, und aufgesetzte Heiligkeit war ihnen ein Greuel. Im Gegenteil ging man ordentlich in den Gegenpol, lebte jahrelang ziemlich freie Sexualität und sogar Aggression. Zwar kam es in Poona, dem Hauptashram der Bewegung, schon einmal zu gebrochenen Gliedern während Encountersitzungen, und Venus wurde nicht nur auf dem Genußpol, sondern auch auf dem der *venerischen* Erkrankungen geopfert, psychotisch aber reagierte kaum jemand. Der Grund dürfte darin liegen, daß hier Schatten nicht nur bearbeitet, sondern auch weitgehend verstanden und akzeptiert wurde. Das ganze Konzept sah vor, ihn schrittweise kennen und annehmen zu lernen. Tauchte er dann, gleichsam absichtlich hervorgelockt durch die vielfältigsten Übungen, auf, wurde er erwartet und hatte einiges von seinem Schrecken verloren.

TM und die Bhagwan-Meditationen können exemplarisch für viele andere Richtungen stehen. Die meisten folgen dem

TM-Muster und versuchen die innere Stille auf direktem Weg anzusteuern. Ihre Anhänger sind entsprechend gefährdet, wenn ihnen auf dem vermeintlich friedlichen Weg das eigene innere Gebrüll begegnet. Eine kleinere Fraktion folgt dem Muster der Bhagwan-Meditationen, in denen vor allem anfangs gebrüllt und getobt wird. Im Bewußtsein des Schattens wird hier zuerst versucht, mit diesem dunklen Bereich ins Reine zu kommen, bevor man sich dem Licht zuwendet. Obwohl für die Außenwelt viel anstößiger, ist diese Richtung für die seelische Gesundheit letztlich heilsamer. Daß das in der bürgerlichen Presse regelmäßig umgekehrt dargestellt wird, liegt an der Tatsache, daß sich auf die lauten Richtungen mit ihren spektakuläreren Übungen besser projizieren läßt. Jeder Mensch hat nun einmal uneingestandene Probleme mit den beiden Reizthemen dieser Gesellschaft: Sexualität und Aggression. Wenn dann eine Gruppe sich diesen Bereichen in aller Öffentlichkeit zuwendet, können all jene, die hier ebenfalls Probleme haben, sich aber nicht an deren Bearbeitung heranwagen, auf jene losgehen, die es wagen.

Einen Beleg für die Stimmigkeit dieser ungewohnten Einschätzung der Gefährlichkeit liefert ausgerechnet die Psychiatrie. Das Phänomen der Teufelsbesessenheit und des religiösen Wahns findet sich praktisch ausschließlich bei Menschen, bei denen man dergleichen nach herkömmlichen Vorstellungen überhaupt nicht erwarten sollte, nämlich bei den ausgesprochen Frommen und bevorzugt bei Nonnen. Dort, wo man es nach landläufiger Meinung viel eher antreffen müßte, nämlich in den Bordellen und Nachtbars, findet es sich aber praktisch gar nicht.

Mit dem Polaritätsgesetz im Hinterkopf fällt die Einordnung dieses Phänomens nicht sehr schwer. Im Nonnenkloster und in der Geisteshaltung des Pietismus wird der Teufel (und damit die Polarität) verdrängt und bekämpft, wo immer er sich blicken läßt. Folglich wird er irgendwann recht unerwartet aus dem Schatten auftauchen und sein Recht auf Beachtung einklagen.

An Orten wie Nachtbars und Bordellen gibt es keinen Grund, den dunklen Aspekt der Polarität zu bekämpfen, und so wird er auch nicht in den Schatten verdrängt, sondern lebt und kommt zu seinem Recht. Wenn hier etwas zu kurz kommt, ist es höchstens der lichte Pol, und so verwundert es dann auch nicht, daß auffällig viele Prostituierte von Heiligenphantasien und religiösen Reinlichkeitsideen »heimgesucht« werden.

Zusammenfassend läßt sich sagen, gefährlicher als die Hinwendung zu dunklen Themen der menschlichen Existenz ist die totale Abwendung von ihnen. Dieses gilt ganz generell und wird nur bei der Auseinandersetzung mit okkulten Bereichen besonders deutlich. Auch im ganz normalen Leben, fernab vom Esoterikrummel, ist es ratsamer, sich der eigenen Aggression wenigstens hin und wieder zuzuwenden und ihr Ventile zu schaffen, als sie gänzlich zu unterdrücken. Mit jedem völlig aggressionslos verbrachten Jahr steigt die Wahrscheinlichkeit, daß sich die entsprechende Energie unkontrolliert Bahn bricht. Betrachtet man die Lebensgeschichte von Amokläufern, findet man meist die friedlichste Vorgeschichte bis zu dem Moment, wo alle Dämme brachen. Rückwirkend betrachtet, mutet solche Friedlichkeit so eigenartig an wie die berüchtigte Ruhe vor dem Sturm. Dann läßt sich leicht sagen, daß es vielleicht doch besser gewesen wäre, wenn sich der Betroffene ab und zu einmal als Fußballfan die Seele aus dem Leib gebrüllt oder noch besser, selbst richtig auf den Ball draufgehalten hätte.

Ganz ähnlich kann man nach Ausbruch einer Psychose zurückblicken und feststellen, daß es vielleicht doch besser gewesen wäre, der Patient hätte seinen inneren Stimmen bereits zu einer Zeit zugehört, als sie noch nicht so rabiat und laut waren. Auch die übermächtigen und bedrohlichen Bilder, die sich dann nicht selten aufdrängen, hätten sich natürlich früher, als sie noch nicht so bedrängend waren, viel entspannter und vor allem dosiert anschauen lassen.

Insofern ist das Betrachten der eigenen inneren Bilder, wie es bei Therapien und in geführten Meditationen heute immer populärer wird, weniger gefährlich als die gegenteilige Haltung, die derlei grundsätzlich ablehnt bis zu dem Moment, wo es keine freie Wahl mehr gibt. Jeder Mensch hat innere Bilder, so wie jedermann Phantasie hat. Diese Bilder treten jede Nacht im Traum in Erscheinung, selbst dann, wenn man sie nicht bewußt wahrnehmen kann. Kein Mensch schläft traumlos, wie immer wieder behauptet wird. Ohne unsere Träume würden wir sehr schnell verrückt werden. Die moderne Schlafforschung hat festgestellt, daß Menschen, die über einige Nächte am Träumen gehindert werden, indem man sie immer wieder zu Beginn der Traum(= Rem)phasen weckt, trotz ausreichender Schlafdauer Halluzinationen bekommen. Halluzinationen sind aber nichts anderes als innere Bilder, die stärker als die äußeren Wahrnehmungen sich diesen überlagern. Werden die Bilder also nicht in der Nacht aus dem Unbewußten gelassen, um sich über Träume Luft zu verschaffen, dringen sie ins Tagesbewußtsein ein. Das aber ist wirklich gefährlich und wird nicht zu Unrecht Bewußtseinsspaltung genannt.

Ähnliches gilt für innere Stimmen. Jedes Kind weiß noch, daß es sie gibt und man ihnen zuhören kann. Das ist ausgesprochen harmlos und sogar sinnvoll, können einem diese Botschaften aus der eigenen Mitte doch immens viel aus den Tiefen der Seele übermitteln. Bei Kindern ist die Situation auch deswegen so besonders harmlos, weil sie noch nicht soviel Dunkles aus ihrem Leben in den Schatten gedrängt haben. Problematisch wird es erst, wenn man diese Stimmen jahrelang überhört und sie sich dann fast ausschließlich in den Dienst verdrängter Schatteninhalte stellen, um diesen wieder Beachtung zu verschaffen. Selbst dann wäre es immer noch besser, sich diesen Stimmen zu widmen, als sie mit chemischen Mitteln wieder dorthin zurückzudrängen, wo sie herkamen, in die Tiefenregionen der eigenen Seele. In solchen Fällen, und besonders wenn die Stimmen bereits Angst auslösen, ist es ratsam, die Hilfe eines Therapeuten in Anspruch zu nehmen, der nicht gleich bei der ersten Gelegenheit zur chemischen Keule greift.

Grundsätzlich muß man sich klarmachen, daß alle Entwicklung Richtung Heil(ung) es über kurz oder lang mit dem Schatten zu tun bekommt. Da das Heil Ziel aller esoterischen Traditionen ist, braucht man sich nicht zu wundern, daß auch fast alle Übungen und Exerzitien, die von diesen Traditionen ausgeborgt werden, letztlich auf den Schatten zielen, weil er ja dem Heil im Wege steht. Man kann sogar sagen, je wirksamer die Techniken sind, desto schneller werden sie mit dem Schatten konfrontieren. Wenn man sich also, mit welcher Technik auch immer, auf den Weg macht, kann man sicher sein, daß einem die Erleuchtung widerfährt, oder alles, was ihr im Wege steht. Tritt ersterer Fall ein, erübrigen sich alle Kommentare. Meistens wird aber doch die zweite Möglichkeit zum Zuge kommen, und dann kommt es eben sehr darauf an, was der Erleuchtung alles im Wege steht bzw. was man so im Schatten angehäuft hat. Da das bei wirklich jedem Menschen unterschiedlich ist, müssen alle Beurteilungen von Techniken und Übungen Stückwerk bleiben. Letztlich gibt es keine gefährlichen Exerzitien, nur mehr oder weniger gefährdete Benutzer. Eine einfache Regel mag das beleuchten: Je schneller und wirksamer eine Methode zum Ziel führt, desto gefährlicher muß sie sein, wird sie doch sehr rasch zum Schatten vorstoßen. Über die Qualität einzelner Methoden läßt sich pauschal ebensowenig aussagen, zumal sie in jedem Fall in Abhängigkeit vom betreffenden Anwender zu sehen ist. Was für den einen ideal ist, kann für den nächsten schon höchst bedenklich sein. Hier liegt einer der Gründe, warum im Osten immer wieder auf die Bedeutung eines Lehrers, dort Guru genannt, hingewiesen wird. Verallgemeinernd kann man höchstens festhalten, daß sich die Qualität einer Methode aus dem Verhältnis ihrer Wirksamkeit zur Sicherheit ergibt. Große Wirksamkeit bei ausreichender Sicherheit wäre das Optimale. Die Sicherheit ergibt sich wiederum aus der Fähigkeit der Methode und ihrer Vertreter, mit den früher oder später auftauchenden Schattenmanifestationen umzugehen.

Für den Therapiebereich gilt darüber hinaus, daß auch die beste Methode nicht besser sein kann als der jeweilige Therapeut. Dieser kann seinen Klienten kaum weiterbringen, als er selbst gegangen ist. Für den Meditationsbereich gilt dies aber schon nicht mehr, wie eine alte Geschichte belegt: Naropa war auf dem Weg etwas hinter seinem Meister und dessen anderen Schülern zurückgeblieben. Als er an einen Fluß kam, sah er die anderen schon ein gutes Stück weit draußen in einem Boot. »Komm über das Wasser zu uns«, rief ihm der Meister zu. Naropa zögerte nicht lange und ging über die glitzernde Wasseroberfläche zum Boot. Alle waren höchst erstaunt über dieses Wunder. Der Meister dachte bei sich, »Wenn mein Schüler so etwas vermag, sollte ich es da nicht auch können«, stieg über Bord und versank. Da wußte Naropa, daß es an der Zeit war, sich nach dem nächsten Meister umzuschauen.

Die Wiedergeburt des Spiritismus im Channeling

Was Mitte des letzten Jahrhunderts in dem unbedeutenden Ort Hydesville im Staate New York als Spiritismus begann, feiert heute unter dem Namen Channeling neue Triumphe. Das Umfeld hat sich verändert und einige neue Spielarten sind hinzugekommen, das Prinzip aber blieb dasselbe: Es geht um Kontakte zu anderen Ebenen, zu übersinnlichen Bereichen. Damals nannte man die »Channeler« (von engl. Channel = Kanal) Medien und ihre Zusammenkünfte Seancen.

Zwei junge Mädchen, die Schwestern Kate und Maggie Fox, hatten im Jahre 1848 über Klopfzeichen Kontakt zu angeblichen Geistern aufgenommen und führten unter Anleitung ihrer geschäftstüchtigen älteren Schwester bald intensivere Unterhaltungen, die eine unglaubliche gesellschaftliche Lawine auslösten. In den nächsten drei Jahrzehnten erfaßte die Geisterwelle nicht nur die Vereinigten Staaten, sondern auch große Teile Europas. Bereits fünf Jahre nach den ersten Klopfzeichen in Hydesville gab es in den USA 30 000 gut beschäftigte Medien. Die Geschwister Fox gerieten bald in Vergessenheit, zumal sie, als ihr Stern zu sinken begann, Betrug zugaben. Andere Medien hatten inzwischen weit beeindruckendere Phänomene zu bieten als die beiden Mädchen. Vielen wurde der Spiritismus zu einer Art Religion, und es dauerte nicht lange, bis die Anhängerschaft in die Millionen ging. Anderen war er hingegen nicht mehr als eine Art Volkssport und eigentlich Volksbelustigung. Einige wenige interessierten sich für das Phänomen im wissenschaftlichen Sinne. In Rußland und den USA gewann der Spiritismus sogar einen gewissen Einfluß auf die Politik. Zu den Spiritisten gehörte nämlich auch Harriet Beecher Stowe, deren Roman »Onkel Toms Hütte« zu einem Mitauslöser des amerikanischen Bürgerkriegs wurde. Gerüchte wollten wissen, daß das Buch von höherer Stelle diktiert war. Abraham Lincolns Frau war ebenfalls überzeugte Spiritistin, und der Präsident nahm zumindest an Seancen im Weißen Haus teil. Während sich die Amerikaner unter den Schmerzen eines Bürgerkrieges und mit Unterstützung der spiritistischen Bewegung von der Sklaverei befreiten, schaffte in Rußland Zar Alexander II. die Leibeigenschaft unblutig und per Gesetz ab. Auch hier sollen Medien die entscheidenden Berater gewesen sein.

Die Spiritisten des letzten Jahrhunderts haben *den Geist* bis heute nicht *aufgegeben.* Im Jahre 1879 gründeten sie Lily Dale, ihre eigene Lichtstadt im Staate New York. Der Name Stadt ist heute deutlich übertrieben, aber immerhin leben in der kleinen Gemeinschaft immer noch 100 Spiritisten zusammen, die ihren Lebensunterhalt mit medialen Durchsagen verdienen.

Neben seiner Rolle in verschiedenen Reformbewegungen und als Ersatzreligion wurde der Spiritismus allerdings auch sehr schnell zu einem Rummelplatz für Schwindler und Betrüger. Wenn man das ganze Phänomen heute nur unter diesem Aspekt sieht, tut man ihm allerdings Unrecht, denn es gehörten auch angesehene Wissenschaftler und bedeutende Persönlichkeiten der damaligen Zeit zu seinen Anhängern wie etwa Sir Arthur Conan Doyle, der geistige Vater von Sherlock Holmes. So berühmte Wissenschaftler wie das Ehepaar Curie nahmen den Spiritismus immerhin wichtig genug, um an Experimenten zur Verifizierung seiner Phänomene teilzunehmen. Vor allem aber sollte man nicht übersehen, daß es eine ganze Reihe von Medien gab, die die unglaublichsten Geistermanifestationen vermittelten und trotz strengster wissenschaftlicher Überprüfungen nie eines Betruges überführt werden konnten. Trotzdem erlitt der Spiritismus von Seiten der Wissenschaft dasselbe Schicksal wie es heute etwa Geistheiler trifft. Jeder Schwindel und Mißerfolg wurde an die große Glocke gehängt, beeindruckende Leistungen, die nicht widerlegt werden konnten, wurden stillschweigend übergangen. Ein Großteil der Phänomene kam sicherlich durch ein Zusammenkommen von *begeisterter* Wundergläubigkeit eines sensationslüsternen Publikums und geschickter Taschenspielerei und Scharlatanerie von Seiten ruhmsüchtiger Medien zustande. Daneben aber gab es unbezweifelbar einige Medien, die gänzlich unerklärliche Fähigkeiten besaßen und diese auch beliebig demonstrieren konnten.

Einer der geistigen Väter des Spiritismus wurde Andrew Jackson Davis, der ein Jahrhundert vor Edgar Cayce mediale

Diagnosen und Heilbehandlungen in Trance durchgab. Als Geistwesen, die seine äußerst erfolgreichen Therapien von höheren Ebenen lenkten, gab er den Mystiker Swedenborg und den Arzt Galen an.

Daniel Dunglas Home brachte es als Medium zu einer solchen Berühmtheit, daß er sowohl für Kaiser Napoleon III. und Zar Alexander II. arbeitete als auch vor den angesehensten Wissenschaftlern seiner Zeit. Die Forscher um den Harvard Professor David Wells kamen schließlich zu dem Schluß, daß es sich hier in der Tat um unerklärliche geistige Kräfte handelte. Home ließ nicht nur zentnerschwere Tische und andere Gegenstände durch den Raum schweben, er konnte sich selbst in die Luft erheben (levitieren), glühende Kohlen ohne den geringsten Schaden berühren, und vor allem konnte er vor Zeugen Geistwesen materialisieren.

Das englische Medium Florence Cook wurde nicht nur durch ihre Vollmaterialisierungen von Geistern berühmt, die sie im gefesselten Zustand zuwege brachte, sondern auch durch die Tatsache, daß Sir William Crookes, einer der führenden Wissenschaftler seiner Zeit, auf den Gebieten der Physik und Chemie den Phänomenen nach langer und eingehender wissenschaftlicher Prüfung Echtheit bescheinigte.

Eine gewisse Mittelstellung nahm das Medium Eusapia Paladino ein, das wie kaum ein anderes von der Wissenschaft überprüft und gewürdigt wurde. Ihre Leistungen mußten von vielen angesehenen Wissenschaftlern bestätigt werden, darunter den Curies, Albert von Schrenck-Notzing, einem deutschen Arzt, der sich auf die Untersuchung solcher Phänomene spezialisiert hatte, dem italienischen Psychiater Enrico Morselli und einer großen Zahl von englischen Betrugsspezialisten. Zwar trieb Eusapia auch ihren Spaß mit den Wissenschaftlern, ließ deren Untersuchungsgeräte schweben, betrog zwischendurch auch manchmal schamlos, an ihren grundsätzlichen Fähigkeiten konnte aber kein wirklicher Zweifel bestehen.

Leonora Piper war bereits ein Medium, das den heutigen Channelern ähnelte. Sie verzichtete auf alle spektakulären Materialisationen mit Ausnahme einiger Blumen und beschränkte sich auf Trancedurchsagen. Diese allerdings waren von solcher Qualität und Erstaunlichkeit, daß auch die größten Skeptiker unter den Forschern ihr Respekt zollen mußten. William James, bis dahin ein erklärter Gegner des Spiritismus und Entlarver vieler Trickbetrüger, schrieb über sie: »Wenn sich dieses Medium in Trance befindet, muß ich einfach zu der Überzeugung kommen, daß hier Wissen offenbar wird, welches sie im Wachzustand mit Hilfe der Augen, Ohren und Sinne niemals hätte erlangen können. Was die Quelle dieses Wissens ist, weiß ich nicht, und ich habe auch nicht die leiseste Ahnung. Aber es bleibt mir nichts übrig, als die Existenz solchen Wissens anzuerkennen.« Einen anderen wissenschaftlichen Skeptiker, Richard Hodgson, überzeugte das phänomenale Wissen von Mrs. Piper sogar von einem Weiterleben nach dem Tod. Mrs. Piper konnte niemals ein Betrug nachgewiesen werden, und die anerkanntesten Forscher kamen ausnahmslos zu dem Schluß, daß sie entweder tatsächlich mit Geistern in Verbindung trat oder aber auf ganz unerklärliche PSI-Fähigkeiten zurückgreifen konnte.

Zwei Phänomene waren es vor allem, die die Wissenschaftler zu Beginn unseres Jahrhunderts kaum erklären konnten und die die Glaubwürdigkeit einiger Medien bestätigten. Bei den sogenannten Stellvertreter-Sitzungen nahm jemand stellvertretend für eine dritte, nicht anwesende Person an einer Seance teil. Weder er selbst noch das Medium wußten etwas von dieser Person. So war ausgeschlossen, daß sich das Medium über Gedankenlesen die entsprechenden Informationen besorgte. In einigen Fällen konnten die Medien auch jetzt noch zutreffende Angaben, die nur der abwesenden dritten Person bekannt sein konnten, machen.

Bei den sogenannten Kreuzkorrespondenzen standen die Botschaften verschiedener Medien untereinander in Beziehung, obwohl die Medien keinen Kontakt miteinander hatten. Berühmt wurde der Fall Myers. Frederic Myers war Altphilologe und Präsident der Königlich Britischen Gesellschaft für Parapsychologie gewesen, bevor er 1901 starb. Jahre später begannen Medien, die sich nicht kannten und an den verschiedensten Orten der Welt lebten, Botschaften von Myers aufzuschreiben. Er wies sich mit Einzelheiten aus seinem Leben aus, die den

Medien unmöglich bekannt sein konnten. Myers diktierte den Schreibmedien die Ergebnisse seiner Jenseitsforschung und gab eine detaillierte Darstellung der sieben Hauptstadien nach dem physischen Tod. Zusammengefaßt ergaben die an verschiedensten Orten der Welt aufgefangenen Fragmente ein Werk, das erhebliches Aufsehen erregte. Auch etablierte Schulwissenschaftler bezeichneten solche Kreuzkorrespondenzen als starke Hinweise auf ein Leben nach dem Tode.

Zu keiner späteren Zeit ist den unbestreitbaren Phänomenen des Spiritismus mehr ein vergleichbares wissenschaftliches Interesse entgegengebracht worden. Wenn man die Ergebnisse der Nachforschungen betrachtet, kann es wenig Zweifel geben, daß unter der riesigen Zahl von Medien die meisten eher uninteressant waren und ein nicht geringer Teil sich als Schwindel entpuppte. Genauso sicher ist aber auch, daß in einigen Fällen nie eine Spur von Schwindel entdeckt werden konnte, trotz höchst eindrucksvoller Phänomene. Stellvertretersitzungen und Kreuzkorrespondenzen müssen zudem als Beweise gelten, wie sie auch sonst von der Wissenschaft akzeptiert werden.

Obwohl der Spiritismus wie eine Flut von nie dagewesenen Wundern in die rationale Welt einbrach, war er alles andere als neu. Sein Hauptinteresse galt dem Kontakt mit Verstorbenen, und das war und ist bis heute ein nicht ungewöhnlicher Vorgang in archaischen Kulturen, die vielfach ganz selbstverständlich von einem Weiterleben nach dem physischen Tode ausgehen und mit ihren verstorbenen Ahnen weiterhin in Kommunikation stehen. Die Motivation der Spiritisten zu Beginn des Jahrhunderts war meist sehr viel profanerer Natur. Man wollte mit den Toten reden, weil man sie nicht loslassen mochte oder man sich von Ratschlägen aus der anderen Welt Vorteile für die diesseitige erhoffte.

In der heutigen Renaissance des Spiritismus spielen die ersteren Motive sicherlich auch noch eine Rolle, das Hauptgewicht richtet sich aber auf den zweiten Punkt. Es geht um Durchsagen, die etwas bringen, so wie alles in dieser Zeit etwas bringen soll. Das bezieht sich aber keineswegs nur auf den materiellen Aspekt, sondern vor allem auch auf den spirituellen.

Insofern stehen heute nicht so sehr die Durchsagen von verstorbenen Angehörigen im Vordergrund, sondern man streckt die Fühler bzw. Kanäle nach hochkarätigerem Wissen aus. Ist es schon schwierig, bei einem Rückblick auf die Spiritismusszene die Spreu vom Weizen zu trennen, erscheint dieser Versuch angesichts der Flut von Channelern beinahe aussichtslos.

Was bei uns nämlich wie der neueste Hit im Esoboom erscheint, ist in den USA, von wo auch diese Welle herüberschwappte, bereits eine Massenbewegung. Von der Hollywoodschauspielerin Shirley McLaine mit eigener Fernsehserie (»Out on a Limb«) ins Rollen gebracht, erreichte die Welle schnell ein Millionenpublikum. Auch bei uns sind durch Shirley McLaines Buch »Tanz im Licht« die Channelmedien Kevin Ryerson, Rhea Powers und Chris Griscom bekannt geworden. Neben den vielen, die sich an der von höherer Stelle durchgegebenen Weisheit erfreuen, gibt es in den USA auch bereits wieder Tausende von »Kanalarbeitern«, die die Mitteilungen für ihre weniger medialen Mitbürger empfangen und *medienwirksam* zum besten geben. Allein in Kalifornien kann man unter mehr als tausend professionellen Kanälen wählen und sich für Beträge zwischen 10 und 1500 Dollar pro Sitzung »himmlisches Wissen« herunterkanalisieren lassen. Die Anhängerschar des Channeling wird in den USA auf fünf Millionen Menschen geschätzt, die Zahl der »professionellen« Medien wächst rasant. Vom Channeling läßt sich jedenfalls ausgezeichnet leben, und einige Koryphäen unter den Kanalarbeitern verdanken ihrem guten Geist Millionen.

Diese Vermarktungsmöglichkeit hat der Bewegung neben großer Publizität auch einen recht eigenartigen Beigeschmack eingetragen. Wie schon hundert Jahre zuvor gingen Sensationshunger der Öffentlichkeit und Starallüren vieler Medien wiederum eine bei aller Heiligkeit des kanalisierten Materials doch recht unheilige Allianz ein. Eine regelrechte Konkurrenz um die besten Quellen im Jenseits entflammte. Andererseits scheint aber auch das Jenseits anfällig für die Eitelkeiten des New Age. Wer etwas auf sich hält unter den Jenseitigen, Rang und Namen vorausgesetzt, für den scheint es nichts Wichtigeres zu geben, als sich einen Kanal zu suchen zwecks Durchsagen aus höheren Sphären. Bei dem Andrang haben auch Hinz und Kunz beste Chancen, ausgewählt zu werden, schließlich stehen sie drüben Schlange, von den Aposteln Johannes und Paulus bis zum bereits damals auferstandenen Lazarus, von C. G. Jung bis Sigmund Freud, natürlich auch alle berühmten Musiker und herausragenden Wissenschaftler von Newton bis Pasteur. Sie alle, einschließlich geschichtlicher Größen wie etwa Marie Antoinette, haben zwar noch Sendeplätze und Kanäle gefunden, im Kampf um die Aufmerksamkeit des geneigten Publikums sind sie allerdings heillos ins Hintertreffen geraten. In Gestalt der esoterischen Meister, Heiligen und Außerirdischen ist ihnen eine fast unschlagbare Konkurrenz erwachsen. Die Authentizitätsfrage ist allerdings teilweise bei den Empfängern selbst umstritten. Wer seinen privaten Kanal zu Jesus hat, will offensichtlich nicht durch andere Kanalarbeiter die eigene Exklusivität in Frage stellen lassen.

Wie schon bei der Spiritismusbewegung zeigt sich hier ein zentraler Schwachpunkt der gegenwärtigen Geisterrenaissance: Narzißmus bzw. die öffentliche Bearbeitung einer ganz privaten Geltungssucht mit Hilfe »transzendenter Helfer« und gefördert von den nicht weniger wundervollen Leistungen der elektronischen Kommunikations-Medien. Sieht man die Channelmedien und ihre Fans öffentlich auftreten, wird das Thema *überdeutlich.* Es ist Konkurrenz ausgebrochen um die ersten Plätze im Scheinwerferlicht. Unter diesem Druck werden die Durchgeber immer spektakulärer. Aufgestiegene Meister aus Indien, Tibet und dem alten Ägypten reichen schon nicht mehr aus, auch der heiße Draht zu denen aus Atlantis ist längst ein alter Hut, und so bemühen sich fernste Sternenwesen und Weltraumseilschaften um Aufmerksamkeit und Publikum. Durch den von der amerikanischen Kanalarbeiterin Sylvia Mc Farlane bereitwillig ausgeliehenen Mund kann man erfahren, daß sich eine »Weltraumbruderschaft« vom Planeten Letitia um unsere Erde sorgt. Dieser Planet erhalte seine Energie von einem Satelliten gigantischen Ausmaßes, der mit Kristallen ausgerüstet sei, wie sie schon die Atlantiden verwendet hätten. Die Weltraumbruderschaft berichtet weiter, daß ständig Weltraumbrüder und -schwestern mit falschen Papieren bei uns eingeschleust würden, um bestimmte Kristalle zu vergraben, die unseren Planeten heilen würden. Auch wie die interplanetare Entwicklungshilfe vonstatten geht, wird uns treuherzig berichtet. Die Weltraumbrüder kommen von großen Raumschiffen mittels Ent- und Rematerialisierung zu uns. Von dem Kanal Dr. Fred Bell erfahren wir von einer enorm überlegenen Technologie auf den Plejaden. Für weniger begabte »Kanäle« vertreibt er weniger hoch entwickelte Technik in Form einer Drahtpyramide, die man sich über den Kopf stülpen kann, um den Empfang zu verbessern.

Einen gewissen Rekord hält die 90jährige Amerikanerin Ruth Norman, deren Spezialität der Kontakt zu Außerirdischen ist. Mit deren Hilfe will sie bereits über 100 Bücher verfaßt haben, ohne den Kanal vollzubekommen. Immerhin kanalisiert sie schon seit den 50er Jahren. Davor war sie in 55 Inkarnationen auch nicht untätig. Als Buddha und Sokrates, Maria Magdalena und Gralskönig Arthus, Karl der Große und Zar Peter der Große will sie ihren Mann gestanden haben. Dieses Leben verbrachte sie an der Seite ihres Mannes Ernest, der früher unter dem Namen Jesus Christus bekannter gewesen sein will. Gemeinsam berufen sie sich auf eine frühere Zeit als Erzengel.

Zur Inflation der Quellen und ihrer Bedeutsamkeit kontrastiert eine unüberhörbare Deflation der kanalisierten Inhalte. Sie laufen immer wieder auf dasselbe hinaus: Licht und Liebe vor allem, und natürlich, daß die Erde schweren Zeiten entgegengehe und wir uns dringend bessern müssen, wenn noch etwas Himmlisches aus uns werden soll. Wer könnte dem schon widersprechen? Wer andererseits braucht für derartige Informationen außerirdische Quellen?

Da wirkt es geradezu ernüchternd, wenn der mediale englische Heiler Mathew Mannings warnt: »Es sind nicht immer die klügsten Geister, die sich melden. Meist handelt es sich um verirrte Wesenheiten.« Sicherlich glauben viele Channeler die zum Teil haarsträubenden Geschichten, die sie kanalisieren, selbst. Zumindest naiv bleibt dieses Vertrauen auf jeden Fall. Die Vorstellung, daß die Wesen allein durch ihren Tod soviel intelligenter oder weiser werden, ist jedenfalls mutig. Davon müssen die Medien aber notgedrungen ausgehen, ansonsten könnten sie ja auch jeden beliebigen noch lebenden Menschen aus jeder beliebigen Menge herausgreifen und zur Zukunft befragen. Dieser Beliebigkeit wollen sie wohl durch die hochgestochenen Namen ihrer Geistsender zuvorkommen. Selbst wenn man die Echtheit der Phänomene unterstellt, bleibt doch das Problem, daß sich die Jenseitigen durch nichts als die Qualität ihrer Durchgaben ausweisen können.

Nach derartig Über- und Außersinnlichem liegt es nahe, das ganze Phänomen als Unsinn bzw. gnadenlosen Egotrip einiger Wichtigtuer abzutun. Das aber hieße wiederum, das Kind mit dem Bade auszuschütten. Der amerikanische Bewußtseinsforscher Ken Wilber, der das Phänomen »Channeling« untersucht hat, geht davon aus, daß 90% des Materials aus narzißtischen oder hysterischen Quellen stammt. Immerhin bleiben 10% übrig, die sich nicht so einfach abtun lassen und die Wilber einem wirklich »transzendenten Bereich« zuordnet.

Bevor man mediale Durchsagen in Bausch und Bogen ablehnt, sollte man sich eingestehen, daß man damit auch die Wurzeln nicht nur unserer, sondern auch vieler anderer Kulturen in Frage stellt. Schließlich waren es auch Channelingphänomene, die vor mehr als tausend Jahren die Geschichte erschütterten. In einer Höhle auf dem Berge Hira erlebte der Händler Mohammed um 610 n. Chr. jene göttlichen Durchsagen und Visionen, die als Koran die Basis des Islam wurden. Einige tausend Jahre vorher hatte der sozialrevolutionäre und religiöse Führer Moses seinem Volk ebenfalls mit Durchsagen, die er von Gott erhalten hatte, den Weg gewiesen. Christus schließlich predigte ausdrücklich das Wort Gottes. Trotz der modernen, sicherlich zum größten Teil fragwürdigen Durchsagenflut ist nicht zu übersehen, daß es sich bei den meisten großen Religionen, einschließlich der christlichen, um sogenannte Offenbarungsreligionen handelt. Natürlich hatten Moses und die Propheten, Mohammed und die indischen Rishis ihren Kanal nach oben, durch den sie die Veden und den Koran und jedenfalls Teile der Bibel »channelten«.

Auch Edgar Cayce, der »schlafende Prophet« und Heiler, hat zu Beginn unseres Jahrhunderts offensichtlich einen Kanal in eine andere Dimension benutzt, auch wenn er sich selbst nie als Medium bezeichnet hat. Cayce sagte von sich, daß er in seinen Trancen Zugang zur Akasha-Chronik, einer Art kosmischen Datenbank, habe und folglich hellsehen könne. Im Gegensatz zu vielen Channelern sprach er immer in seiner eigenen Sprache, und sein Körper wurde niemals von anderen Wesenheiten übernommen. Im alltäglichen Leben war Cayce ein ganz normaler, durchschnittlich gebildeter Mensch, der durch Bescheidenheit auffiel. Das Aufsehen, das er durch seine Fähigkeiten erregte, schien ihm unangenehm zu sein. In seinen sogenannten Readings half er vielen Patienten und Ratsuchenden nachweislich. Die Qualität von Cayces medialen Botschaften steht bis heute außer Zweifel.

Betrachtet man solche Beispiele von Medialität, springt ein gravierender Unterschied zur modernen Variante sofort ins Auge. Auch Medien wie Cayce und 100 Jahre vor ihm Davis wurden zum Kanal, und auch sie vermittelten Botschaften von einer höheren Ebene. Dabei waren sie aber nicht Mittelpunkt, sondern im Gegenteil lediglich Werkzeug jener größeren Kraft. Sie stellten sozusagen ihren Körper als Sprachrohr zur Verfügung aus einer Haltung der Demut. Insofern kann man ihnen weder Ruhmsucht noch Machthunger vorwerfen wie vielen heutigen Channelern, die sich vor allem selbst beweihräuchern und im Glanz der klingenden Namen ihrer Durchgeber sonnen.

Warum aber sollte es nicht auch heute reine »Kanäle« geben, die ihre Offenheit zur Verfügung stellen, um anderen Menschen zu helfen? Mit Sicherheit sind sie, die sich nicht ins Licht jeden Scheinwerfers drängen, in der Flut der Egobesessenen schwer zu finden. Die vielleicht beste Differenzierungsmöglichkeit liefert das durchgegebene Material. Aus diesem läßt sich unschwer erkennen, ob es sich um anspruchsvolle philosophisch-religiöse Texte handelt wie etwa beim Sethmaterial oder um den Licht- und Liebe-Zuckerguß der New-Age-Kaffeekränzchen.

Neben den unzähligen verbalen Botschaften durch Medienmund gibt es inzwischen eine Fülle weiterer Manifestationen aus der Geisterwelt wie die Tonbandstimmenphänomene, Geisterphotographie, Videoaufzeichnungen von Verstorbenen, automatisches Schreiben, Malen und Komponieren. Während die meist ziemlich verschwommenen Geisterphotographien, Videos und Tonbandstimmen lebhafter Interpretation der entsprechenden Anhänger bedürfen, haben z. B. die Kompositionen, die das englische Medium Rosmarie Brown seit 1964 empfängt, durchaus etwas Beeindruckendes. Frau Brown komponiert und spielt im Stile von Beethoven, Brahms, Schubert, Chopin, Liszt und Strawinsky. Während Musikkritiker über die Qualität der ferngesteuerten Werke streiten, bleibt der Stil der alten Meister doch unverkennbar. Musikpädagogen haben die Geisterkomponistin gründlich getestet und dabei festgestellt, daß Mrs. Brown noch nicht einmal über die grundlegenden Kenntnisse eines Musikstudenten verfüge, geschweige denn über jene zum Komponieren unerläßlichen Fähigkeiten.

Der amerikanische Mechaniker T. P. James begann eines Tages, in Trance zu schreiben. Nachdem er viele Seiten gefüllt hatte, stellte sich heraus, daß er eine Novelle von Charles Dickens beendet hatte, die der Dichter zu Lebzeiten unvollendet gelassen hatte. Literaturkritiker fanden, daß das letzte Kapitel von James nicht nur inhaltlich, sondern auch vom Stil her vollkommen paßte. James kannte weder die Novelle, noch wäre er bildungsmäßig in der Lage gewesen, auf sich gestellt solch ein Werk zu verfassen.

Ein noch viel erstaunlicheres Phänomen ist der brasilianische Psychotherapeut Luiz Antonio Gasparetto, der in atemberaubender Geschwindigkeit und häufig mit beiden Händen gleichzeitig Vincent van Gogh, Picasso, Goya, Renoir und weitere 50 verstorbene Meister durch sich malen läßt. In Fernsehserien in seiner Heimat, aber auch schon in Kalifornien und England demonstrierte er seine unglaubliche Fähigkeit. Im englischen Fernsehen schuf er während einer Sendung 21 Bilder, einige davon sogar gleichzeitig. Während er seine bloßen Finger über eine Leinwand fliegen ließ, malte er mit der anderen Hand bereits ein weiteres Gemälde, das noch dazu auf dem Kopf stehend entstand. Hinzu kommt, daß Gasparetto mit geschlossenen Augen oder überhaupt im Dunkeln arbeitet und immer nur die bloßen Finger oder Zehen benutzt. Das wohl Verblüffendste ist, daß die entstandenen Werke tatsächlich in ihrer Art ganz eindeutig den Stil des jeweiligen verstorbenen Meisters erkennen lassen. Gasparetto ist auch noch in anderer Sicht recht einzigartig. Während vor allem amerikanische Medien sich selbst gerne weit in den Vordergrund spielen und schon mal die Namen ihrer himmlischen Durchgeber als Markenzeichen für sich gerichtlich schützen lassen, bezeichnet sich Gasparetto als künstlerisch gänzlich unbegabt und nimmt niemals ein Honorar für seine Auftritte. Das Geld aus dem Erlös verkaufter Bilder fließt einer gemeinnützigen Organisation zur Unterstützung Notleidender in Sao Paulo zu, wo Gasparetto als Psychotherapeut und Moderator einer Fernsehserie arbeitet.

Im Hinblick auf solche Zurückhaltung ähnelt ihm sein Landsmann, der 35jährige Arzt Dr. Edson Queiroz aus Recife im Nordosten Brasiliens. Dr. Queiroz behauptet, durch ihn wirke der im ersten Weltkrieg gestorbene deutsche Chirurg Dr. Fritz. Queiros »operiert« in aller Öffentlichkeit und nicht selten vor laufenden Kameras ohne jede Narkose und Desinfektion. Durch einen ausführlichen Fernsehfilm ist er auch in Deutschland einem breiten Publikum bekannt geworden. Die Frischoperierten verlassen sofort nach dem Eingriff, der meist nur Minuten dauert, den Operationstisch und können nach Hause gehen. Sie empfinden trotz fehlender Narkose keine Schmerzen, und es gibt keine Wundinfektionen, wie sie selbst unter strengsten Hygienevorkehrungen moderner Kliniken nicht ganz auszuschließen sind. Die Heilungsgeschwindigkeit muß vom medizinischen Standpunkt als sensationell betrachtet werden. Edson Queiroz spricht normalerweise keinerlei deutsch, außer wenn Dr. Fritz durch ihn operiert und spricht. Er nimmt kein Geld für seine mediale Arbeit, die er unter einem religiösen Gesichtspunkt sieht, und verdient sich seinen Lebensunterhalt in einer ganz normalen medizinischen Praxis, allerdings verfolgt und behindert von der brasilianischen Ärztekammer wegen seiner medialen Nebentätigkeit.

Noch sensationeller waren die Heilungen des inzwischen verstorbenen, ebenfalls brasilianischen Heilers Ze Arigo. Auch durch ihn operierte ein lange verstorbener Chirurg, der ebenfalls auf Narkose und Desinfektion verzichtete, allerdings als Operationswerkzeug rostige Rasierklingen und alte Messer verwendete. Ze Arigo verfügte weder über medizinische noch sonst irgendeine Bildung. Seine Auftritte fanden ebenfalls häufig vor großem Publikum statt und sind gut dokumentiert.

Neben solch spektakulären Erscheinungen gibt es eine wahre Flut von kleineren und weniger aufsehenerregenden Phänomenen, die aber doch in ihrer Unerklärlichkeit das Heer der Anhänger ständig vergrößern. Menschen sprechen plötzlich in Sprachen, die sie eigentlich gar nicht beherrschen, andere schreiben automatisch in Spiegelschrift und mit der linken Hand die unerklärlichsten Botschaften. Selbst Kinder, die überhaupt noch nicht schreiben gelernt hatten, brachten schon Nachrichten zu Papier.

Bei dem Versuch, die Spiritismus- oder Channelingwelle zu erklären, kommen wieder die bereits besprochenen Phänomene zum Tragen. In einer Zeit zunehmenden Überdrusses am Materialismus manifestiert sich das dringende Bedürfnis vieler Menschen nach Hilfe von höherer Stelle angesichts erdrückender Probleme auf Erden. Sicherlich trägt auch wieder der Narzißmus, der unsere modernen Industriegesellschaften prägt, sein Scherflein bei. Reicht es weder zum Super- noch zum Megastar, bleibt immer noch der Aufstieg zum Eso-Star im gesellschaftlichen Zusatzspiel sozusagen. Wer sich zu Höherem berufen fühlt und keine Chance bekommt, kann sich so wenigstens von Höherem gerufen fühlen.

Der weitaus interessantere Punkt ist aber folgender: Sieht man von allem Unfug, den kleinen spiritistischen Tricks und den Stilblüten des Modetrends Channeling ab, bleibt eine Reihe von erstaunlichen geistig-seelischen Phänomenen, die sich nicht wegrationalisieren lassen. Wie sind solche Phänomene zu deuten, aus welchen Quellen stammen die Durchgaben und wie funktioniert die Übermittlung?

Zwischen den beiden Extrempositionen, das Ganze aus Angst um das eigene Weltbild als nichtexistent zu leugnen, und jenem religiösen Glauben, der gar nicht verstehen und erklären will, gibt es eine Reihe von vermittelnden Erklärungsansätzen. In jüngster Zeit wurde die Zusammenarbeit zwischen dem Wissenschaftler Dr. William Kautz und dem Trance-Medium Kevin Ryerson in San Francisco publik. Eine genaue Überprüfung der Phänomene ergab, daß die Treffsicherheit von Ryerson bezüglich zukünftiger Ereignisse bei 75% lag, und damit deutlich über der statistischen Wahrscheinlichkeit. Über die Bestätigung des Phänomens hinaus ergab sich aber noch keine stichhaltige Erklärung. Von Seiten der eigentlich geforderten Psychiatrie und Psychologie gibt es bisher wenig Interesse, wenn man von einigen US-amerikanischen Ansätzen absieht, die aber noch in den Anfängen stecken, wie die folgende Äußerung von Professor Stanley Krippner verrät: »Channeling ist für mich ein interessantes Thema, weil es das westliche Konzept über die Psyche in Frage stellt und auch die Dogmatik, mit der dieses Konzept im Westen angewandt wird, ohne zu erkennen, daß andere Kulturen eine ganz andere Sicht der Psyche haben.«

Westliche Erforschung der Psyche ging im Gegensatz zum östlichen erfahrungsorientierten Ansatz immer davon aus, daß Erlebnisse entweder auf Prozesse im eigenen Gehirn zurückgehen oder auf Reize, die durch die normalen fünf Sinne vermittelt werden. Alles darüber hinausgehende existiert für diese Auffassung entweder nicht oder beruht auf Fehlwahrnehmungen, sogenannten Halluzinationen oder Einbildungen. Ein Beispiel wäre die Wahnwahrnehmung der Paranoia: Jemand fühlt sich von feindlichen Agenten bedroht, die niemand außer ihm wahrnehmen kann. Ein anderer psychiatrischer Erklärungsansatz wäre die Annahme sogenannter Spaltpersönlichkeiten, wie etwa bei dem Phänomen des Stimmenhörens. Diese abgespaltenen Persönlichkeitsanteile werden von dem Betroffenen durchaus als fremd und von außen kommend erlebt, was aber eben ein eindeutiger Wahn sei. Außer dem Angebot verschiedener Diagnosen hat die Schulpsychiatrie aber wenig Erhellendes zum Thema Channeling zu bieten.

Ein wenig weiter führt schon Freuds Entdeckung des Unbewußten, in dem er vor allem aus Angst verdrängte Persönlichkeitsanteile ausmachte. Für den psychoanalytischen Standpunkt zeigen sich folglich in den kanalisierten Botschaften verdrängte Seelenanteile, die sich auf diesem etwas eigenartigen Weg zurück ins Bewußtsein stehlen.

C. G. Jung, Freuds bedeutendster Schüler, gelangte noch einen Schritt weiter mit der Entdeckung des kollektiven Unbewußten. Darunter verstand er einen überpersönlichen Bereich, der quasi das Erfahrungserbe der gesamten Menschheit umfaßt. Die darin vorkommenden Urmuster nannte Jung »Archetypen«. Therapeuten dieser Tradition wie die Mythenforscherin Jean Houston sehen folglich im »gechannelten« Material »Projektionen und Schöpfungen aus der Unermeßlichkeit, die das personale und kollektive Unbewußte bilden«.

Damit rücken sie in beeindruckende Nähe zur östlichen Auffassung, die ebenfalls davon ausgeht, daß das gesamte Erbe menschlicher Erfahrungen in der sogenannten Akasha-Chronik gespeichert ist. Nach östlicher wie auch Jungscher Auffassung können prinzipiell alle Menschen Zugang zu diesem Speicher finden. Die Inder sprechen in diesem Zusammenhang vom Lesen der Akasha-Chronik und haben zu diesem Phänomen ein über Jahrtausende gewachsenes natürliches Verhältnis.

Für den Osten könnte unsere Betrachtung hier enden, denn er kennt den Unterschied zwischen Innen und Außen in unserem Sinne nicht. Für Buddhisten und Hindus gleichermaßen ist Innen und Außen identisch. Was wir für die reale äußere Welt halten, ist für sie Maya, Täuschung. Die Frage, ob die Botschaften von außen oder innen kommen, wird damit sinnlos. Oder anders ausgedrückt, sie kommen sowohl von innen als auch außen, weil Mikrokosmos Mensch und Makrokosmos Welt eins sind. Hier treffen wir wieder auf jene Grundannahme der Esoterik, wie sie etwa im Weltbild von Paracelsus zu finden ist. Auch Nostradamus, jener andere große Arzt und Seher, lebte aus dieser Weltsicht. Seine heute noch beachteten Prophezeihungen kommen für ihn selbst von innen und außen zugleich: aus Gott und seiner Intuition. Zwischen beidem machte er aber keinen Unterschied. Ursprünglich war das wohl auch die Auffassung des Christentums, wie sie sich noch in dem Christussatz spiegelt: »Das Himmelreich Gottes liegt in euch«.

Bezüglich der Frage, wie an den Speicher des kollektiven Unbewußten oder der Akasha-Chronik heranzukommen ist, könnten moderne Psychotherapieformen aus dem Bereich der Humanistischen Psychologie ebenso wie die Reinkarnationstherapie Aufschluß geben. Durch Hypnose, Trance und Tiefenentspannung lassen sich Bewußtseinsebenen erreichen, die dem

Channeling recht ähnliche Phänomene begünstigen. Aus dieser Sicht könnte man das ganze als eine Art Selbsthypnose betrachten, die Zugang zu den tiefen Ebenen des kollektiven Unbewußten eröffnet.

Die wohl eleganteste Erklärungshypothese ergibt sich aus der Verbindung dieser Ansätze mit den Ergebnissen der modernen Physik und Biologie, die den zeitlosen esoterischen Einsichten so nahe kommen. Die Physik lehrt uns, daß in diesem Universum alles mit allem in einer uns noch unerklärlichen synchronen und akausalen Weise verbunden ist. Ergänzend kommt Sheldrakes Theorie der morphogenetischen Felder hinzu, die besagt, daß lebendige Wesen über beliebige Entfernungen zusammenhängen. Außerdem scheinen diese Felder einmal gemachte Erfahrungen in einer uns heute noch unerklärlichen Weise zu bewahren. Das aber bedeutet, daß von jeder Erfahrung ein Muster erhalten bleibt. Folglich würde auch vom Leben jedes Menschen ein Muster oder eine Schablone über seinen Tod hinaus weiterexistieren. Aus geschichtlicher Erfahrung ist dieses Phänomen bei bedeutenderen Persönlichkeiten hinlänglich bekannt. Menschen wie Luther und Galilei, Goethe und Marx haben offensichtlich nicht nur ihrer Zeit, sondern auch den auf sie folgenden Zeiträumen ihren Stempel aufgedrückt. Es ist nur naheliegend, wenn besonders eindrucksvolle Menschen besonders deutliche Eindrücke in der Matrix der Wirklichkeit hinterlassen. Sensitive Menschen könnten sich diesen Feldern öffnen und so zum Kanal für alte Muster werden. Das würde auch erklären, warum bei allen wundervollen Fähigkeiten von Medien bisher keine wissenschaftlich neuen Erkenntnisse »gechannelt« werden konnten. Die Beispiele, wo Medien Dinge verkündeten, die sie nach rationalen Kriterien gar nicht wissen konnten, sind zwar zahllos und eindrucksvoll, doch gibt es keinerlei nobelpreisverdächtige Erkenntnisse aus Medienmund.

In einem Bild der heutigen Zeit könnte man sich einen riesigen Computer vorstellen, der alles je Gedachte und Erlebte gespeichert hat. Grundsätzlich wäre es durchaus möglich, daß jedermann zu allem Wissen Zugang findet. In der Praxis gelingt es aber nur einigen geschickten Hackern, sich zu einzelnen

Bereichen des universellen Computers Zugriff zu verschaffen. Wem es gelingt, sich auf die »Diskette van Gogh« einzustellen, der kann in diesem Sinne malen. Wer dagegen die »Diskette Beethoven« erwischt, wird zum Komponisten im Stile dieses Musters.

Dieser Ansatz könnte einige Phänomene aus den Bereichen von Religion und Esoterik klären, aber auch so gängige Konzepte wie das der Intuition, mit dem wir zwar stillschweigend arbeiten, das wir aber genauso wenig verstehen wie Channeling. Die intensive Beschäftigung mit den Biographien berühmter Wissenschaftler und Erfinder ergibt sehr eindrucksvoll, daß sie gerade ihre bahnbrechenden Entdeckungen nicht bei streng rationalem Nachdenken, sondern bei eher meditativem Nachsinnen machten. Von Einstein ist das hinlänglich bekannt und von ihm selbst auch immer wieder betont worden. Watson und Crick schrieben ein ganzes Buch darüber, wie ihnen die Doppelhelix der DNS-Struktur zwischen Beziehungsstreß und Modellspielen *einfiel.* Von Kekule wissen wir, daß ihm die Lösung der Benzolstruktur im Traum kam. Eine sich in den Schwanz beißende Schlange brachte ihn auf die Ringstruktur. Woher aber kamen solche intuitiven Geistesblitze? Etwa wie die anderen Blitze von oben? Und über welchen Kanal kam Kekules Traumbild, und vor allem wer oder was saß am anderen Ende? Haben diese großen Wissenschaftler vielleicht momentanen Zugang zu jener Akasha-Chronik oder Wirklichkeitsmatrix gefunden, in der alle existierenden Bilder gespeichert sind?

Selbst dieses Modell aber erklärt noch nicht, wieso die medialen Operateure Ze Arigo und Edson Queiroz die Gesetze der Biologie außer Kraft setzen konnten. Für dieses Phänomen gibt es bisher überhaupt keine Erklärung außer der von dem Geistwesen Dr. Fritz angebotenen, daß nämlich auf anderen Ebenen der Wirklichkeit andere Gesetze herrschen und er eben von solch einer anderen Ebene aus arbeite.

Die beiden grundsätzlichen Betrachtungsweisen, deren eine die Phänomene von innen heraus erklärt, während die andere auf Außenwirkungen besteht, erscheinen nur auf den ersten Blick vollkommen konträr. Beide Male handelt es sich um eine Öffnung nach oben. Innermenschlich betrachtet wird dabei der

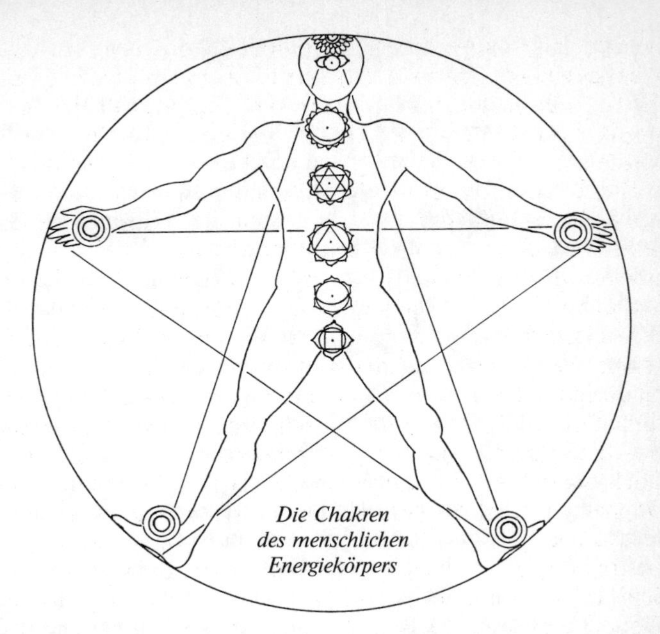

Die Chakren des menschlichen Energiekörpers

Kanal Shushumna geöffnet, der die Energiezentren, die sogenannten Chakren, entlang der Wirbelsäule miteinander verbindet. Das sechste Chakra, Ajna, das dem dritten Auge entspricht, vermittelt nach alter indischer Auffassung Zugang zur Einsicht in transzendente Ebenen. Das siebte und höchste, Sahasrara Padma, schließlich eröffnet nach dieser Vorstellung Zugang zur Einheit und damit zu allem.

Genauso wie in den Mikrokosmos Mensch kann man diese Öffnung nach oben auch in den Makrokosmos projizieren. Dann geht es darum, Zugang zu himmlischen Sphären zu erlangen. Für die östliche Weltsicht ist das dasselbe und übrigens auch für die christlichen Mystiker. Selbst die moderne Naturwissenschaft macht trotz aller Verständnisschwierigkeiten unseres Intellekts diesen Zusammenhang zwischen Außen und Innen immer wahrscheinlicher. Insofern erübrigt sich die Frage, ob die Botschaften von innen oder außen kommen. Wenn jeder Mensch das Ganze enthält, fallen Innen und Außen zusammen.

Die Renaissance der Reinkarnation

Vom Spiritismus ist es nur ein kleiner Schritt zum Weltbild der Seelenwanderung. Obwohl der Kontakt mit den Seelen Verstorbener diesen Gedanken naherückt, hat er in der spiritistischen Bewegung nur eine untergeordnete Rolle gespielt. Lediglich Allan Kardec, der wohl bedeutendste Theoretiker des Spiritismus, hat diesen Zusammenhang betont.

Bis vor einigen Jahren hätte man sagen können, bei der Lehre von der Reinkarnation handle es sich um eine östliche Weltsicht, die bei uns weder Verbreitung noch Wurzeln hat. Inzwischen ergeben aber Umfragen[14] in Deutschland, daß acht von zehn Bundesbürgern es für möglich halten, schon einmal gelebt zu haben. Laut der Fachzeitschrift »Psychologie Heute« sind es allein 800 hauptberufliche »Reinkarnationstherapeuten«, die von diesem Weltbild leben und nach ihm arbeiten. Und wenigstens noch einmal so viele Therapeuten, meist Analytiker, sollen diese Therapieform nebenbei benutzen.

Selbst die Feststellung, daß die Reinkarnation bei uns keine Wurzeln hätte, läßt sich bei genauerer Betrachtung nicht halten. Das Neue Testament geht ganz selbstverständlich von diesem Gedanken aus. Bei Matthäus 16; 13-14 fragt Jesus seine Jünger: »Wer sagen die Leute, daß ich, der Menschensohn sei?« Und sie sagten: »Einige meinen, daß du Johannes der Täufer seist; einige, Elias; und andere, Jeremias oder einer der Propheten.« Im Verlauf des Gespräches anerkennt Christus den Gedanken der Reinkarnation: Matth. 17; 10-13: Und seine Schüler fragten ihn: »Warum sagen die Schriftgelehrten, daß Elias zuerst kommen muß?« Und Jesus antwortete und sprach: »Elias kommt tatsächlich zuerst, um alle Dinge wieder in Ordnung zu bringen. Ich aber sage euch, daß Elias schon gekommen ist, und sie erkannten ihn nicht, sondern machten mit ihm, was sie wollten. Genauso wird der Menschensohn unter ihnen leiden.« Da verstanden die Schüler, daß er von Johannes dem Täufer sprach. Daß Jesus eine Inkarnation von Elias sein könnte, wird

[14] Umfrage der Dortmunder Gesellschaft für Sozialforschung an 1000 repräsentativ Ausgewählten; 1986.

schon zuvor bei Matthäus 11; 11-15 angesprochen und spielt als Überlegung auch in den anderen Evangelien eine Rolle. Damit ist die Reinkarnationsvorstellung nicht als Bestandteil der christlichen Lehre ausgewiesen, aber zumindest doch verdeutlicht, daß sie zu Christi Zeiten und unter seinen Jüngern als Selbstverständlichkeit galt.

Die meisten frühen Kirchenväter waren ebenfalls Anhänger der Reinkarnationslehre, unter ihnen auch die bekanntesten wie Justin, der Märtyrer, der Heilige Clemens von Alexandria, Gregor von Nyssa, der Heilige Hilarius, Origenes, der Heilige Hieronymus und schließlich Augustinus. Von Origenes stammen folgende Zeilen: »Die Seele, welche von Natur aus immateriell und unsichtbar ist, kann in der materiellen Welt nicht existieren, ohne einen Körper zu haben, welcher der Natur der Umgebung angepaßt ist; dementsprechend legt sie zu gegebener Zeit den Körper ab, den sie bis dahin brauchte, der aber dem veränderten Zustand nicht mehr entspricht, und tauscht ihn gegen einen anderen ein.«

Erst das Konzil von Konstantinopel im Jahre 553 beendete die christliche Tradition der Reinkarnationslehre. Damals setzte sich Kaiser Justinian gegen den Willen des Papstes und die Autoritäten der katholischen Kirche durch. Die bis dahin verbreitete Lehre von der Vorexistenz der Seele wurde verbannt und die Bibel entsprechend revidiert, jedenfalls bis auf wenige Andeutungen wie die bei Matthäus zitierten. Lediglich in den erst später entdeckten und deshalb unautorisierten »Evangelien« finden sich noch Hinweise auf den christlichen Reinkarnationsglauben.

Obwohl das Konzil von Konstantinopel starke Geschütze auffuhr und z.B. Origenes und alle seine Anhänger der Reinkarnationslehre mit dem Bann belegte, ließ sich die Wiedergeburtslehre im christlichen Bereich nie ganz ausrotten. Die Katharer, die sich die »Reinen« nannten und zum Prototyp der Ketzer wurden, glaubten ebenso daran wie die Albigenser in Südfrankreich, die Bogomilen in Bulgarien, die Patarener auf dem Balkan, die Paulisten in Armenien, die Priscillaner in Spanien. Hinzu kommt eine Flut von größeren und kleineren gnostischen Strömungen wie die Manichäer, die Valentinianer und Basilidianer, aus denen viele Orden und Geheimschulen hervorgingen, deren Einfluß bis in die Gegenwart reicht. Esoterische Strömungen wie etwa die Rosenkreuzer, die Martinisten, aber auch Theosophen und Alchemisten vertraten immer die Lehre der Reinkarnation. Die allermeisten Mystiker schließlich gingen von der Vorexistenz der Seele und ihrem Weiterleben nach dem Tode aus. Jakob Böhme etwa vertrat aus seinen mystischen Einsichten die Wiedergeburtslehre.

Wenn die Lehre von der Wiederverkörperung (Reinkarnation bedeutet Wiederfleischwerdung) heute in den großen christlichen Religionen keine Rolle mehr spielt, ist jedoch das Weiterleben der Seele unbestritten, wobei lediglich die Frage der Form offen bleibt. Dr. Rudolf Hammerschmidt, Sprecher der deutschen Bischofskonferenz: »Wir sind sicher, daß die menschliche Seele nach dem Tod weiterexistiert, ob als Mensch ... muß erst noch erforscht werden.«

Bedenkt man all das, kann man kaum von einer Modewelle oder dem Einbruch östlichen Gedankengutes in die christliche Kultur sprechen, sondern höchstens von einer Wiederauferstehung der lange unterdrückten Reinkarnationsidee. Damit erleben wir statt einer Verwässerung des Christentums eher dessen Rückkehr in den großen Schoß der Religionen, die fast alle von der Wiedergeburt der Seelen ausgehen. Am meisten Probleme haben damit die aus dem jüdischen Glauben hervorgegangenen Religionen Christentum und Islam. Dabei gibt es in der jüdischen Tradition genügend Hinweise auf den Reinkarnationsgedanken. Die esoterische Strömung des Judentums, die auf der Kabbala aufbaut, geht ebenso selbstverständlich von Reinkarnation aus wie die jüdischen Sekten der Essener um Christi Geburt und jene der Karäer 1000 Jahre später.

Auch im Islam finden sich nach Poul Lauritsen, der ein ganzes Buch zum Thema Reinkarnation veröffentlicht hat, Hinweise auf die Seelenwanderung. Im Koran heißt es: »Gott erschafft Wesen und sendet sie zurück, bis sie zu ihm heimkehren.«, oder: »Die Person des Menschen ist nur eine Maske, welche die Seele zu passender Zeit anlegt, sie eine bestimmte Zeit trägt und dann abwirft, um eine andere anzulegen ... Wenn sein Körper gänzlich zerfällt wie ein altes Fischgerippe, formt die durch die

Befreiung gesundete Seele einen neuen.« In der esoterischen Strömung des Islam, dem Sufismus, ist die Lehre der Seelenwanderung ebenfalls vertreten. Mevlana Chelaleddin Rumi, der bekannteste Mystiker und Schriftsteller aus diesem Bereich, läßt in seinen Gedichten das Gedankengut der Reinkarnation anklingen. Bei der aus dem Islam entstandenen Religion der Drusen ist die Wiedergeburtslehre einer der Grundpfeiler.

Während es immerhin einiger Mühe bedarf, um die entsprechenden Gedankengänge im Juden- und Christentum und im Islam aufzuzeigen, sind sie bei den großen östlichen Religionen offensichtlich. Der Hinduismus, niedergelegt in den wahrscheinlich ältesten Schriften der Erde, den Veden, baut ausdrücklich auf der Reinkarnation auf. Auch Jainismus und Sikhismus, dem Hinduismus nicht nur geographisch sehr nahe, gehen selbstverständlich von der Wiedergeburt der Seelen aus. Der Buddhismus kennt nicht nur Hunderte von Inkarnationen des Gautama Buddha, nach seiner Philosophie befinden sich alle Wesen im Rade der Wiedergeburt. Das Ziel der Buddhisten ist es, dieses Rad zu verlassen und Befreiung vom Zwang der Wiedergeburten zu erlangen.

In der alten persischen Religion des Zoroaster ist die Seelenwanderung von ebenso zentraler Bedeutung wie im Manichäismus, der im 3. Jahrhundert nach Christus im Zweistromland entsteht. In der Religion des klassischen Griechenland nimmt die Lehre von der Seelenwanderung einen zentralen Rang ein. Vor allem Pythagoras und später Platon vertreten sie und führen sie bis in Einzelheiten aus. In der römischen Kultur war sie ebenso anerkannt und findet u. a. in den Werken Vergils ihren Ausdruck. Im germanisch keltischen Bereich waren es die Druiden, deren Religion auf dem Gedanken der Seelenwanderung fußte.

Betrachtet man die Kette von Namen bedeutender Persönlichkeiten allein aus dem deutschen Kulturkreis, die sich zur Reinkarnation bekannten, ist kaum ein Ende abzusehen. Kant, Fichte, Schelling, Hegel, Nietzsche, Leibniz, Herder, Lessing, Goethe, Wagner, Mahler, Rilke, Heine, Albert Schweitzer. Aber auch aus dem angloamerikanischen und französichen, skandinavischen und russischen Bereich ließe sich eine ähnliche Flut von klingenden Namen anführen, die für die Reinkarnation einstehen. Der Philosoph Schopenhauer soll gesagt haben, wenn ihn ein Asiat nach einer Definition für Europa fragen würde, müsse er antworten, das sei jener Teil der Welt, der von der unglaublichen Verblendung heimgesucht sei, daß der Mensch aus dem Nichts geschaffen sei und seine jetzige Geburt sein erster Eintritt ins Leben sei. Wie allerdings die genannten Beispiele zeigen, ist Europa bei genauer Betrachtung gar nicht so verblendet wie Schopenhauer befürchtete.

Natürlich ist die Tatsache, daß praktisch alle Religionen mehr oder weniger deutlich von Reinkarnation ausgehen und auch viele anerkannte Persönlichkeiten diesem Weltbild anhängen, kein Beweis im wissenschaftlichen Sinn. Aber sogar in dieser Hinsicht gibt es heute einige nicht widerlegte und kaum widerlegbare Dokumente. Die gut dokumentierten Reinkarnationsfälle Shanti Devi aus Indien und der amerikanisch-irische Fall Bridey Murphy wären hier zu nennen. Vor allem aber die mit wissenschaftlicher Genauigkeit durchgeführten Untersuchungen Professor Ian Stevensons von der Universität Virginia sind anzuführen. Unter den über 1000 dokumentierten Fällen sind einige so gut belegt und abgesichert, daß sie keinen vernünftigen Zweifel zulassen. Der indische Professor Hem Banerjee von der Universität Jaipur kann auf eine ähnliche Sammlung von über 1000 dokumentierten Reinkarnationsfällen verweisen.

Weniger beweiskräftig, in ihrer vergleichbaren Stimmigkeit aber doch beeindruckend, sind die ungezählten Tonbandprotokolle von Regressionssitzungen unter Hypnose, die Menschen frühere Inkarnationen wiedererleben ließen. Der englische Hypnotherapeut Arnall Bloxham hat in 20jähriger Arbeit über 400 solcher Protokolle gesammelt, von denen einige intensiven Nachforschungen auf beeindruckende Weise standhielten. Psychologen aus dem angloamerikanischen Raum wie Loring Williams, Helen Wambach und Joan Grant und Dennys Kelsy wären hier zu erwähnen, die bereits in den 50er Jahren zu ganz ähnlichen Ergebnissen kamen; im deutschsprachigen Raum hat Thorwald Dethlefsen die ersten Erfahrungen in diesem Bereich publiziert. Vor allem Helen Wambach, die dem Phänomen mit Gruppenregressionen und wissenschaftlicher Akribie zu Leibe rückte, konnte viele Einwände entkräften. Von den Erlebnissen ihrer 1100 Versuchspersonen wiesen lediglich 11 grobe Unstimmigkeiten auf. Entsprechend dem Verdacht des Phantasierens und Fabulierens in Hypnose hätten es ungleich mehr sein müssen. Den Verdacht, die Versuchspersonen hätten auf geschichtliches Vorwissen zurückgegriffen, konnte sie ebenso eindrucksvoll widerlegen. Die Erlebnisberichte waren gleich stimmig und ausführlich, ob sie aus gut erforschten oder nahezu unerforschten Zeiträumen stammten. Da Wambach Hunderte von Berichten verschiedener Versuchspersonen aus gleichen Epochen erhielt, hätten sich erhebliche Abweichungen in den Einzelheiten ergeben müssen, falls es sich um erfundene irreale »Erlebnisse« gehandelt hätte. Es fanden sich aber keine solchen Abweichungen, sondern im Gegenteil deutliche Übereinstimmungen bis hin zu Beschreibungen von Münzen und Gegenständen des täglichen Lebens. Der Verdacht, es handle sich um bloßes Wunschdenken der Versuchspersonen, ließ sich am leichtesten entkräften. Keiner der Betroffenen hatte eine eindrucksvolle Rolle in den Vorleben gespielt, im Gegenteil, die allermeisten machten einen erheblichen gesellschaftlichen Abstieg durch, der sehr gut in die geschichtliche Landschaft paßte. Nachdem sie noch eine Reihe von anderen Verdachtsmomenten entkräften konnte, kam Wambach zu dem Fazit: »Die Theorie der Reinkarnation ist eine sehr brauchbare Hypothese.«

Weitere Unterstützung erfährt die Reinkarnationslehre durch Phänomene wie die allerdings wenigen als echt nachgewiesenen Déjà-vu-Erfahrungen (franz. für »schon gesehen«). Auch das Phänomen der Wunderkinder fände mit dieser Theorie eine zwanglose Erklärung, zumal einige wie der frühere amerikanische Schachweltmeister Bobby Fisher selbst darauf bestehen. Fisher bezeichnet sich als Wiedergeburt des cubanischen Schachweltmeisters Capablanca.

Schließlich stützt auch die Thanatologie die Wiedergeburtslehre mit ihren vielen übereinstimmenden Erfahrungsberichten wiederbelebter Menschen. Die Ärzte Elisabeth Kübler-Ross und Raymond Moody sowie die Psychologen Osis und Haraldson haben diesbezüglich eindrucksvolles Material erhoben, das ganz deutlich mit den in den verschiedenen Totenbüchern wie dem tibetischen und ägyptischen beschriebenen Erfahrungen übereinstimmt. Danach löst sich die Seele nach dem Tod des Körpers und erlebt einen ergreifenden Zustand der Befreiung. Die Erfahrungen von über 1000 untersuchten Fällen aus den verschiedensten Ländern der Welt gleichen sich verblüffend.

Nach all diesen Belegen und Hinweisen müßte der Gedanke der Reinkarnation eigentlich auch kritischen Betrachtern sehr wahrscheinlich erscheinen, jedenfalls ungleich wahrscheinlicher als das Gegenteil. Die Versuche, sich angesichts einer geradezu erdrückenden Beweisflut zugunsten der Reinkarnation in parapsychologisches Gebiet zu flüchten und außersinnliche Wahrnehmung und dergleichen anzuführen, wirken da eher unsinnig. Hier gilt der Ausspruch des englischen Philosophen David Hume: »Ein Wunder sollten wir spätestens dann als eines gelten lassen, wenn die Tatsache, daß es keines war, noch viel wunderbarer wäre.«

Die Haltung der Esoterik zur Reinkarnation

Der Standpunkt der esoterischen Philosophie wird in seiner Klarheit und Kompromißlosigkeit am deutlichsten in den Veröffentlichungen von Dethlefsen. Er geht von der Grunderfahrung aus, daß in dieser Welt alles polar ist und das Leben aus dem ständigen Wechsel der Pole besteht, den wir Rhythmus nennen. Wohin man schaut, überall findet sich polares Geschehen. Wie am Atemrhythmus leicht nachvollziehbar, erzwingt ein Pol mit absoluter Sicherheit seinen Gegenpol. Von diesem Gesetz, daß alles Schwingung ist, gibt es, wie uns auch die moderne Physik belegt, keine Ausnahme. Lediglich in ihren Schwingungsgrößen unterscheiden sich die Phänomene. Im Herzrhythmus finden wir z.B. einen kürzeren Rhythmus. Während die Schwingungsrichtung beim Atem 25 mal pro Minute wechselt, geschieht dies beim Herzschlag 70 bis 80 mal in der Minute. Die Schwingungsfrequenz der Strukturen innerhalb eines Atoms ist verglichen damit unvorstellbar groß. Hier ist der Wechsel der Polarität so rasend schnell, daß es raffiniertester technischer Hilfsmittel bedarf, um ihn überhaupt festzustellen. Wahrnehmbar ist er für uns überhaupt nicht mehr. Mit unseren Sinnesorganen können wir in diesem Fall überhaupt keine Schwingung mehr feststellen. Trotzdem wissen wir heute, daß dort, wo wir nur Ruhe wahrnehmen, eine unvorstellbar schnelle Schwingung herrscht. Gehen wir vom Atemrhythmus in die andere Richtung, so finden wir auch hier eine unbegrenzte Fülle von langsameren Schwingungen. Der Tag-Nacht- bzw. Wach-Schlaf-Rhythmus polt in 24 Stunden nur noch einmal um. Die Gesetze aber bleiben dieselben. Genau wie der Ein- den Ausatem, erzwingt auch der Schlaf das Aufwachen und umgekehrt. Beim Jahresrhythmus schließlich trifft auf 365 Tage nur noch eine einzige Umpolung. Gehen wir noch weiter in diese Richtung, werden auch hier, wie schon auf dem gegenüberliegenden Pol, die Rhythmen für unsere beschränkte Wahrnehmung zu groß. Das gibt uns aber nicht den geringsten Grund, anzunehmen, daß eine überall gültige Gesetzmäßigkeit ausgerechnet dort endet, wo unsere Sinne enden.

Bereits die Volksweisheit weiß es besser, wenn sie davon ausgeht, daß »der Schlaf der kleine Bruder des Todes« ist. Der Tod gehört demnach zum Leben wie der Schlaf zum Wachen. Nichts ist beim Eintritt ins Leben so gewiß, wie die Tatsache, daß, was so hoffnungsvoll beginnt, mit dem Tod enden wird. So wie aber die Geburt den Tod notwendig macht, erzwingt auch der Tod die folgende Geburt. Es spricht absolut nichts dafür, daß gerade an diesem Punkt ein neues Gesetz in Kraft treten sollte. In diesem Sinn kann man getrost mit Dethlefsen davon ausgehen, daß, wer etwas so Unwahrscheinliches behauptet, dieses auch beweisen müsse. Die Esoterik, die die Allgemeingültigkeit des Schwingungsgesetzes vertritt, steht nach dieser Auffassung unter keinerlei Beweisdruck. Der trifft jene, die den Reinkarnationsgedanken ablehnen und damit ein Gesetz, das sich in Wissenschaft und Esoterik als allgemeinverbindlich erwiesen hat, recht willkürlich an einer einzigen Stelle außer Kraft setzen. Wo Wissenschaft und Esoterik davon ausgehen, daß das Aufsteigen des einen Kindes auf der einen Seite der Wippe ohne Ausnahme das Absteigen seines Gegenübers erzwinge, behaupten die Gegner der Reinkarnation, daß es da sehr wohl eine Ausnahme gäbe. Bei einer so unwahrscheinlichen Behauptung liegt es an ihnen, sie zu belegen. Im Falle der

Reinkarnation ist das natürlich noch nie gelungen. Auch in anderer Hinsicht gibt es kein einziges Beispiel für einen natürlichen Prozeß, der aus dem Nichts kommt und genauso unvermittelt im Nichts endet. Freundlicher-, aber eigentlich überflüssigerweise haben die Vertreter der Reinkarnation ihre sowieso schon plausible, weil im Einklang mit den Gesetzen des Universums stehende Lehre auch noch mit genügend Belegen untermauert.

Wenn die gegenwärtige Esoterikwelle, den modernen empirischen Belegen und uralten religiösen Traditionen folgend, dieser Auffassung der Wirklichkeit auch bei uns wieder zu Popularität verhilft, erfüllt sie damit nicht nur ein tiefes Bedürfnis der Menschen, sondern leistet auch einen wesentlichen Beitrag zur Korrektur unserer Lebensphilosophie. Diese war als »Liebe zur Weisheit des Lebens« in letzter Zeit in Gefahr geraten, ihrem Namen nicht mehr gerecht zu werden. Es ist ein urmenschliches Bedürfnis, in allem Sinn zu finden, und ein Großteil unserer heutigen Probleme dürfte auf mangelnden Lebenssinn zurückzuführen sein. Wenn eine ganze nachkommende Generation als Null-Bock-Generation bezeichnet werden muß, weil ihr Sinn und Lust bezüglich des Lebens abhanden gekommen sind, bedarf das keines weiteren Kommentares. Wie entwicklungsfeindlich die von dieser Gesellschaft geradezu geliebte und mit Hilfe von Soziologie und Psychologie abgesicherte Schuldprojektion auf »die Umstände« werden kann, zeigt gerade dieses Verweigerungs-Phänomen. Die Lehre der Reinkarnation gibt nicht nur dem Leben tieferen Sinn, sie kann auch dazu verhelfen, Projektionen zurückzunehmen und Verantwortung bei sich selbst zu suchen.

Der Gedanke, daß wir bestimmte Fähigkeiten, aber auch Aufgaben bei unserer Geburt mitbringen, entspricht nicht nur allen Erfahrungen, er ist auch außerordentlich entwicklungs- und verantwortungsfördernd und -fordernd. Dethlefsen verdeutlicht das am kleineren Tag-Nacht-Rhythmus. Beim Erwachen am Morgen enthält jeder Tag alle Möglichkeiten und ist für sich ganz neu, und trotzdem gewinnen all die vorangegangenen Tage Einfluß auf ihn und bestimmen seinen Ablauf mit. Ganz ähnlich ist es mit jedem neuen Leben. Wir sind ganz frei, all die

Chancen, die es bietet, wahrzunehmen, und doch ist es mitbeeinflußt von den vorhergehenden Lernerfahrungen und den sich daraus ergebenden Lernaufgaben. So werden aus früheren Fähigkeiten heutige Begabungen, aus früheren Auslassungen heutige Problemfelder. Diese Anschauung bringt nicht nur mehr Eigenverantwortung ins Leben, sondern auch mehr Entspannung. Was ich nicht mitbringe, habe ich vorher nicht verdient, was ich aber mitbringe, habe ich mir erarbeitet. Selbst für jene, die wenig mitzubringen meinen, läßt diese Auffassung noch alle Chancen offen. Eine Provokation ist sie nur für Menschen, die lieber Schuld verteilen, als ihr Leben in die eigene Hand zu nehmen. Diese Philosophie, die im Osten als Karmalehre bekannt ist, könnte auch für unsere gesellschaftlichen Probleme zum Schlüssel werden. Wenn wir uns klar machen, daß wir alle von uns gesäten Früchte auch selbst wieder ernten müssen bzw. dürfen, könnte es leichter fallen, z. B. die Welt in einem Zustand zu lassen, der sie auch in 100 Jahren noch belebenswert erscheinen läßt. Millionen Jahre strahlende Abfälle können nur Menschen hinterlassen, die davon ausgehen, nie mehr an die Schauplätze ihrer Taten zurückkehren zu müssen.

Reinkarnationstherapie zwischen Flucht und Verantwortung

Was für die Gesellschaft gilt, könnte auch dem Einzelnen nützen, womit wir beim Boom der Reinkarnationstherapien wären. Wie bei fast allen Möglichkeiten, die sich aus dem esoterischen Gedankengut ergeben, sind auch hier Mißverständnissen und Chancen gleichermaßen Tür und Tor geöffnet.

Die meisten Therapien, die inzwischen unter diesem Namen laufen, sind an das Modell der amerikanischen Pastlife-Therapien angelehnt. Hier wird mit Engagement und Hingabe nach der Ur-Ursache gesucht, und sie wird auch gefunden. Nachdem man mit Hilfe der Psychoanalyse bei der Suche nach dem Urtrauma, das für alles Leid verantwortlich sein sollte,zu oft leer ausging, lieferte nun die über viele Leben ausdehnbare Reinkarnationstherapie die lange entbehrte Chance. Tatsächlich verschwinden mit diesem Konzept nicht selten Symptome, und praktisch immer lassen sich damit Spannungen entladen und folglich Erleichterung erreichen. Das so leicht auffindbare Urtrauma hat allerdings den Nachteil erheblicher Beliebigkeit, lassen sich doch Urtraumata in jeder Menge und Zeit finden. Ähnlich wie die Schulmedizin bei ihrer Ursachensuche ja auch recht früh und eigentlich bei genauerem Betrachten an beliebiger Stelle aufhört, die Frage nach dem Warum zu stellen, tun es auch viele Reinkarnationstherapeuten. Daß sie Symptome zum Verschwinden bringen, beweist noch nichts, das gelingt schließlich auch der Schulmedizin mit oft durchsichtigen Unterdrükkungsmaßnahmen. Der Grund für das baldige Aufgeben der Ursachensuche liegt natürlich darin, daß die Ursachen gar kein Ende nehmen. Jede Frage nach der Ursache führt letztlich zurück bis zum Urknall und endet hier mit der Frage, warum es denn plötzlich geknallt habe.

Eine Therapie, die auf die Ganzheit des Menschen und damit wirkliche Heilung abzielt, kann nicht nach Ursachen suchen, sondern nach der Urschuld. Diese darf nicht mit dem moralischen Schuldbegriff verwechselt werden, wie er sich bei uns eingeschlichen hat, sondern bezieht sich auf die grundsätzliche Schuld des Menschen, sein Sündigwerden an der Einheit bzw. seine Absonderung von dieser.

Eine solche Therapie wurde im Institut Dethlefsen entwikkelt. Auch hier begann alles mit der Traumasuche. Nachdem deren Fragwürdigkeit aber deutlich geworden war, entwickelte sich daraus jene inzwischen über 10 Jahre bewährte Reinkarnationstherapie, die auf der esoterischen Philosophie aufbaut. Auch bei ihr wird der Patient sich jene Situationen anschauen, in denen er das Opfer von Traumata war. Allerdings endet die Therapie damit nicht, sondern beginnt erst richtig. Im anschließenden Schritt geht es nämlich darum, anzuschauen, womit der Patient die Basis für sein Leid gelegt hat. Nun landet er mit großer Sicherheit in der Täterrolle und erlebt sich als »Verursacher« ähnlicher Schrecken, wie er sie eben noch selbst erduldet hat. Gelingt es, eine Atmosphäre in der Therapie zu schaffen, in der der Patient auch diese Rolle als eigene akzeptieren kann, ist er ein Stück heiler geworden. Tatsächlich hat er dann seine

Identifikation auf einen Bereich ausgedehnt, den er bisher abgelehnt hat. Damit aber ist ein Stück Schatten integriert worden und die wesentliche Bedingung für Heilung verwirklicht. Es ist immer der Schatten, der uns fehlt. Solange wir unser Bewußtsein nicht erweitern um Bereiche, die uns bisher fremd waren, können wir nicht ganzer, nicht heiler werden.

Insofern muß echte Heilung immer im Bewußtsein stattfinden. Schattentherapie ist immer ein Stück Aussöhnung mit sich selbst. Tatsächlich liebt der Mensch ja gerade sich selbst am wenigsten. Weshalb die christliche Forderung, seinen Nächsten wie sich selbst zu lieben, unglaublich schwer zu verwirklichen ist und nur zu gern in die leichtere Variante umgemünzt wird, seinen Nächsten über alles zu lieben.

Hier liegt die große Gefahr solcher aufs Ganze zielenden Therapie. Gelingt es dem Therapeuten nämlich nicht, einen Raum wertungsfreien Annehmens und Bejahens zu schaffen, kann die Therapie leicht ins Gegenteil umschlagen. Sie liefert dem Patienten dann noch mehr Gründe, sich nicht zu mögen. Gelingt es ihm aber, sich auch in seinen neu entdeckten dunklen Seiten anzunehmen, ist er heiler.

Natürlich könnte man auch an dieser Stelle fortfahren zu therapieren und würde eine weitere »Ursache« finden und ein neuer Zyklus begänne. Für den beschriebenen Bewußtseinsschritt reicht aber der beschriebene Durchgang durch eine Phase des unendlichen Wellenmusters mit ihren beiden Polen, Opfer und Täter.

Arbeitet man länger mit dieser Methode, wird einem die Relativität und damit die Problematik der Zeit sehr eindrücklich bewußt. Bei allem Erfolg in der Behandlung von Patienten ist es letztlich die Reinkarnationstherapie selbst, die das stärkste Argument gegen die Reinkarnationslehre liefert. Wenn nämlich Zeit eine Illusion ist, sind natürlich auch Inkarnationen illusionär. Und tatsächlich weiß nicht nur die Esoterik vom Scheincharakter der Zeit, auch die Physik geht zumindest von ihrer Relativität aus. Andererseits hat aber auch die Illusionswelt ihre Gesetze, denen man sich nicht ungestraft widersetzt. Wir wissen heute von der Physik, daß eine Tür letztlich praktisch nur aus Energie besteht und jeder menschliche Körper ebenso. Trotzdem müssen wir auf der Illusionsebene, auf der wir nun einmal leben, die Türklinke benutzen, um sie zu öffnen und können nicht einfach durch die geschlossene Tür gehen. Desgleichen müssen wir uns auf unsere Uhren verlassen, wenn wir uns verabreden wollen. Und in diesem Sinne gibt es auch Inkarnationen.

Die Reinkarnationstherapie arbeitet auf zweierlei Weise mit der Illusion Zeit. Zum einen stützt sie sich auf die Vorstellung vom linearen Zeitfluß, um frühere Leben bewußt zu machen. Zum anderen läßt sie diese früheren Leben aber wie Gegenwart erleben. Der Patient geht mit seiner ganzen Identifikation in die früheren Ereignisse und erlebt sie als Jetzt. Wenn man das oft und intensiv genug erlebt hat, kann man sich des Eindrucks nicht erwehren, daß diese Ereignisse genausogut jetzt sind. Tatsächlich benutzt die Reinkarnationstherapie die früheren Bilder auch nur, um die Gegenwart besser sehen zu können.

Hat beispielswiese ein Patient heute Probleme mit seinen Aggressionen, deren er sich so unbewußt ist, daß sich das Thema bereits im Körper manifestiert, z. B. in Form von Allergien, so ist es hilfreich, die Illusion der Zeit hinzuzubringen. Während der Patient seine Aggressionen heute vielleicht völlig unbemerkt und gesellschaftlich akzeptiert dadurch lebt, daß er einige gute Anwälte beschäftigt, hat er ein paar tausend Jahre zurück möglicherweise einen Knüppel in der Hand und spürt seine diesbezüglichen Gefühle noch sehr direkt. Hat er sich mit dem Gedanken eigener Aggressionen vertraut gemacht, nimmt der Therapeut die Zeit wieder heraus und läßt ihn dieselben Gefühle unter den heutigen Umständen aufspüren.

Wir sind es gewohnt, uns die Zeit linear vorzustellen als eine Folge von Abläufen aus der Vergangenheit in die Zukunft. Nun wissen wir aber, daß es gar keine Linearität geben kann, weil es schon gar keine gerade Linie gibt. Durch die Krümmung des Raumes wird letztlich jede Linie zum Kreis. In der räumlichen Dimension ist uns das viel klarer: Ein Flugzeug kommt seinem Startplatz desto näher, je weiter es sich von ihm entfernt. Letztlich verhält es sich mit der Zeit recht ähnlich. Wir können mit jedem Punkt auf dem Zeitkreis in Identifikation gehen, weshalb es auch möglich ist, in der Zeit voraus zu gehen. Anders ausgedrückt, können wir auch sagen, jede Zeitebene ist in jedem Moment existent, oder die verschiedenen Zeiten mit ihren ganz unterschiedlichen Bildern überlagern sich.

Dieser völlig ungewohnte Betrachtungswinkel mag am vertrauten Phänomen des Fernsehens klarer werden. In unserem Wohnzimmer sind durchaus all die Fernsehbilder aus ganz verschiedenen Ländern und Programmen gleichzeitig vorhanden. Wir können uns aber immer nur mit dem Programm identifizieren, das wir gerade eingeschaltet haben. So bekommen wir den (falschen) Eindruck, als gäbe es immer nur ein Programm. Tatsächlich vergeht für uns immer Zeit, bis wir durch Umschalten zum nächsten Programm kommen. Trotzdem sind natürlich all die verschiedenen Bilder immer gleichzeitig da.

Bei der Reinkarnationstherapie schalten wir sozusagen häufig um, und jedesmal ist die Identifikation des Patienten eine sehr weitgehende. Er erlebt die jeweiligen Bilder als jetzt. Mit dem Fortschreiten der Therapie wird so sein Bewußtsein beständig erweitert, muß er sich doch stets mit neuen Rollen identifizieren. In dem Maße, wie er erkennt, daß er unzählige Rollen spielt und sich in allem wiedererkennt, wird sein Ich genötigt, die Grenzen weiter zu stecken. Zuerst wird er eins mit all den armen Opfern und anschließend mit all den bösen Tätern, und so werden die verschiedenen Inkarnationen immer zahlreicher und dabei nebensächlicher. Eine frühere Inkarnation zu erleben, mag noch aufsehenerregend sein, hunderte zu kennen ist wenig sensationell, aber enorm bewußtseinserweiternd.

Das letzte Ziel der Reinkarnationstherapie, die eigentlich mehr Einstieg in einen Weg als Therapie allein darstellt, ist, sich mit allem zu identifizieren, was existiert. Diesen Zustand, wo alle Grenzen gefallen sind, weil man sich in allem erkennt, nennen die Inder Erleuchtung, die Buddhisten Befreiung, und die Christen sprechen von Ewigkeit. Diese meint aber nicht etwa eine besonders lange Zeit, sondern gerade das Aufhören aller Zeit.

In solch wahrhaft kosmischem Bewußtsein gibt es keinen Schatten mehr, das Ich hat aufgehört zu existieren bzw. hat sich aufgelöst in das Selbst, das eins mit allem ist, weil es alles ist.

Satanismus, Hexenkult und magische Schatten

Wer glaubte, Teufelskult und Hexenglauben hätten wir mit dem Mittelalter hinter uns gelassen, sieht sich heute eines Besseren belehrt. Noch immer oder schon wieder glaubt ein Drittel der Bundesdeutschen, daß es Menschen gibt, die anderen »etwas anhexen« können. 1984 war im deutschen Fernsehen die Satanistin Ulla von Bernus zu sehen, die behauptete, durch magische Rituale töten zu können. In der Sendung wurde die rituelle Verbrennung eines Bildes vom Opfer unter gleichzeitiger Anrufung des Teufels gezeigt: »In nomini Satanas! Brennen sollst du! Langsam sollst du sterben!« Wenn auch das Latein etwas zu wünschen übrig ließ, war die Vorstellung doch sehr ernst gemeint, und nach unseren Gesetzen gar nicht strafwürdig. Auch im österreichischen Fernsehen hatte Frau Bernus einen vielbeachteten Auftritt. Hier wurde auch Ella Hard, die sich selbst als Hexe bezeichnet, präsentiert. Frau Hard hat ihren Weg in die magische Welt der Hexen ausführlich in Buchform beschrieben, einschließlich detaillierter Einweihungsrituale.

Die Welle von Satanismus und Hexerei ist kein deutsches Phänomen, wenn sie auch inzwischen die meisten deutschen Städte und vor allem Schulen erreicht hat. Aus Frankreich, England und Skandinavien werden entsprechende Erscheinungen von Schwarzen Messen bis zu Ritualmorden berichtet. Der Schwerpunkt der Bewegung dürfte aber auch in diesem Fall in den USA liegen.

Die traurigste Berühmtheit erlangte hier in den späten sechziger Jahren die »Final Church« (endgültige Kirche). Ihr Begründer Charles Manson, der sich für Satan und Christus zugleich hielt, glaubte, das Jüngste Gericht sei gekommen und er und seine »Kirche« berufen, es auszuführen. Neben zahlreichen anderen Opfern forderte die »Final Church« auch die Leben der Schauspielerin Sharon Tate und ihrer Partygäste. Laut Aussagen des Club 700, einer Arbeitsgemeinschaft der christlichen Kirchen der USA, werden dort pro Jahr einige tausend Kinder Opfer des Satanskultes. 10 Millionen US-Amerikaner betreiben nach dieser Quelle »Schwarze Magie«.

Das Aufblühen satanistischer Praktiken

Die sogenannten schwarzmagischen Praktiken[15] lassen sich nur schwer definieren und reichen von sorgfältig arrangierten Schwarzen Messen, die den katholischen nur mit anderem Vorzeichen nachempfunden sind, bis zu kindlich anmutendem Hokuspokus unter Verwendung von reichlich Blut und religiösen Utensilien. Die gemeinsame Wurzel im christlichen Gedankengut ist das verbindende Element und scheint selbst dort durch, wo sie heftig bestritten wird. Die folgende typische Beschreibung ist dem Bekenntnisbuch einer ehemaligen Teufelsanhängerin (Ricarda S. »Satanspriesterin«[16]) entnommen: »Ich habe dem Kaninchen kurzerhand den Hals durchgeschnitten. Das Blut wurde in einer Opferschale aufgefangen und eine geweihte Hostie darin aufgelöst. Benno und ich durften das Blut aus der Opferschale allein für uns trinken. Dann haben wir vor aller Augen miteinander gevögelt.«

Der starke Bezug vieler Praktiken zur Sexualität kommt hier ebenso zum Ausdruck wie die Bedeutung christlicher Symbole. In diesem Fall wird sie in der gestohlenen Hostie besonders offensichtlich.

Wie weit verbreitet solches Gedankengut heute ist, zeigt sich auch in der *Popkultur*. Hier läßt sich die Welle bis in die Sechziger Jahre zurückverfolgen, wo etwa die Rolling Stones mit dem Lied »Sympathy for the Devil« Erfolg hatten. Im späteren Hardrock und der modernsten Variante »Heavy Metal« sind die Anklänge an Satanistisch-Okkultes noch viel deutlicher. Gruppennamen wie »Black Sabbath« und »Slayer« (Totschläger) oder »Judas Priest« sprechen für sich, und die entsprechenden Texte stehen den Firmennamen nicht nach. Titel wie »Hells Bells«

---

[15] An sich gibt es keine schwarzmagischen Praktiken, sondern nur Praktiken an sich, die auch zu schwarzmagischen, d. h. letzlich die Spaltung und Zweiheit fördernden, Zielen verwendet werden.

[16] Ricarda S.: Satanspriesterin. Eichborn 1989.

(Glocken der Hölle) und »The Number of the Beast« (Die Zahl des Tieres) von »Iron Maiden« wurden zu Wegweisern des heute schon Okkultrock genannten Genres. Der letzte Titel bezieht sich offenbar auf Aleister Crowley, den geistigen Vater der meisten Satanisten, der sich selbst als das »Große Tier 666« der Apokalypse bezeichnete.

Nicht weniger typisch ist die Flut der Comics und Fantasy-Romane, die heute okkulte und manchmal auch satanistische Themen verbreiten. Filme wie der »Exorzist« oder »Die Hexen von Eastwick« stellen das Thema in gekonnter Hollywoodmanier dar und wurden zu Millionenerfolgen. Ähnlich muten die immer zahlreicher auf den Markt drängenden Spiele an, mit deren Hilfe man sich in okkulten Phantasiewelten austoben kann.Sie zeigen aber auch, wie alt das Thema ist, sind sie doch letztlich ein moderner Aufguß des guten alten Kasperl-Theaters, in dem dem Teufel immer eine führende Rolle zukam.

All diese Phänomene lassen sich natürlich auf unterschiedlichste Weise und unter verschiedensten Gesichtspunkten bewerten, gemeinsam zeigen sie das große und scheinbar noch immer anwachsende Bedürfnis nach diesem Themenkreis. Die sprichwörtliche Frage, ob wir bereits *in Teufels Küche geraten* sind, ist nicht eindeutig zu beantworten. Auch jene vielleicht noch treffendere Frage, ob die Jugend nun endgültig *zum Teufel gehe,* ist schwerer denn je zu beantworten. Seit Jahrhunderten von der jeweils älteren Generation prophezeiht, scheint es nun konkret so weit zu sein. Andererseits soll man *den Teufel nicht an die Wand malen.* Daß so viele es trotz dieser sprichwörtlichen Warnung tun, muß Gründe haben.

Kaum hatte es sich die christliche Kultur unter dem Geleitschutz der von ihr bestallten Amtskirchen im Diesseits so richtig gemütlich gemacht, kam dieser unerwartete Einbruch des Jenseits und noch dazu von der teuflischen Gegenseite. Gerade jetzt, wo man die eigenen Engel und andere lichte Hilfsgeister fein säuberlich in den Schubladen wissenschaftlicher Vernunft hatte verschwinden lassen, die biblischen Wunder sachgemäß wegrationalisiert und sich auf eine vernünftige und damit letztlich religionslose Zeit eingestellt hatte, fuhr die Gegenseite solche Geschütze auf. Nach der gründlichen Entmythologisierung des Glaubens sollte der Teufel (wie auch die Engel[17]) nur noch ein abstraktes Prinzip sein. Daß er sich darum nicht im geringsten kümmerte und wie eh und je wieder *leibhaftig* erschien, löste Angst und eine gehörige Portion Hilflosigkeit aus. *Von allen guten Geistern verlassen* steht die Kirche den bösen fast wehrlos und kindlich schmollend gegenüber. Wie sagte ein Pfarrer angesichts eines in seiner Gemeinde vorgefallenen *satanischen* Mordes: »Ich verkünde die christliche Botschaft. Um dieses Teufelszeug kann ich mich nicht kümmern.«

Es läßt sich nun aber schwerlich bestreiten, daß »dieses Teufelszeug« im Schatten[18] unserer Kultur und damit des Christentums auftritt, ja dessen unbewältigter Schatten ist. Dem schon ausführlich besprochenen Verdrängungsproblem der christlichen Kirchen muß an dieser Stelle noch ein Kapitel angefügt werden. Tatsächlich ist es nämlich diese Kirche, die, ohne es zu wollen, satanistische Phänomene fördert. Daß sie das nicht sehen kann, ist ihr nicht übelzunehmen. Niemand kann seinen Schatten sehen, es sei denn, er unterzöge sich einer tiefgreifenden Therapie. Hört man die zaghaften und halbherzigen Distanzierungen der Kirche von ihren eigenen satanischen Exzessen zu Inquisitions- und anderen Zeiten, weiß man, daß sie von einer ehrlichen Therapie noch weit entfernt ist. Dabei hätte sie es gar nicht so schwer, trägt sie doch die gesunde Basis, die Grundlage solch einer Therapie werden könnte, in der Bibel ständig mit sich. Dort nämlich wird bei Johannes (12,31 und 16,11) der Satan ausdrücklich und mehrfach als der »Herrscher dieser Welt« bezeichnet. Im ersten Johannesbrief (5,19) heißt es: »Wir wissen: Wir sind aus Gott, aber die ganze Welt steht unter der Macht des Bösen«. Im 2. Korinther 4,4 nennt Paulus Satan

---

[17] Tatsächlich erwächst der katholischen Kirche gerade im sogenannten »Engelswerk« (Opus angelorum) eine fundamentalistische Glaubenskampfgemeinschaft, die sich vor allem auf die Leibhaftigkeit der Engel stützt. In den Anfangszeiten wohlwollend geduldet, da es vor allem in Lateinamerika ein Bollwerk gegen die Theologie der Befreiung bildet, zählt die Anhängerschaft dieser Sekte innerhalb der Kirche inzwischen Hunderttausende.

[18] Schatten ist hier im Sinne C. G. Jungs als das Unbewußte, Verdrängte zu verstehen.

den »Gott dieser Weltzeit«. Der erlösende Therapieschritt ist angesichts dieser Lage klar: »Liebet eure Feinde!«

Statt dessen aber kämpft die Kirche einen ebenso aussichtslosen wie gefährlichen Kampf gegen das Böse im allgemeinen und gegen Satan im speziellen. Das Ergebnis ist Verdrängung und damit Schattenbildung. Das, was man bei sich selbst nicht mag, erscheint einem draußen in der Projektion. Die Welt wird zum Spiegel. Der Kampf gegen die Bilder des Spiegels muß Spiegelfechterei bleiben. Echte Therapie kann nur bei sich selbst beginnen.

Insofern ist es auch nicht verwunderlich, daß die Kirche zum Problem des Satanismus, der in seiner einseitigen Unbewußtheit zur ernsten Gefahr geworden ist, gar nichts zu bieten hat. Weltanschaulich kann sie das Problem nicht durchschauen, weil es in ihrem eigenen Schatten liegt. Praktisch hat sie sich selbst die Hände gebunden, indem sie ihre ausgefeilte Dämonenlehre auf den Abfallhaufen des Rationalismus warf. Daß Christus, wie uns die Evangelien vielerorts berichten, sehr wohl mit dämonischen Kräften umzugehen wußte, nützt da wenig. Seine hauptberuflichen Vertreter trauen sich heute nicht mehr, ihn beim Wort zu nehmen. Selbst wenn noch hie und da die Erlaubnis zur Ausführung des Exorzismus nach dem Rituale Romanum gegeben wird, kann dieser nicht mit der ursprünglichen Kraft wirken. Das im Hinblick auf den Schatten völlig verquere Weltbild und die Halbherzigkeit und Unsicherheit bezüglich okkulter Kräfte stehen dabei im Wege. Wer mit Geschäftsleuten verhandeln will, muß diese in ihrer Existenz ernst nehmen und bereit sein, mit ihnen auf gleichberechtigter Ebene zu Vereinbarungen zu kommen. Dies scheint bei Dämonen nicht viel anders zu sein, jedenfalls geht das Rituale Romanum davon aus. Es fußt offensichtlich auf Christi Wirken als Exorzist, das uns ausführlich überliefert ist.

Bei ihm stoßen wir auf ein ganz anderes Verständnis des Satanischen. Hier wird der »Herr dieser Welt« in seinen Rechten anerkannt, und an keiner Stelle wird Verdrängung vorgelebt oder angeraten. Weder wird Satan aus der Welt gewünscht, noch negiert. Christus weicht ihm nicht aus und macht nicht gemeinsame Sache mit ihm, aber er bezweifelt ihn auch nicht.

Im Gegenteil fällt auf, daß er auch Krankheitssymptome, die wir heute ganz anders einordnen würden, wie dämonische Kräfte einstuft und behandelt; etwa wenn er einem Fieber befiehlt zu weichen. Er lehnt nicht einen einzigen der zu ihm gebrachten »Besessenen« ab, auch akzeptiert er ausnahmslos diese Diagnose, gleichgültig welches Krankheitsgeschehen wir mit unserem heutigen differentialdiagnostischen Blick vermuten würden. Es scheint so, als sei Krankheit für Christus ebenfalls eine Form von Besessenheit durch Dämonen oder unreine Geister.

Tatsächlich geht esoterisch orientierte Medizin bis heute davon aus, daß hinter jedem Krankheitssymptom ein geistig-seelisches Problem steckt, ein unreiner Geist sozusagen. Ob Christus dem Krankheitsdämon durch Exorzismus begegnet, indem er dem Dämon befiehlt zu weichen, oder durch Handauflegen, er wendet sich in jedem Fall dem Betroffenen zu, entsprechend dem Kernsatz seiner Lehre: »Liebet eure Feinde!«

Auf der einen Seite also Handauflegen, auf der anderen kämpfende, beschuldigende und heftig projizierende Sektenbeauftragte. Drastischer kann man den Unterschied zwischen Christus und seiner Kirche nicht charakterisieren. Neben seiner entlarvenden Funktion kann dieses Bild aber auch die Aufgabe der Kirche beleuchten.

Konkrete diesbezügliche Hinweise finden sich in den schwarzmagisch eingestuften Praktiken selbst. Die dominierende Rolle der Sexualität korrespondiert auffallend mit deren Unterbewertung im Christentum. Auch hier gilt: Was man verdrängt, landet im Schatten und taucht dann irgendwann wieder in Form von Projektionen auf. Diese können sich sowohl in eigenen Symptomen (inneren Feinden) als auch in äußeren Feinden in der Umwelt zeigen.

Die in satanistischen Kreisen dominierende Aggressivität spiegelt auf gleiche Weise deren Verdrängung sowohl im christlichen als auch allgemein bürgerlichen Leben. Deutliches Indiz dafür ist der Zusammenhang zwischen Satanismus und Rockmusik. Diese ist ebenfalls nur als Reaktion auf die Energie- und Körperfeindlichkeit der gutbürgerlichen Welt zu verstehen. Deren klassische Musik richtet sich nur an die oberen, »sauberen« Zentren Kopf und Herz. Die Rockmusik dagegen wirkt vor allem unter der Gürtellinie und wird tanzend ja auch vor allem mit dem Becken ausgedrückt. Die *herablassende* Bezeichnung »Bumsmusik« macht alles klar. Hier geht es um vitale sexuelle Kraft aus dem unteren, archetypisch weiblichen Beckenbereich, der ja nicht von den Rockfans, sondern der spießbürgerlichen Welt als schmutzig hingestellt wird. Diese Musik war von Anfang an Protest, wurde sie doch von amerikanischen Bürgerskindern in den Ghettos der Schwarzen aufgeschnappt, wo sie auch schon Protest meinte. Daß diese Musik, die ihrem Wesen nach immer schwarz war, sich nun auch des besonders dunklen Okkulten annimmt, ist wenig erstaunlich. Solche Musik, die auch historisch immer nur Zeichen setzte, jetzt als Ursache des Satanismus zu bezichtigen, ist ungefähr so intelligent und hilfreich wie die morgendliche Beschimpfung des Spiegels nach durchzechter Nacht. Im Gegenteil sollte man dem Spiegel lieber dankbar sein, daß er so ehrlich zeigt, was nun einmal Thema ist.

Eigentlich könnten wir an der Begeisterung, die entsprechende Rocknummern auslösen, sehen, wie groß das Bedürfnis nach diesem Pol der Wirklichkeit ist. Beim Toben zu den entsprechend einheizenden Rhythmen wird viel Energie frei. Zumindest die Frage muß erlaubt sein, ob es nicht wesentlich sinnvoller ist, diese auf solch laute, aber doch recht harmlose Weise loszuwerden, als sie gar nicht zu leben und damit zu verdrängen. Dann nämlich kann man darauf warten, bis sie sich aus dem Schatten heraus Bahn bricht. Egal, ob sie als inneres Phänomen (z.B. Besessenheit) wieder auftaucht oder als äußeres in gewalttätigen Satansritualen, die Gefahr ist zumeist ungleich größer. Selbst wenn Satansmessen auf der Bühne aufgeführt werden und die empfindlichen christlichen Gefühle aufs Schwerste beleidigt werden, die Frage bleibt: Wo sollen diese Energien hin, wenn man dergleichen »nun endlich verbietet«, wie von entsprechenden Kreisen unablässig gefordert. Und die zweite nicht minder wichtige Frage schließt sich an: Wie kommt es, daß solch eine Flut dunkler Energien frei und ungebunden zur Verfügung steht? Und tatsächlich sind es ja nicht nur die Jugendlichen, die »von allen guten Geistern verlassen« zum Teufel überlaufen.

Daß diese Energien heute weniger denn je eingebunden sind in ein tragfähiges Weltbild und Gesellschaftsleben, liegt zum einen an den gerade beschriebenen Schwierigkeiten im Umgang mit der Polarität und insbesondere ihrem dunklen Pol. Zum anderen liegt es wohl vor allem auch an dem eingangs angeführten Mangel an Ritualen und kultischen Handlungen in modernen Industriegesellschaften. Die *Rockkultur* ist sicherlich eine Protest- und *Ersatzkultur.* Immerhin kennt sie noch gewisse kultische Handlungen, wenn man an die Heldenverehrung der Stars, den sogenannten *Starkult* denkt.

Hier bahnt sich ein wirklicher Gegenkult an, der seine Elemente frech bei der christlichen Kirche stiehlt. Auch das ist Hinweis dafür, daß es sich um nichts Originäres, sondern um Ersatz handelt. Wenn Elemente der Messe einfach in ihr Gegenteil verkehrt werden, wie bei Schwarzen Messen, wird zudem der Protestcharakter gegen die Kirche offensichtlich. Man will das Gegenteil erreichen und bedient sich folglich auch konträrer Mittel. Dem Gottesdienst wird der Teufelsdienst entgegengesetzt. In diesem *verkehrten* Bezug wird die enge Verbindung zur Kirche deutlich. Ob man den kirchlichen Anweisungen genau folgt oder immer gerade das Gegenteil anstrebt, in beiden Fällen ist man abhängig. Predigt die Kirche Demut und Liebe, setzt man auf Macht und Haß. Hier wird besonders deutlich, wie sehr der Satanismus den Schatten der Kirche auslebt. In geschichtlichen Zeiten lebte die Kirche genau diese Eigenschaften selbst, auch wenn sie sich offiziell immer davon distanzierte. Dem gläubigen Volk wurde Demut und Liebe gepredigt, die Kirche selbst baute eine beispiellose Machtposition auf und verfolgte ihre Gegner mit Haß. Heute werden diese Schattenseiten nicht mehr so offen ausgelebt, vorhanden sind sie immer noch. Wo sie nicht versteckt zum Zuge kommen (Kirche als Wirtschaftsmacht und Waffenproduzent) zeigen sie sich im Umfeld, wie eben im sogenannten Protestsatanismus. Dieser spiegelt nicht nur in seinen Zielen, sondern auch in seinen Ritualen den Schatten der Kirche. Damit aber zeigt er, wie unheil diese Ziele und auch die Rituale sind, denn Schatten enthüllt immer die Fehler, die zur Ganzheit fehlen. Schatten ist insofern heilsam, als er das Fehlende hinzufügt. Die Einseitigkeit der lichten Ziele und Rituale der Kirche wird gleichsam durch die einseitig dunklen Bestrebungen und Rituale des Teufelskultes ausgeglichen. Diese sind vielen Menschen Kult geworden und damit Ersatz für Religion und Kultur.

Wo Ersatz gebraucht wird, muß aber Mangel herrschen. Wenn wir ehrlich wären, müßten wir uns eingestehen, daß wir hier ein riesiges Defizit zu verzeichnen haben. Wir bilden uns soviel ein auf unsere Kultur und die Höhe, die sie durch unseren Fleiß (lat. industria) erreicht hat. In Wirklichkeit verdient sie kaum noch den Namen *Kultur,* kann sie doch fast keinen Kult mehr vorweisen. Kult ist bei uns in den Schatten geraten und macht sich von hier in unbewußten Ausbrüchen und Ersatzhandlungen wie den gerade skizzierten Luft.

Auf diesem Hintergrund mag es verständlich werden, wenn es vereinzelte zaghafte Stimmen gibt, die den ganzen Teufelszauber nicht nur von der negativen Seite sehen, sondern ihm auch einen heilsamen Aspekt abgewinnen. Neben den rüden und mehr oder weniger machtbesessenen Richtungen gibt es auch einige sehr bewußte, die sich mit viel Wissen und Theorie ausgerüstet dem Satanismus widmen. Hier wäre z.B. der katholische Theologe und Psychoanalytiker Dvorak zu nennen, der ein Buch über »Satanismus«[19] geschrieben hat und sehr bewußt Schwarze Messen zelebriert. Er ist sich der Bedeutung seiner eigenen Affinität zu Satan als dunklem Gegenpol des lichten Gottes sehr bewußt und sieht die entsprechenden Rituale als Abreaktionsübungen für gestaute seelische Energien. Noch ein ganzes Stück weiter geht das Orgien- und Mysterien-Theater von Hermann Nitsch. Unter ganz bewußter Einbeziehung sadomasochistischer Handlungen wird hier nach strenger Choreographie im Blut frisch geschlachteter Opfertiere gewütet. Auf diese Weise sollen »zerstörerische Energien« abreagiert und damit neutralisiert werden. Nitsch spricht von »Abreaktionsekstase«.

Daß sich von solchen schockierenden öffentlichen Auftritten

---

[19] Dvorak, Josef: Satanismus. Geschichte und Gegenwart. Frankfurt am Main 1989.

eine überwältigende Mehrheit aller Menschen distanziert, ist selbstverständlich. Gerade wenn es sich um Themen des eigenen Schattens handelt, wird man sie vehement ablehnen.Nichts ist schwerer zu akzeptieren als Schatten, nichts aber ist heilsamer. Immerhin sollten wir uns daran erinnern, daß es ganze Religionen gab, die auf der heil(ig)enden Kraft von Orgien aufbauten, wie etwa die des Dionysos. Daß wir heute eine enorme Distanz zur Ekstase haben, mag vielen Menschen als moralische Errungenschaft gelten, ist aber auf seiner Kehrseite ein Problem. Die kleinen harmlosen Überbleibsel in Form von Faschingsbällen und Silvesterknallereien genügen offenbar dem Hunger der Seelen nach Ekstase und Orgie nicht mehr.

Insofern mag der auf den ersten Blick verblüffende Rat des Theologen Adolf Holl verständlich werden, den er nach eingehender Betrachtung der Satanismusszene mit all ihren Problemen und gefährlichen Auswüchsen formuliert. Vorsichtig fragend rät er, ob man nicht den professionellen Satanisten Dvorak auf Tournee schicken sollte zu all den Jugendlichen, die sich mit ihrem stümperhaften Teufels-Kasperle-Theater in Gefahr bringen. »Dann könnten die Kids professionelle Umgangsformen mit dem Bösen erleben, entspanntere und abwechslungsreichere als die ihren, in gefahrloser Weise. Auch der Teufel müßte damit eigentlich ganz zufrieden sein.«

Eine Kurzgeschichte der Magie

Dem zeitlosen Phänomen der Magie sind wir mit dem bisherigen Ausflug in die moderne Satanismusszene in keiner Weise gerecht geworden. Es dürfte kaum eine Gesellschaft von den frühesten Anfängen bis heute gegeben haben, die ohne Magie auskam. In den archaischen Kulturen waren es und sind es bis heute die Schamanen, die magisch arbeiten. Das Wissen der Priesterkaste in den Kulturen des Altertums, das alle Bereiche des Lebens und des Kosmos umfaßte und den Weg zur rechten Lebensgestaltung weisen sollte, wurde als Magie bezeichnet. Und auch die Bibel kennt und differenziert Magie. Die neutralste und kürzeste Definition besagt, daß Magie den Versuch darstellt, Kontakt zu transzendenten Ebenen aufzunehmen. Im allgemeinen versteht man heute darunter die absichtliche und gezielte Beeinflussung der Welt im Rahmen eines magischen Weltbildes. Auf dieser Basis bringt der Magier die verschiedensten Dinge, Menschen und Wesen mit Hilfe magischer Rituale in Beziehung zueinander. Nach Janzen gehen Magie und *Imagination* sprachlich auf dieselbe Wurzel wie Macht zurück. Auf jeden Fall war Macht immer ein beherrschendes Thema der Magie.

Seit frühester Zeit wird Weiße Magie, sogenannte Theurgie (griech. für »göttliche Handlung«), die mit Hilfe von guten Geistern und Engelwesen für gute Zwecke ausgeübt wird, von der Schwarzen Magie, auch Goetie (griech. für »Zauberei, Täuschung«) genannt, unterschieden. Die Goetie vertraut auf dunkle dämonische Mächte, die zum Schaden anderer oder für selbstsüchtig egoistische Ziele eingesetzt werden. Während es das Ziel der Weißen Magie ist, sich mit dem höchsten Wesen zu vereinigen und so in aller Schöpfung aufzugehen, zielt die Schwarze Magie auf die absolute Macht über die Schöpfung. Da es ihr im wesentlichen um diese Welt geht, vertraut sie konsequenterweise auf Satan als Herrn dieser Welt. Die Weiße Magie richtet sich dagegen auf Gott. Hier aber beginnt auch schon das Problem der Unterscheidung zwischen Weißer und Schwarzer Magie, und es mischen sich Grautöne in die Farbpalette.Denn wenn die weiße Richtung beabsichtigt, sich mit allem zu vereinigen, kann sie nicht auf den Lieben Gott, sondern muß auf den Einen Gott setzen, dieser aber umfaßt auch Satan. An dieser Stelle mag deutlich werden, warum gerade die weißmagischsten Bestrebungen so leicht auf dem dunklen Gegenpol landen, während die schwarzmagischen oft ganz unbeabsichtigt den hellen Pol aus ihrem Schatten zu Tage fördern. Wie sagte Mephisto so treffend: »Ich bin ein Teil von jener Kraft, die stets das Böse will und stets das Gute schafft.« In der Praxis sind daher beide Richtungen gar nicht so leicht auseinanderzuhalten. Wer sich offen zur Schwarzen Magie bekennt, wird wohl auch dorthin gehören, wer aber viel Wert darauf legt, nur weißmagisch zu arbeiten, ist entweder sehr einseitig und damit harmlos oder mehr mit beiden Seiten der Wirklichkeit in Verbindung, als er zugibt oder auch weiß.

Obwohl Magie seit alters her benutzt wurde, ist ihre Entwicklung zu einem eigenständigen Bereich im Rahmen des Okkultismus ein Phänomen der Neuzeit. In früheren Zeiten war das Weltbild der Menschen im ganzen gesehen magisch, und die sich daraus ergebenden Phänomene galten keineswegs als okkult. Was wir heute als okkult betrachten, weil es sich unserem intellektuellen Verständnis entzieht, galt damals nicht als neben (para), sondern als in der Normalität. Es kam entweder von Gott, wie die Wunder, die die Heiligen in seinem Namen wirkten, oder von Satan, wie Schadenszauber, Verwünschungen und Behexungen.

Die neuere Geschichte der Magie beginnt am ehesten mit dem Arzt, Theologen und Juristen Agrippa von Nettesheim und seinem Werk: »Drei Bücher über die okkulte Philosophie oder über die Magie« (»De occulta philosophia libri III sive de magia«). Hier taucht das Wort »okkult« zum ersten Mal im bis heute gebrauchten Sinn auf, und das Wort »Magie« wird in diesem Zusammenhang vom Odium des primitiven Zaubers befreit. Agrippa faßt in seinem grundlegenden Werk die zeitlose »uralte Wissenschaft aller Weisen« zusammen und will seine okkulte Philosophie als christliche Esoterik verstanden wissen, stößt dabei aber sehr bald auf Unverständnis und Widerstand von Seiten der Kirche.

In seinem Werk finden sich bereits die eingangs beschriebenen Grundsätze des esoterischen Weltbildes, wie vor allem das Analogiedenken, das Innen und Außen, Oben und Unten in Beziehung setzt und den Mikrokomos Mensch als Spiegel des Makrokosmos Welt erkennt.

Nach der Renaissance geraten Wissenschaft einerseits und Religion und Okkultismus andererseits immer weiter auseinander. Im 19. Jahrhundert wird Eliphas Levi, ein vom Priesteramt ausgeschlossener französischer Theologe zum Wegbereiter der Magie und des modernen Okkultismus. Wissenschaftsgläubigkeit und Materialismus hatten einen Höhepunkt erreicht. 1848 erscheint das Kommunistische Manifest, das mit den Worten beginnt: »Ein Gespenst geht um in Europa – das Gespenst des Kommunismus.«

Es war überhaupt ein Jahr für Gespenster, denn in ihm

begann auch das Phänomen des Spiritismus mit den Klopfgeistern bei der Familie Knox in Hydesville. Beide Bewegungen wuchsen rasant und spiegeln in ihrer Gegensätzlichkeit die Spannung, die in dieser Zeit lag. Wie der Kommunismus gewinnt auch der Okkultismus rasch eine Massenbasis. Die in Orthodoxie und Rationalismus festgefahrenen Kirchen haben dem wenig entgegenzusetzen.

1875 stirbt Eliphas Levi, und Madame Blavatsky gründet die Theosophische Gesellschaft. Im selben Jahr wird Aleister Crowley geboren. Er empfindet sich als Reinkarnation von Eliphas Levi und wird zum geistigen Vater der meisten heutigen Satanisten. Stark von gnostischen Lehren inspiriert, lehrt Crowley die Einheit des Menschen mit einer Welt göttlicher Wesenheiten, die selbst wiederum lediglich Emanationen des einen göttlichen Urprinzips sind. Im Gegensatz zu anderen neugnostischen Kreisen setzte Crowley auf ein fast zügelloses Ausleben der Triebe, um unabhängig von ihnen zu werden und Macht über die Welt der Phänomene zu bekommen. Der Lebensdrang und die in ihm liegende Lust waren für ihn von zentraler Bedeutung, und so waren es auch vor allem die orgiastisch-dionysischen Triebexzesse, die ihm eine Fülle von Gegnern einbrachten.

Die neue Religion, die er der Menschheit bringen wollte, verstand er als eine grundsätzlich magische, die sich entsprechender Rituale bediente. Neben allen nur denkbaren sexuellen Praktiken gehörten auch reichlich blutrünstige Tieropfer zum rituellen Rüstzeug seiner Anhänger. Seine Art, Lebenskraft und Lust rituell zu feiern, verstand Crowley selbst als satanisch. Darüber hinaus bezeichnete er sich als das »Große Tier 666« der Johannesapokalypse, das gemeinhin mit dem Christenhasser Nero identifiziert wird.

Das Jahr 1875 ist aber auch das Geburtsjahr von C.G. Jung, der wie kaum ein anderer Esoterik und Psychologie verband und damit ebenfalls zu den Wegbereitern der heutigen Okkultwelle wurde. Anstatt zu tendenziell unbewußtem Aktionismus im Bereich des Satanischen wie Crowley, legte Jung die Basis für ein tieferes Verständnis okkulter Phänomene auf dem Hintergrund der Mythologien und Heilsgeschichten der Völker.

Von alten und neuen Hexen

Im Wiederauftauchen von Hexen in der Gegenwart begegnen uns natürlich eine ganze Reihe magischer und zum Teil auch satanistischer Elemente, andererseits gibt es hier aber auch grundsätzlich abweichende Phänomene. Einige Gruppen greifen auf alte vorchristliche Strömungen zurück und unterscheiden sich dadurch vom modernen Satanismus, der im wesentlichen Verkehrung und Abklatsch christlichen Gedankengutes ist. Wieder andere Gruppierungen haben eigentlich gar keine okkulten Wurzeln und gründen sich auf gesellschaftspolitische Ziele. Hier wäre vor allem an Teile der Frauenbewegung zu denken, die sich mit Stolz als moderne Hexen bezeichnen, ohne den geringsten Bezug zum Okkultismus zu haben. Dazwischen gibt es naturgemäß eine Fülle von Übergängen.

Die bedeutendste Strömung ist sicherlich schon zahlenmäßig der Wicca-Kult. Von England ausgehend, hat er sich vor allem in den angelsächsischen Ländern verbreitet, findet aber auch bei uns zunehmend Anhänger und vor allem Anhängerinnen. »Wicca« ist altenglisch und entspricht dem neuenglischen »witch« = Hexe. Dieser Kult soll schon Jahrtausende vor dem Christentum existiert haben und von diesem in den Untergrund gedrängt worden sein, ohne seinen Einfluß je ganz zu verlieren. Selbst in der Zeit der Hexenverfolgungen soll er im Untergrund überlebt haben. Die Wicca-Anhänger haben mit dem Christentum nichts gemein und bezeichnen sich ausdrücklich als Heiden. Im Zentrum der Religion steht die Große Göttin, aus der alles Leben kommt und zu der es zu gegebener Zeit auch zurückkehrt. Das Männliche ist hier dem Weiblichen deutlich untergeordnet, obwohl es auch einen männlichen Gott, den sogenannten »Gehörnten« gibt. Er ist aus der Göttin hervorgegangen und soll die Vorlage für den christlichen Teufel abgegeben haben. Im Wicca-Kult wird er aber keineswegs *verteufelt,* sondern als, wenn auch untergeordnete, Gottheit verehrt. Die Anhängerinnen und Anhänger des Kultes, der auch Männer aufnimmt, versammeln sich in Gruppen von jeweils 13 Mitgliedern, um magische Rituale durchzuführen. Sie lehnen Schadenszauber ab und verstehen und erleben ihre Rituale als

Teilnahme an der den ganzen Kosmos durchpulsenden Energie. Sexuelle Praktiken sind ein Teil ihrer Rituale, wenn auch kein so beherrschender.

Neben dieser großen Strömung gibt es eine Fülle kleinerer Zirkel wie etwa die »Hexenschule Rheingau« in der Bundesrepublik, richtiggehende Hexenkurse und einzelne Hexen, die zum Teil sogar von ihrer Hexerei leben. Ähnlich wie die alternativ-ökologische Bewegung zunehmend von okkulten Strömungen unterwandert wird, geschieht es auch der politischen Frauenbewegung, ebenfalls sehr zu deren Kummer. Beide Richtungen sind dafür noch anfälliger, als es die Gesamtgesellschaft sowieso schon ist. Bei der Frauenbewegung ist es kein Wunder. Anstatt die Männer mit den typisch männlichen Waffen, als da sind linkshemisphärisch intellektuelles Denken zu schlagen, bietet es sich geradezu an, auf die archetypisch weibliche rechtshemisphärische Art des Denkens in ganzheitlichen Zusammenhängen, Bildern und Mustern zurückzugreifen. Das aber ist das Denken der Esoterik.

Ein weiterer Grund für das Erstarken der Hexenbewegungen mag in der noch immer ausstehenden Vergangenheitsbewältigung des christlichen Patriarchats liegen. Zwischen dem 15. und 18. Jahrhundert wurden zwischen 100 000 und 9 000 000 Frauen als Hexen verbrannt, ertränkt oder gevierteilt. An den Foltermethoden und Hinrichtungsprozeduren der Inquisition wird der Projektionscharakter dieses kollektiven männlichen Verfolgungswahns überdeutlich. Verklemmte Priester, die ganz offenbar mit dem hohen zölibatären Anspruch nicht fertig wurden, untersuchten splitternackte Frauen auf Teufelsmale, stachen sie in Leberflecken und Muttermale, zum höheren Zwecke von Hexenprüfungen und zum niederen ihrer sadistischen Triebbefriedigung. Daß sich die Inquisition gegen das Weibliche an sich richtete, offenbart sich in den zynischen »Prozessen« und anschließenden Hinrichtungen, die eher an Ausrottung und nicht im geringsten an Gerechtigkeit orientiert waren. Gefesselte Frauen wurden »probeweise« ins Wasser geworfen. Gingen sie nicht unter, war das ein Zeichen ihres Bundes mit dem Teufel, und sie wurden hingerichtet. Gingen sie aber unter, war das ein Zeichen der Unschuld; tot waren sie in jedem Fall.

In dem Maße, wie die Frauenbewegung die Vergangenheitsbewältigung in die Hand nimmt, dürfte die christliche Kirche die große Chance verspielt haben, doch noch selbst zu ihrer Geschichte zu stehen und aus den neurotischen und psychotischen Entgleisungen zu lernen. So ist es kein Wunder, wenn Frauengruppen dem Abdanken des christlichen Patriarchats und in diesem Fall wohl auch gleich des ganzen *amtierenden* Christentums freudigen Herzens entgegensehen. Eine alte Hexenregel besagt, was du aussendest, bekommst du dreifach zurück. Sollte es nach dieser Regel gemessen werden, kann einem das christliche Patriarchat schon jetzt leid tun.

Noch ist es am Ruder, aber bei dem Gedanken an eine Vereinigung und weitere Erstarkung von Frauen- und Hexenbewegung kann man das Holz des Ruderblattes schon ächzen hören. 1775 wurde die letzte Hexe in Kempten im Allgäu offiziell hingerichtet, gut 200 Jahre später läuft ganz in der Nähe in Memmingen ein Prozeß, den nicht wenige Frauen (und nicht nur sie) wiederum als Hexenprozeß empfinden. Solche Symbole werden heute schon wieder gefühlsmäßig aufgenommen und beleben einen Haß, der, wenn er Anschluß an seine alten Wurzeln findet, zu einer Welle werden könnte, gegen die die heutige Hexenbewegung ein sanftes Plätschern ist.

VOM SINN UND UNSINN DER ORAKEL

Ein weiteres Charakteristikum der Esoterikwelle ist der immense Aufschwung, den das Orakelwesen erfährt. Kartenlegen, Münzenwerfen, Horoskopdeutungen, Kristallsehen werden wieder gesellschaftsfähig. Wurden solche Methoden bis vor kurzem noch als längst überholter und primitiver Aberglaube abgetan, der als typisch für das irrationale weibliche Denken galt, so suchen im Zuge des Esoterikbooms auch zunehmend Größen aus Wirtschaft, Wissenschaft und Politik den Rat von Astrologen, psychic readers (Seelenlesern) oder Kartenlegern.

Ursprünglich fiel es Orakeln zu, den Willen der Götter zu verkünden, nach dem sich der archaische Mensch zu richten hatte. Heute jedoch werden die verschiedensten Orakeltechniken benutzt, um den eigenen Willen besser durchsetzen zu können. Neben den unzähligen kleinen und großen menschlichen Problemen geht es um steigende oder fallende Börsenkurse, um Goldpreise, günstige Anlagetermine und ähnliches.

Um herauszukristallisieren, worum es bei Orakeln ursprünglich ging und eigentlich immer noch geht, scheint es sinnvoll, einen kurzen Ausflug in die Geschichte, zu den Ursprüngen des Orakelwesens zu machen.

Das Orakeln ist wohl so alt wie die Menschheit selbst. Überall, auf allen Kontinenten, in allen Kulturen entstanden schon sehr früh die verschiedensten Techniken und Methoden, Blicke in die nahe und ferne Zukunft werfen zu können. Am Anfang war sich der Mensch seiner totalen Abhängigkeit von der übermächtigen Natur bewußt. So war es für ihn schon aus rein überlebenstechnischen Gründen notwendig, die Sprache der Natur verstehen zu lernen. »Blitz und Donner waren Vorboten des Regens, wolkenlose Sonnenuntergänge verhießen kalte Nächte, und ein feuchter Sommermorgen ließ eine bessere Pilzernte erwarten als ein trockener. Hatte der Mond einen Hof, war für den nächsten Tag Regen zu erwarten, worauf auch manche Tiere, zum Beispiel tieffliegende Vögel hinwiesen, während etwa tanzende Mücken oder eine blutrote Abendsonne eher auf das Gegenteil deuteten. Diese Zeichen lesen zu können, nach und nach in die Sprache der Natur einzudringen und sich rechtzeitig auf kommende Entwicklungen einzustellen, war ein wichtiger Schritt auf dem Weg zum bewußten Menschen.«[20]

Aufmerksame Naturbeobachtung und das Deuten natürlicher Zeichen ließen unsere Vorfahren den zyklischen und damit geordneten Lauf der Natur erkennen. Richtete der Mensch (wie der heutige) seine Aufmerksamkeit allein auf sein irdisches Leben, fand er sich schnell verwickelt und gefangen in den Problemen und Existenzkämpfen des Daseins. Auch heute ist es ja nicht leicht, Sinn, Ordnung und große Zusammenhänge in den alltäglichen irdischen Ereignissen zu sehen. Der Blick fürs Ganze geht den meisten Menschen über der Auseinandersetzung mit den unzähligen täglichen Aufgaben und Pflichten verloren. Die Erkenntnis, die sich von den Naturbeobachtungen ableiten ließ, daß ein immer wiederkehrender Rhythmus, also Ordnung, dem Leben bzw. der Natur innewohnt, machte den frühen Menschen bewußt, daß sie in einer harten, aber harmonischen Umwelt lebten, deren Gesetze und Zeichen man erkennen und danach leben konnte. Aus diesem Wissen, daß alles in einem großen Ordnungssystem zusammen funktioniert, konnte der Mensch sehen, daß alles seinen Platz und seine Bestimmung im Kosmos hat. Nur das Einfügen in diese Ordnung, das Wissen um den eigenen Platz, die eigene Aufgabe, gewährleistet ein harmonisches Leben. Instinktiv wußte der Mensch, daß es seine vordringlichste Aufgabe ist, mit den Gesetzen des Himmels und der Erde in Einklang zu sein und sich in jenes Muster einzufügen, welches das Schicksal längst für ihn gewoben hatte.

Für den archaischen Menschen war es undenkbar, ein so großartiges Gefüge für leblos zu halten, wie es der moderne Mensch vielfach tut. Alles galt ursprünglich als beseelt. Alles lebte, neben den Pflanzen, den Tieren, den Menschen auch die

---

[20] Robert Griesbeck, Peter Orzechowski: Die Kraft der Rätsel. Weisheitsspiele der Welt. München 1986.

Steine, das Wasser, das Feuer, die Luft und die Erde. Da die Natur in ihren Erscheinungen darüber hinaus als so viel mächtiger erlebt wurde, betrachtete man die »Seele der Natur«, die Urprinzipien, die hier wirkten, als Götter, die den Lauf der Dinge bestimmten. Hier setzt die eigentliche Bedeutung der Orakel ein. Schon das Wort Orakel bezeichnet im Lateinischen (oraculum) den Ort, an dem die Götter geheime Weissagungen erteilen. Es war also die »Sprechstätte« der Götter. (Außerdem findet sich der Stamm des Wortes auch in »orare«, was beten heißt.)

Die Qualität bestimmter Orte und die Fähigkeit einzelner Menschen ermöglichten einen Einblick in das kollektive Unbewußte, in dem alles Wissen gespeichert ist. Eine Analogie aus der Wissenschaft liefert die Genetik, die in jeder Zelle unseres Körpers die gesamte Information des Organismus entdeckt hat und aus diesem Einblick ihre Schlüsse ziehen kann. Menschen, die die Begabung hatten, Zugang zum kollektiven Unbewußten zu finden, wurden zu Mittlern und Verkündern des »Willens der Götter«, oder, in moderner Terminologie ausgedrückt, von archetypischen Inhalten des Unbewußten.

Auch die Tatsache, daß viele dieser »Sprechstätten der Götter« an bestimmte Plätze gebunden waren, erscheint vor dem Hintergrund der im ersten Teil dieses Buches beschriebenen Theorie der morphogenetischen Felder weniger abwegig. Der Raum eines Tempels oder einer Kirche hat einfach andere Qualitäten, ein anderes »Feld« als ein Marktplatz oder ein Bahnhof. Und in der weihevollen Stille einer Kirche wird der Blick nach innen (ins Unbewußte) leichter fallen als auf einem Marktplatz während der rush hour.

Die wesentliche Grundlage, die das Orakeln überhaupt erst ermöglicht, ist die schon ausgeführte Weltsicht der Synchronizität mit dem ihr entsprechenden analogen Denken. Das Orakeln lebt von der Parallelität zwischen der größeren Ordnung etwa der Natur und der kleineren Ordnung Mensch. Sieht man die größeren Zeichen bzw. Omen (z. B. am Himmel), so kann man auf eine in diesem Moment gestellte Frage eben diese Zeichen der größeren Ordnung übertragen. Mikrokosmos ist gleich Makrokosmos, die alte Analogiegleichung der Esoterik.

Der wunde Punkt in diesem System ist nur die Deutung der Zeichen, das Problem der Interpretation, in die praktisch immer die Subjektivität des Deuters miteinfließt. »Die übliche Weise des Unbewußten, die Zukunft zu skizzieren, ist die symbolische. Man sieht zum Beispiel nicht den toten Verwandten, sondern träumt von einem Beerdigungskranz und Ähnlichem ... Die meisten Orakel geben (daher), wie erwähnt, nur ein symbolisches Bild des zukünftig zu Erwartenden, und ein Symbol kann immer gleichzeitig auf viele Arten gedeutet werden.«[21] Symbole enthalten schon per definitionem immer das Ganze. So bedeutet das zugrundeliegende griechische Wort symballein alles zusammenwerfen, zusammenfügen.

In der griechischen Antike, in der das Orakelwesen fester Bestandteil des religiösen und gesellschaftlichen Lebens war, beschränkten sich die Orakelpriester auf ihre Weissagungen und verzichteten auf Deutung. Das Ergebnis war jedoch häufig, daß die geweissagten Sprüche so geheimnisvoll und unverständlich klangen, daß der Ratsuchende verwirrter von dannen zog, als er gekommen war. Die eigenen Interpretationen waren dann oft die größte Fehlerquelle, wie uns etwa der überlieferte Mythos von Ödipus berichtet. Ödipus wurde schon als Kind auf Grund eines unheilvollen Orakelspruchs von seinen leiblichen Eltern ausgesetzt. Er wurde aber gerettet und von Pflegeeltern, die er für seine richtigen hielt, aufgezogen. Als Jüngling reiste er dann, wie es für einen Mann seines Standes üblich war, zum damals berühmtesten Orakel nach Delphi, um mehr über sein Schicksal zu erfahren. Die Pythen (so hießen die Orakelpriester) weissagten, daß er seinen Vater töten und seine Mutter ehelichen werde. Vor Entsetzen darüber beschloß Ödipus, nie mehr zu seinen (Pflege-)Eltern zurückzukehren, wußte er doch nicht, daß es nicht seine richtigen waren. Er zog in die Fremde und wurde auf seinem Weg in einen Kampf mit Männern verwickelt, die er tötete. In diesem Moment wußte er noch nicht, daß einer der Männer Laios, sein Vater, war. Als er dann nach Theben kam, befreite er die Stadt von dem auf ihr lastenden Unheil, indem er

[21] Marie-Luise von Franz: Wissen aus der Tiefe. Über Orakel und Synchronizität. München 1987.

das berühmte Rätsel der Sphinx löste und als Belohnung dafür Jocaste, die Königin von Theben zur Gemahlin erhielt, seine leibliche Mutter.

Dieser Mythos kann auf vielerlei Weise die Möglichkeiten und Gefahren des Orakelwesens aufzeigen: Ödipus wollte etwas über den Verlauf seines Schicksals wissen. Als er darüber erfuhr, versuchte er zuerst einmal diesem Schicksal zu entkommen. Ein uraltes und immer gültiges Muster im Umgang mit Orakeln! Verkündet das Orakel den Willen der Götter, oder etwas profaner ausgedrückt, die jeweilige Aufgabe, die einem im kosmischen Gefüge zukommt, so versucht der Mensch mit allen Mitteln und Tricks, den unangenehmen Aspekten des ihm bestimmten Musters zu entkommen. Und genau wie Ödipus kennt praktisch jeder Mensch (ob mit oder ohne Orakelspruch) das Phänomen, daß gerade die Wege, die unliebsame Aufgaben vermeiden sollen, auf direktem Weg in sie hineinführen. Die Angst davor wird sozusagen zum besten Wegweiser zu jener Hürde, die auf dem Entwicklungsweg gerade ansteht und genommen werden muß.

Orakel können also eine vorgegebene Struktur, ein vorhandenes Lebensmuster, das sich aus der psychischen Struktur ergibt, aufzeigen. Sie schaffen gewissermaßen Bewußtheit über die Art der »Lebensreise« und die entsprechenden Lernaufgaben, die zu bewältigen sind. Welche Straßen und Wege dafür benutzt werden, mit wieviel Hingabe oder Widerstand sie gegangen werden, das bleibt dem Einzelnen überlassen.

Ein weiterer wichtiger Hinweis, den wir dem Ödipus-Mythos entnehmen können, ist die Tatsache, daß das Schicksal in jedem Fall seinen Lauf nimmt. Überträgt man den im Mythos beschriebenen Schicksalsweg des Ödipus auf eine abstrakte Ebene, kann das Folgendes zeigen: Auf seinem Lebensweg verwickelt sich Ödipus immer tiefer in Probleme. Dadurch aber entwickelt er sich und lernt sich kennen, erlangt Selbst-Bewußtheit und gelangt trotz bzw. gerade wegen seines äußerlich betrachtet tragischen Schicksals schließlich zur Vollkommenheit.

Diese Botschaft ist eigentlich die zentralste, die man dem Orakel, dem »Willen der Götter« entnehmen kann. In ihrer ursprünglichsten Bedeutung enthalten Orakel Zeichen und Aufforderungen zur Entwicklung. Diese auf- und anzunehmen wäre auch heute noch die Aufgabe und Möglichkeit der verschiedenen Orakeltechniken.

An dieser Stelle drängt es sich auf, den Mißbrauch und die Gefahren zu betrachten, die heute vielleicht mehr denn je mit Orakeltechniken verbunden sind, zumal in unserer Zeit das Eingebundensein in einen religiösen Kontext weitgehend fehlt. Wie so vielen großartigen Techniken zur Selbstverwirklichung, die im Zuge der Esoterikwelle einem breiten und meist unvorbereiteten Publikum zugänglich werden, ergeht es auch den Orakeltechniken. Sie werden vielfach zur Weltflucht statt zur Weltüberwindung und Eigenverantwortlichkeit eingesetzt. Man will vom psychic reader wissen, ob man sich vom Partner trennen soll, vom Kartenleger, ob der Zeitpunkt für den Urlaub ungefährlich ist, und der Astrologe soll ausrechnen, wann nun endlich der große Lottogewinn ins Haus steht und welche Entscheidung man in der Angelegenheit XY treffen soll.

In solchen Fällen wird versucht, die Entscheidungen und damit die Verantwortlichkeit auf andere abzuschieben. Im Falle eines Mißlingens des jeweiligen Projektes trägt dann der Kartenleger, der Astrologe oder der Hellseher die Schuld, oder schlicht das böse Schicksal. Der Blick dafür, daß Schicksal immer etwas ist, was uns zum Heil (lat. sal = Heil) geschickt wurde, ist dem modernen Menschen weitgehend verlorengegangen. Der antike Mensch lebte dagegen noch in diesem Bewußtsein und war so eher vor Orakelmißbrauch geschützt. Wenn heute dagegen die Prophezeiung des einen Kartenlegers nicht das erwartete Ergebnis bringt, wechselt man zum nächsten Hellseher und versucht nun hier den Schwarzen Peter und die Lebensverantwortung loszuwerden.

Wobei ausdrücklich betont werden muß, daß sich da zwei Persönlichkeitstypen treffen, die einander bedingen. Der unselbständige »Orakelkonsument«, der eine allwissende (Vater-)Instanz sucht, die sein Leben für ihn regelt, wie es im Kleinkindalter die Eltern taten. Auf der anderen Seite steht der moderne »Orakelpriester«, der unter dem edlen Deckmantel des Lebenshelfers oft eine gehörige Portion Machtanspruch in seinem Schattengepäck mit sich trägt. Ziemlich offensichtlich wird das bei jenen, die in einschlägigen Zeitschriften mit Pseudonymen werben, die (zur Zeit bevorzugt) dem ägyptischen Götterhimmel entlehnt sind. Nachdem die »Götter in Weiß« gerade entthront wurden, hilft jetzt Dr. Horus in ausweglosen Lebenslagen. Da berechnet ein Astrologe die Zukunft auf den Tag genau. Es werden Beschwörungen angeboten, die das Schicksal beeinflussen und über Leben und Tod von Freunden und Feinden entscheiden sollen. Völlige Diskretion versteht sich von selbst. Beispiele dieser Art sind zahlreich und machen überdeutlich, wieviel Machtanspruch und Gefahr des Mißbrauches in diesem Bereich lauern.

Auch die seriösen unter den modernen »Orakelpriestern« sind ständig mit den Verlockungen der Macht konfrontiert, da ihre Klienten nicht selten (aus Unwissenheit) Allwissenheit in sie hineinprojizieren. Gute und seriöse »Zeichendeuter« wissen um die Gefahr der Macht in ihrem Beruf und sind auf der Hut bzw. versuchen etwa über eigene Psychotherapien ihre Schattenseiten kennenzulernen. Für Astrologen, Kartenleger oder Hellseher sollte das gleiche gelten wie für Psychotherapeuten: Therapietechniken zu erlernen ist sekundär im Vergleich zur Eigentherapie. Zum einen, weil man auf diese Art vieles über die eigene Machtproblematik erfährt, und zum anderen, weil sich der »Zeichendeuter« oder Psychotherapeut so weit kennen muß, daß er zumindest sehen kann, in welchen Bereichen die Gefahr der Projektion seiner eigenen Problematik auf seinen Klienten droht.

Die Ausführungen über das Orakelwesen haben an dieser Stelle nicht zufällig zum Thema Psychotherapie geführt. Zu den modernen Formen, den Willen der Götter (Urprinzipien) und das eigene Schicksalsmuster zu erfahren, gehört die Psychotherapie – vor allem jene Richtungen aus dem Bereich der humanistischen Psychologie. Die hier angewandten Methoden sollen dazu dienen, das eigene psychische Muster, die Charakterstruktur, die natürlich entscheidend den Lebensweg eines Menschen bestimmt, zu erkennen. Der Psychotherapeut nimmt dabei gleichsam jene Mittlerrolle ein, die früher der Orakelpriester innehatte. Er versucht seinen Patienten behilflich zu sein, den großen Zusammenhang ihres seelischen Musters zu sehen und sie bei der Deutung ihrer Lebensumstände zu unterstützen. Der Therapeut wird aus einem esoterischen Blickwinkel betrachtet zum Psychopompos, zum Seelenbegleiter. In der Antike war der göttliche Vertreter dieses Berufszweiges Hermes-Merkur, der Götterbote, der die Botschaften vom Olymp an die sterblichen Menschen weitergab. Ähnlich versuchten die Orakelpriester in den dazu entsprechenden Tempeln, die göttlichen Botschaften zu empfangen und an die Menschen weiterzuleiten.

In dieser Hinsicht läßt sich Psychotherapie als eine moderne »Orakeltechnik« im eigentlichsten Sinn des Wortes verstehen. Aus der Zusammenarbeit von Ratsuchendem und Therapeut ergibt sich ein Blick auf das Lebensmuster. Das Ziel ist, wirkliche Bewußtheit zu erlangen. Eigenverantwortung und Lebensmeisterung werden gefördert und treten an Stelle von Lebensvermeidungsstrategien.

Abschließend seien nochmals die wesentlichen Punkte des Phänomens zusammengefaßt: Es kann als Tatsache gelten, daß mit Hilfe verschiedener Orakeltechniken Weissagungen möglich sind. Genügend Beispiele belegen, daß es Menschen möglich ist, einen Zugang zu jenen Bereichen des Unbewußten zu finden, in denen Schicksalsmuster gespeichert sind.

Die Grundlage dieses Phänomens ist jene Weltsicht, die im ersten Teil des Buches dargestellt wurde: Alles hat seine Ordnung im Weltgefüge. Es gibt keinen Zufall in dem Sinne, wie der Begriff heute gebraucht wird. Vielmehr meint Zufall alles, was uns gesetzmäßig (im Rahmen der großen Ordnung) zufällt.

Mikrokosmos ist gleich Makrokosmos. Von den Zeichen der großen Ordnung (z.B. den Sternen) kann auf Gegebenheiten der kleineren Ordnung (z.B. Mensch) geschlossen werden. Diese Zeichen bestehen parallel bzw. synchron. Das heißt, in dem Moment, in dem das Orakel befragt wird, kann aus den gleichzeitig vorhandenen Zeichen das entsprechende Antwortmuster abgelesen werden.

Entstanden sind die unzähligen Orakeltechniken wohl aus der Sehnsucht des Menschen, im Leben Sinn und Ordnung zu erkennen.

Alles Sichtbare ist ein Gleichnis für das unsichtbare Muster, das in uns liegt. Das zu erkennen war und sollte Aufgabe der Orakel sein. Nicht umsonst befand sich über dem Eingang des berühmtesten Orakeltempels der Antike in Delphi der Satz: »Erkenne dich selbst - damit du Gott erkennst.«

Orakeltechniken - Ein-Blick hinter die Kulissen des Schicksals

Die Phantasie der Menschen war schon immer grenzenlos, wenn es darum ging, den undurchsichtigen Wegen des Schicksals auf die Schliche zu kommen. Die ersten Wahrsagemethoden arbeiteten verständlicherweise mit Naturgegenständen. Es wurden etwa Muscheln, Steine oder Knochen in vorgegebene Felder geworfen. Aus der Lage und nur für den Kenner sichtbaren Ordnung der geworfenen Gegenstände ergaben sich die Antworten auf die gestellten Fragen, die häufig eher schlichten Inhalts waren. Da ging es um Klärung von Vaterschaft, um den Diebstahl eines Huhnes, um die Treue der Ehefrau etc.

Auch das Kristallsehen existierte schon in frühester Zeit. Für den erdverbunden lebenden Menschen galten Steine und vor allem Kristalle als das Gedächtnis der Erde. Die in ihnen gespeicherten Informationen konnten von medial begabten Menschen abgelesen werden. Eine Technik, die sich auch heute wieder gewisser Beliebtheit erfreut.

Ferner wurden leere Schildkrötenpanzer in Feuer gehalten, und die Stellen, an denen der durch die Hitze geschädigte Panzer Sprünge aufwies, ergaben ein Bild, ein Muster, das gedeutet wurde. Es wird vermutet, daß sich aus dieser uralten Orakelmethode das chinesische I Ging entwickelte, das ja eines der Kultbücher der modernen Esoterikszene geworden ist.

Eine weitere Methode der Schicksalsbefragung war die Leberschau. Die Leber von Opfertieren zeigte mit ihren vierzig (gedachten) Segmenten ein Abbild des Kosmos. Größe, Farbe, Erhebungen und Abnormitäten spielten bei der Deutung eine wesentliche Rolle. Berühmt wurde diese Wahrsagetechnik vor allem durch die Römer, die die Eingeweideschau von Opfertieren, Haruspizium genannt, vermutlich von den Etruskern übernahmen. Man war überzeugt, daß die Tiere von dem Gott (zumindest im übertragenen Sinne) verzehrt wurden, dem man sie geopfert hatte, und so eine Verbindung zu ihm bzw. zu dem von ihm repräsentierten Prinzip herstellten. Wenn der Haruspex (der Eingeweidedeuter) den Leichnam des geopferten Tieres öffnete, glaubte er mit den »Gedanken« des Gottes verbunden zu sein und so die Zukunft ablesen zu können. Bei der Leberschau spielte beispielsweise der processus pyramidalis, ein pyramidenförmiger Fortsatz der Leber, eine große Rolle. War er gut entwickelt, so galt das als gutes Omen, war er verkümmert, kündete das schlechte Zeiten an. Als der Haruspex von Julius Caesar ein paar Tage vor jenen in die Geschichte eingegangenen Iden des März im Jahre 44 v. Chr. entdeckte, daß der processus pyramidalis von Caesars Opfertier fehlte, riet er dem Herrscher eindringlich, auf sein Leben zu achten. Das Schicksal nahm bekanntlich trotzdem seinen Lauf, und Caesar wurde kurz darauf ermordet.

Noch größere Bedeutung kam im alten Rom dem Augurium zu. Es umfaßte die Beobachtung, das Auspizium, von Sonnen- und Mondfinsternissen, Gewittern und bestimmten Verhaltensweisen von Tieren, etwa den Vogelflug. Die Auguren mußten das Einverständnis der Götter für praktisch jede größere Entscheidung ihres Herrschers erbitten. Da deshalb nahezu alles von den Aussagen der Auguren abhing, hatten sie ungeheure Macht im politischen Leben. In ihren Händen lag vielfach die Entscheidung über Krieg oder Frieden.

Es lohnt sich, diese geschichtlichen Beispiele genauer zu betrachten und sich von der Arroganz zu lösen, die unser aufgeklärtes Industriezeitalter für diese Art kultureller Erscheinungen übrig hat. Der moderne westliche Mensch geht schnell von der Tatsache aus, daß den Menschen früher bzw. den sogenannten primitiven Kulturen etwas Entscheidendes fehlte, nämlich Intellekt und technisches Wissen um die Gesetze der materiellen Welt. Daß aber die Menschen in den erwähnten Kulturen etwas besaßen, was vielleicht wichtiger für ein erfülltes Leben ist, wird über der Begeisterung für Autos, Staubsauger, Kühlschränke, Waschmaschinen und Mondraketen vergessen. Der Mensch archaischer Kulturen – im Ursinn des Wortes religiös - war und ist sich bewußt, daß er Teil eines großen Ganzen ist. In dieses große Ganze, jenes Muster, das hinter allem steht, sich einzufügen, ist sein wesentliches Ziel. Die Welt der Ideen, des Geistes, ist für ihn das eigentlich Wichtige, während die konkrete Welt Vehikel ist, um zu lernen und sich dem Transzendenten quasi würdig zu erweisen. Die Unzufriedenheit und innere Leere, die entsteht, wenn nicht alle drei Bereiche der Wirklichkeit, Körper, Seele und Geist, geachtet werden, macht krank. Wo das für die Gesundheit notwendige Gleichgewicht fehlt, muß der Betroffene bewußt oder unbewußt auf die Suche gehen nach den ihm fehlenden Bereichen. Eine der Folgen begegnet uns heute in der Esoterikwelle, eine andere in der zunehmenden Suchtproblematik, die eine noch viel unerlöstere Ebene der Suche zeigt.

Die unzähligen Orakeltechniken der Alten waren Symbol für deren Eingebundensein in eine offensichtlich existierende kosmische Ordnung und eine Verbindung zur Transzendenz. Unabhängig vom Mißbrauch, der heute mit ihnen getrieben wird, erfüllen sie in dieser Funktion noch immer einen heilsamen Zweck. Durch den Umgang mit ihnen akzeptiert der Mensch bewußt oder unbewußt die Existenz eines übergeordneten geistigen Bereiches und hat damit die Chance, den einseitigen und hybriden Pfad eines rein materiell orientierten Lebens zu verlassen. Daß es dabei auch zu den erwähnten Problemen von Weltflucht, Projektion von Verantwortung, Abhängigkeit, etc. kommt, kann durch die Bedeutung, die diese wiedergefundene Erkenntnis für die Sinnfindung im Leben des einzelnen hat, wieder aufgewogen werden. Mißbrauch läßt sich mit allem treiben, nicht nur mit Orakeln.

Astrologie - Der Himmel als Abbild des Seelenmusters

Kaum noch gibt es eine Tageszeitung, in der nicht das Horoskop des Tages für die jeweiligen Sonnenzeichen zu finden ist. Um der »Königin der Wissenschaft«, wie die Astrologie noch vor ein paar Jahrhunderten genannt wurde, gerecht zu werden, ist es notwendig, eingehender zu betrachten, was sie kann und womit sie arbeitet. Auch gilt es eine Grenze zu ziehen zwischen der durch die Medien geisternden Vulgärastrologie und eben jener Königin der Wissenschaft.

Grundlage der Astrologie ist wie bei allen esoterischen Disziplinen das Analogiedenken. Man betrachtet das Ordnungsmuster des Himmels, den gesetzmäßigen Lauf der Planeten, der Sonne und des Mondes und ihre Standorte zueinander und schließt von dieser äußeren, weit entfernt liegenden Ordnung auf eine kleinere, etwa die psychische Struktur eines Menschen. Hier sei ein weitverbreiteter Irrglaube richtiggestellt. Eine große Anzahl von Astrologiegläubigen und -gegnern meint, daß die Sterne eine kausale Wirkung (z. B. in Form irgendwelcher Strahlen oder ähnlichem) haben. Auch wenn dies der Fall wäre, hätte es nichts mit der Arbeitsweise der (esoterischen) Astrologie zu tun, die nämlich allein die Ordnung der Sterne in *Entsprechung* zur Ordnung der Welt oder des Menschen setzt. Deutlich und direkt heißt es hier Mikrokosmos ist gleich Makrokosmos. Das Prinzip der Synchronizität, des gleichzeitigen parallelen Ablaufs von Ereignissen auf verschiedenen Ebenen ist allein von Be-Deutung.

Ein Horoskop (von griech. hora skopein = in die Stunde schauen) zeigt erst einmal nichts anderes als eine grafische Momentaufnahme des Himmels über einem bestimmten Ort und zum Zeitpunkt eines Ereignisses, zum Beispiel einer Geburt. Es ergeben sich daraus drei Hauptebenen, aus denen sich ein sogenanntes Radix zusammensetzt: die zwölf Tierkreiszeichen, der Stand sämtlicher Planeten inklusive Sonne und Mond und die Lage des Erdhorizontes zur Ekliptik, wodurch das astrologische »Häusersystem« bestimmt wird. All diese Faktoren, aus denen sich das Horoskop zusammensetzt, stehen auch noch in einem Verhältnis zueinander, sind durch verschiedene Winkel, sogenannte Aspekte, miteinander verknüpft. Es ergeben sich daraus Trillionen verschiedener Kombinationsmöglichkeiten. Damit ist das astrologische Symbolsystem sicherlich das am höchsten differenzierte. Die astronomische Abbildung der Himmelsordnung ist für jemanden, der mit den archetypischen Strukturen dieses Symbolsystems vertraut ist, deutbar. Und wie bei allen Orakeltechniken ist diese Deutung vom Wissen und Entwicklungsstand des Deuters abhängig.

Setzt man das Horoskop, also das Abbild des Makrokosmos, in Beziehung zu einem Menschen (Mikrokosmos), zeigt es ein Abbild von dessen Lebensmuster. Es ist gleichsam ein Bild der Charakterstruktur, innerhalb derer sich der jeweilige Mensch verhalten wird. Diese Struktur ist sehr allgemein gehalten, das heißt, es gibt unendlich viele Möglichkeiten, um dasselbe vorgegebene Muster zu leben. Das ist auch der Grund, warum es *vordergründig* oft so scheint, als hätten Menschen mit dem gleichen Horoskop ganz verschiedene Lebensmuster. Unter dem Gesichtspunkt des Analogiegesetzes wird jedoch schnell deutlich, daß ein und dasselbe Muster lediglich auf verschiedenen Ebenen gelebt wird; so wie man Schmerz beispielsweise im Körper erleben kann oder als seelisches Leid oder im geistigen Bereich als quälenden Zweifel am Sinn des Lebens.

An Hand der antiken Orakelsprüche wurde schon gezeigt, daß der Mensch seinen »Schicksalsspruch« zu erfüllen hat. Aus astrologischer Sicht könnte man sagen, daß jeder Mensch sein psychisches Muster, das im Horoskop sehr abstrakt abgebildet ist, leben bzw. zur Entfaltung bringen muß. Das klingt einfacher, als es ist. Aus esoterischer Sicht sind mit der psychischen Grundstruktur gleichzeitig entwicklungsmäßige Lernaufgaben verbunden, das heißt Prinzipien und Qualitäten, mit denen der Mensch erst in Kontakt kommen muß, die er erst leben lernen muß. An einem bildlichen Beispiel mag deutlich werden, was gemeint ist: Das Samenkorn einer Blume, das unter der Erde liegt, enthält das ganze Potential dieser Pflanze. Trotzdem braucht es Anstrengung und Bemühen, um den Erdboden zu durchstoßen. Das Wasser des Regens, Sonnenlicht und später der Wind zur Befruchtung sind notwendig, damit das Korn im Laufe seiner Zeit zu jener Blume werden kann, zu der es bestimmt ist. Ganz ähnlich verhält es sich beim Menschen. Das Horoskop ist symbolische Darstellung des Samenkorns und der Blume in einem. Es zeigt den Anfang, in dem nach esoterischer Sicht bereits alles enthalten ist, die Probleme und Hürden, die gemeistert werden müssen und das »runde« Ergebnis. Und es zeigt den Rahmen aus Raum und Zeit, in dem sich dieses Lebensschauspiel entwickeln wird. Richtig interpretiert hilft ein Horoskop sich selbst zu erkennen und dementsprechend zu leben. Ein zentrales menschliches Problem läßt sich so lösen. Ist ein Mensch auf Grund seiner Anlage (des Samenkorns) zum Gänseblümchen bestimmt, heißt das noch nicht, daß er das immer spürt und mit diesem Muster einverstanden ist. Er wäre vielleicht lieber Rose, Sonnenblume oder Königskerze geworden, weil er glaubt, in diesen Gestalten besser anzukommen. Und so müht sich der »Gänseblümchenmensch« ein Leben lang in eine verkehrte Richtung, wird doch nie Rose und verzweifelt an der Welt. Um die eigenen Anlagen klarer zu sehen, kann eine Horoskopanalyse wertvolle Dienste leisten.

An dieser Stelle muß noch ein anderer ziemlich weitverbreiteter Irrglaube berichtigt werden: Ohne zusätzliche hellseherische Fähigkeiten kann kein Astrologe aus dem Horoskop den konkreten Lebensverlauf eines Menschen herauslesen. Die jeweilige Ebene, auf der das psychische Muster gelebt wird, ist nämlich niemals mit Sicherheit aus dem Horoskop ersichtlich. Ein Mensch kann aber im Idealfall so weit mit seinem Muster und den damit verbundenen Problembereichen in Kontakt gebracht werden, daß er die Chance hat, zu erkennen, ob er »Sonnenblume« oder »Gänseblümchen« ist. Wenn er nämlich als bescheidenes Blümchen angelegt ist und dieses Muster lebt, befindet er sich in Einklang mit der kosmischen Ordnung, erfüllt somit den »Willen der Götter« und erspart sich unnötigen Leidensdruck. Im Rahmen seines Musters kann er wirklich zum »König« (der Gänseblümchen) werden, während er unter den Rosen immer eine unglückliche Figur gemacht und unter Minderwertigkeitsgefühlen gelitten hätte.

In diesem Sinne ist Astrologie eine der großartigsten und differenziertesten Orakeltechniken, die zu Selbsterkenntnis und damit Schicksalserkenntnis verhelfen kann, denn Charakter + Zeit = Schicksal.[22] Unser Charakter ist unsere Grundstruktur. Fließt Zeit in dieses Grundmuster, entsteht unser Schicksal.

Gefahr und Humbug liegen also nicht in der Astrologie an und für sich. Es sind jene schon zuvor erwähnten Fallen, die auch hier lauern: Das Abschieben von Eigenverantwortung des Ratsuchenden auf der einen Seite, Macht- und Profilierungs-

---

[22] Thorwald Dethlefsen: Schicksal als Chance. München 1985.

wunsch des Beraters auf der anderen Seite; einseitige und kurzsichtige Interpretationen von symbolischen Inhalten, die, zu konkret übersetzt, der Vielfältigkeit der Wirklichkeit nicht gerecht werden; unbewußte Projektion der Eigenproblematik des Astrologen auf seinen Klienten.

Ein weiterer wunder Punkt in den Interpretationen vieler Astrologen ist die Wertung bezüglich »gut und böse«. Da heißt es dann: »Oh, Ihre Sonne ist aber ganz schlecht gestellt und vom großen Übeltäter mit einem schlechten Quadrataspekt verletzt. Sie werden nie Erfolg haben in Ihrem Leben!« Mit solchen und ähnlichen Aussagen wird ein Geschäft mit der Angst oft ohnehin labiler Menschen gemacht. Häufig wird so Abhängigkeit erzeugt, weil dem Klient damit quasi suggeriert wird, daß der Astrologe mit seinem Wissen über die Zusammenhänge der Welt der Einzige ist, der ihn vor noch größerem Unheil bewahren kann.

In Wirklichkeit gibt es weder gute noch schlechte Horoskope, ebensowenig wie gute oder schlechte Zeiten, auch wenn dies vordergründig so erscheinen mag. Es gibt einfach Zeiten von verschiedener Qualität, in denen jeweils andere Anforderungen an unsere Entwicklung gestellt werden, die jede für sich und auf ihre Art Sinn ergeben. »Alles hat seine Stunde. Für jedes Geschehen unter dem Himmel gibt es eine bestimmte Zeit: eine Zeit zu gebären und eine Zeit zu sterben, eine Zeit zu pflanzen und eine Zeit zu ernten, eine Zeit zu töten und eine Zeit zu heilen, eine Zeit niederzureißen und eine Zeit aufzubauen, eine Zeit zu weinen und eine Zeit zu lachen, eine Zeit zu klagen und eine Zeit zu tanzen, eine Zeit Steine zu werfen und eine Zeit sie einzusammeln, eine Zeit zu umarmen und eine Zeit sich zu trennen, eine Zeit zu suchen und eine Zeit zu verlieren, eine Zeit zu behalten und eine Zeit wegzuwerfen, eine Zeit zu zerreißen und eine Zeit zusammenzufügen, eine Zeit zu schweigen und eine Zeit zu reden, eine Zeit zu lieben und eine Zeit zu hassen, eine Zeit für Streit und eine Zeit für den Frieden. Ein jegliches hat seine Zeit.«[23]

Astrologie ist ein Werkzeug, diese verschiedenen Zeitqualitä-

[23] Prediger Salomo, 3.

ten zu erkennen, und sie bietet die Möglichkeit, ihnen statt mit Widerstand mit Bewußtheit zu begegnen. Dabei geht es in erster Linie um das Verständnis abstrakter Urprinzipien und erst in zweiter Linie um die konkrete Manifestation derselben. Ein Beispiel soll das verdeutlichen. Ein von vielen Astrologen zum Bösewicht verdammtes Urprinzip wird vom Planeten Saturn repräsentiert. Schon in alten Zeiten galt er als der große Übeltäter, ganz einfach deshalb, weil er im Gegensatz zum Prinzip der Fülle und Expansion, repräsentiert durch Jupiter, *Beschränkung auf das Wesentliche* darstellt. Er läßt alles zur *Essenz* gerinnen. Als Kronos-(die Zeit)-Saturn frißt er die Kinder, die er gezeugt hat, wieder auf (wie die Natur, die im Winter ihre Früchte wieder zurücknimmt). Aller äußere Firlefanz fällt mit saturniner Zeitqualität weg. Es geht darum, sich auf die eigenen *Wurzeln,* die *Basis* zu *konzentrieren.* Betrachtet man all diese saturninen Schlüsselbegriffe, so ist leicht zu erahnen, wie dieses Planetenprinzip zu seinem schlechten Ruf kam und warum es weniger Freunde findet als das jovische Prinzip der Fülle. Aus einem esoterischen Blickwinkel herrscht jedoch Wertfreiheit. Jedes Prinzip ist ein wichtiger und notwendiger Teil des großen Ganzen, das die Wirklichkeit ausmacht. Um beim Saturnbeispiel zu bleiben: Jeder Forscher weiß, daß zu der Fülle an zündenden Erkenntnissen (Jupiter) auch konzentrierte Arbeit und die Probe aufs Exempel (Saturn) folgen muß, damit Forschungen auch nutzbar werden.

Astrologische Inhalte sind also richtig verstanden immer wertfrei und neutral. Wertungen kommen erst durch die persönlich gefärbte Sichtweise zustande. Einem Ratsuchenden nun die Chancen und Möglichkeiten einer bestehenden »Saturn-Zeitqualität« aufzuzeigen, wäre Aufgabe eines verantwortungsbewußten Astrologen und in jedem Fall sinnvoller und heilsamer als angstmachende Vermeidungsstrategien zu verkaufen, die zudem nicht einmal funktionieren.

Tarot – Bilder auf dem Weg

Je zivilisierter und differenzierter das menschliche Leben wurde, um so abstrakter wurden die Orakeltechniken. Die natürlichen

Gegenstände, die zur Schicksalsbefragung dienten, wurden von »künstlichen« Symbolsystemen ersetzt, die tiefes Wissen über die Wirklichkeit enthielten. Zu den wohl eindrucksvollsten und bis in die heutige Zeit populärsten zählt das Tarot. Die Legende dieses »Kartenspiels« erzählt, daß es von Weisen im alten Ägypten geschaffen wurde, die damit das geheime Wissen, das sie besaßen, über den Untergang ihrer Kultur hinaus retten wollten. Sie schufen mit dem Tarot ein System von Bildern und Symbolen, in denen die ganze esoterische Weisheit zusammengefaßt ist.

Das Kartenspiel besteht aus 78 Karten, den 22 großen Arkana und den 56 kleinen Arkana. Die Bilder der Karten zeigen archetypische Gestalten und Inhalte. Die großen Arkana stellen in erster Linie den archetypischen Entwicklungsweg des Menschen zur Vollkommenheit in 22 Stufen dar. So zeigt etwa die vierte Tarotkarte einen Herrscher, der auf einem würfelförmigen Thron sitzt. Die Grundzahl des Würfels ist die Vier. In allen Kulturen steht diese Zahl in Zusammenhang mit der Welt der Materie. Der Mensch ist sozusagen ans Kreuz der Materie geschlagen, gefangen in Zeit und Raum. Die Tatsache, daß der Herrscher auf der Tarotkarte *auf* dem Würfel sitzt, zeigt somit, daß er sich die Materie, das Körperliche, die Welt, die Erde untertan gemacht hat. Das heißt, er ist nicht mehr Sklave seiner körperlichen Bedürfnisse, sondern Herr(scher) darüber. Er bestimmt selbst und nicht seine unbewußten Triebe. Dasselbe gilt für den äußeren materiellen Bereich, da sich nach esoterischer Lehre innen und außen entsprechen. Der Herrscher hat keine materiellen Probleme, er ist als König mit allen irdischen Gütern gesegnet, ohne aber durch Gier in Abhängigkeit zu geraten. Das Problem Materie ist für ihn gelöst. Der Herrscher der vierten Tarotkarte lebt in vollem Bewußtsein über die wahren Werte des Lebens. Ihm ist das Körperliche, das Materielle Werkzeug, das er benutzt und mit dessen Hilfe er sich in Richtung Vollkommenheit bewegen kann. Diesem Werkzeug begegnet er mit Achtung, verliert aber sein wirkliches Ziel nicht aus den Augen. Diese Tarotkarte symbolisiert lediglich die vierte Stufe auf dem Entwicklungsweg, den die großen Arkana abbilden. Hier befindet man sich sozusagen gerade in der

»Grundschule«, die zu absolvieren ist, lange bevor man die »Universität« des Lebens besuchen kann.

Ein ebenso bedenkliches wie weitverbreitetes Phänomen in der modernen Esoterikszene ist, daß man sich für den Lehrstoff der »Universität« interessiert, während man noch kaum mit den Themen der »Grundschule« vertraut ist. Daß der Stoff der Oberstufe ohne das Wissen der »Grundschule« nicht verstanden werden kann, ist dabei noch das kleinere Problem. Schlimmer ist, daß solcherart ungeerdetes Wissen den Benutzer gefährdet, weil es ihn hoffnungslos überfordert. Esoterisches Wissen und »spirituelle Entwicklung« werden so auch zum Alibi, um sich den anstehenden naheliegenden Problemen nicht stellen zu müssen. Falschverstandene, weil am falschen Ort und zur falschen Zeit angewandte esoterische Lehren werden auf diesem Wege leicht zu einer Art Droge, die zur Weltflucht statt zur eigentlich geforderten Weltbewältigung benutzt wird. In dieser Hinsicht fällt bei näherer Betrachtung der Esoszene auf, wie viele ihrer Mitglieder sich um die höchsten Dinge sorgen, während sie noch nicht in der Lage sind, die einfachsten Aufgaben im materiellen Bereich zu bewältigen. Nicht nur im Tarot, sondern in praktisch allen esoterischen Traditionen gehört es zu den Voraussetzungen, die Bedürfnisse des Körpers zu beherrschen. Wer so einfache Dinge wie Stillsitzen und Fasten nicht schafft, braucht sich demnach um die letzten Stufen nicht zu kümmern, sie werden ihn lediglich verwirren. Die indische Tradition kennt in diesem Zusammenhang den Begriff des Yoga (=Joch). Danach gilt es, den Körper frühzeitig anzujochen, um sich auf den fortgeschritteneren, anspruchsvolleren Stufen des Weges auf ihn stützen zu können. In der christlichen Tradition bezeichnet die Aufforderung der Bibel »Macht euch die Erde untertan!« diesen Zusammenhang, meint sie doch Weltbewältigung, wie der Herrscher der vierten Tarotkarte.

Die voreilige Hinwendung zum »Universitätslehrstoff« des Lebens ist Ausdruck der Sehnsucht des Menschen nach dem (paradiesischen) Zustand der Vollkommenheit, der Einheit. Es ist sehr menschlich, auf dem harten Entwicklungsweg zu diesem zumeist weit entfernten Ziel nach bequemen Abkürzungen zu suchen. Es liegt aber in der Natur des Entwicklungsweges, daß diese Abkürzungen zu Umwegen werden, die irgendwann doch wieder zu dem Punkt führen, den man gerade vermeiden wollte.

Diese Interpretation der vierten Tarotkarte, Meisterschaft über die Materie zu erlangen, ist allerdings nur eine von vielen. Es lassen sich darüber hinaus noch tiefgründigere und auch oberflächlichere Inhalte daraus lesen. So vielfältig wie das Leben selbst sind die Deutungsmöglichkeiten dieses grandiosen Symbolsystems, in dem sich esoterisches Urwissen und die Lehre von der menschlichen Seele verbinden.

Wie schon erwähnt, ist ein Symbol immer eine Darstellung der Ganzheit und repräsentiert die ganze Fülle derselben. Wie alle Orakelsysteme kann das Tarot auch auf vielen verschiedenen Ebenen eingesetzt und auf vielfältige Art gedeutet werden. Es läßt sich zu einer sehr simplen Form des Kartenlegens benutzen, die sich auf eher banale und profane Deutungen beschränkt. Die dreizehnte Tarotkarte »Der Tod« zeigt dann einen Todesfall im ganz konkreten Sinn an und nicht einen Sterbeprozeß auf einer übertragenen Ebene. Zwischen diesen beiden extremen Polen mag die Problematik, die in den banalen Interpretationen liegt, erkennbar werden.

Wertende und einseitige Deutungen der gelegten Karten können in dem Ratsuchenden Ängste wecken, die in sogenannten self-fulfilling prophecies (selbsterfüllenden Prophezeiungen) gipfeln. Wenn nämlich die angstvollen Gedanken ständig um den vorhergesagten Tod oder Unfall kreisen, entsteht ein Energiefeld, eine Affinität, die das gefürchtete Ereignis geradezu erzwingt. Die entsprechenden Situationen werden geradezu angezogen. Auch die Abhängigkeit von den Karten, die Entscheidungsflucht oder eine unerlöste »Kismethaltung« sind mögliche Gefahrenpunkte.

Daneben gibt es aber natürlich auch eine sehr sinnvolle und entwicklungsfördernde Art der Anwendung von Tarotkarten. Mit Hilfe ihrer Symbolik ergibt sich die Möglichkeit einer tiefgehenden Diagnose von seelischen Problemsituationen. Setzt man sich mit den Bildern, die zu einem bestimmten Lebensthema auftauchen, auseinander, können Struktur und Hintergründe der eigenen Empfindungen und Verhaltensweisen klarer werden. Dieser Vorgang findet zumeist in Form meditativer bzw. kontemplativer Betrachtung statt, in der man das jeweilige Symbol auf sich wirken läßt. Dieser Prozeß kann tiefgehende Erfahrungen auslösen, da Seele und Tarot eine analoge Bildersprache sprechen. Durch sie können Schatteninhalte, also Inhalte, die man bis dahin nicht wahrhaben oder sehen wollte, bewußt werden. Wird das Tarot-Orakel in diesem Sinne befragt, steckt in der Diagnose gleichsam schon ein Ansatz von Therapie. Selbst wenn sich die Bedeutung der Karten dem *intellektuellen* Verständnis entzieht und man sich nur betrachtend auf das Symbol einläßt, kann mit dem Herzen das Wesentliche geschaut werden. Das Symbol ist ja jene Ausdrucksform, die die Seele besser versteht, aus der sie mehr Erkenntnis entnimmt als aus der »normalen« Sprache, die vor allem intellektuelle Erkenntnisse transportiert. Bildlich gesprochen könnte man sagen, der Intellekt richtet sich an den Kopf (der in unserer Zeit ohnehin überbetont ist), das Symbol an das Herz. Und darin besteht ein Unterschied wie zwischen der chemischen Analyse und dem Geschmack eines Apfels. Um zu wissen, was ein Apfel ist, nützt ein Bild von ihm mehr als die aufgelisteten chemischen Bestandteile. Will man sein Wesen voll erfassen, muß man hineinbeißen, ihn erleben bzw. erfahren. In diesem Sinne kann das Tarot Vermittler sein zwischen äußeren und inneren Seelenbildern.

I Ging – das Buch der Wandlungen

Eine weitere von der heutigen Esoterikszene stark strapazierte Orakeltechnik ist das I Ging. Die Entstehungsgeschichte dieses alten chinesischen Weisheitsbuches, das zu den ältesten überlieferten Schriften überhaupt gezählt wird, verliert sich im Mythos. Es wird vermutet, daß es sich aus dem früher in China üblichen Knochenorakel entwickelte.

Die dem »Buch der Wandlungen« zugrundeliegende Basis ist die Lehre vom Zusammenspiel von passiver, weiblicher und aktiver, männlicher Energie, von Yin und Yang, die den Lauf der Welt, den Rhythmus des Lebens bestimmen. Schon die ursprüngliche Bedeutung des Wortes »I« lautet »Tausch, Wandel«

und zeigt den Grundcharakter des Buches. Alles Existierende ist eine Kombination aus Yin und Yang, und diese Kombinationen und damit das ganze Universum befinden sich in stetem Wandel. Einmal überwiegt der eine, ein anderes Mal überwiegt der gegensätzliche Einfluß. Die Aufgabe des I-Ging-Orakels ist es, jene Einflüsse von Yin und Yang aufzuzeigen, die für den Ratsuchenden gerade eine Rolle spielen. Die Orakelsprüche und Kommentare im I Ging klingen trügerisch einfach und beinhalten dabei ein ungemein komlexes symbolisches Wissen. Die Aussagen sind so allgemein und offen gehalten, daß sie im Laufe der Esoterikwelle besonders leicht zu konkreten Banalitäten vergewaltigt werden konnten.

Das ursprüngliche I Ging zeigt in sehr abstrakter Form das Wesen einer gegenwärtigen Situation, aus der sich nichts Unabänderliches, aber eine Geneigtheit für die Zukunft ergibt. Es zeigt sozusagen ein Bild der Konsequenzen, die sich aus der momentanen Lage der Dinge ergeben können. Wie bei jedem Orakel, ist es auch Ziel des I Ging, dem Fragenden einen Weg zu weisen, in Harmonie mit den kosmischen Gesetzen, mit den großen zyklischen Veränderungen zu kommen, denen nicht nur er selbst, sondern das ganze Universum unterliegt.

Die traditionelle taoistische Philosophie geht davon aus, daß das Universum in ständiger Bewegung ist.[24] In ihrem Zentrum steht das Bild eines immerwährenden Schöpfungsaktes. Was jetzt ist, wird sich wandeln. Die Zukunft ist keine feststehende Tatsache, sondern eine Fülle von Möglichkeiten, die gestaltet werden wollen. An das I Ging wird daher nicht nur die Frage gestellt: »Was wird mit mir geschehen?«, sondern auch: »Was kann ich tun?« Ein aktives Mitgestalten im Rahmen der kosmischen Gesetzmäßigkeit ist möglich, ja es geht gerade darum, ethisch vertretbare Entscheidungen zu treffen. Das I Ging ist so behilflich, in Harmonie mit den kosmischen Gesetzen zu handeln. »Das Buch der Wandlungen zeigt die Bilder des Geschehens und mit ihnen das Werden der Zustände in statu nascendi. Indem man nun durch seine Hilfe die Keime

---

[24] Ähnlich wie Heraklit in seinem berühmten Ausspruch: Panta rhei = alles fließt!

erkennt, lernt man die Zukunft voraussehen, ebenso wie man die Vergangenheit verstehen lernt. So dienen die Bilder, die den Zeichen zugrundeliegen, eben dazu, Vorbilder zu sein für das zeitgemäße Handeln in den durch sie angedeuteten Situationen.«[25] Die Art und Weise, wie die Orakelsprüche im I Ging verfaßt sind, schützt dieses System weitgehend vor Mißbrauch. Zum einen dadurch, daß die enthaltenen philosophischen Weisheiten so offen und von so hoher Komplexität sind, zum anderen, weil sie aus einem für das Verständnis des westlichen Menschen sehr fernliegenden Kulturkreis kommen, dessen Art des Denkens für ihn nur schwer nachvollziehbar ist.

Um die Botschaft, die in dem jeweiligen Orakelspruch steckt, wirklich zu verstehen, ist fundiertes symbolisches Wissen und eine eingehende Beschäftigung in Form von Meditation notwendig. Die »verschlüsselten« Weisheiten müssen, ähnlich wie beim Tarot, ihren Weg zur Seele des Fragenden finden, um überhaupt auf Resonanz zu stoßen. Ein I-Ging-Orakelspruch wie beispielsweise: »Die Wildgans zieht allmählich dem Baume zu. Vielleicht bekommt sie einen flachen Ast. Kein Makel.«, ist offensichtlich nicht besonders gut geeignet, so mir nichts, dir nichts auf eine konkrete Fragestellung übertragen zu werden. Man muß sich schon sehr auf die symbolischen Bilder einlassen, um eine Antwort auf die gestellte Frage zu erhalten. Am I Ging wird damit die altbekannte Tatsache deutlich, daß sich Weisheit selber schützt. Wenn die Anstrengung nicht unternommen wird, in die Tiefen der vordergründig so einfachen und nichtssagend wirkenden Botschaften vorzudringen, bleibt das wahre Wissen verborgen.

Runen – germanische Schriftzeichen zur Schicksalsbefragung

Ähnliches wie für Tarot und I Ging gilt auch für das Orakeln mit Runen, die ebenfalls durch die Esoterikwelle wieder in Mode gekommen sind. Runen sind die alten germanischen Schriftzei-

---

[25] I Ging. Text und Materialien. Übersetzt von Richard Wilhelm. Köln 1983. S. 20 f.

chen, die ursprünglich in das Holz von Buchenstäben geritzt wurden (daher kommt unser Wort Buchstabe) und zur Schicksalsbefragung geworfen wurden. Aus der Lage der Runenstäbe lasen die Kundigen die Zeichen der Zeit. Im Mythos heißt es, daß die Runen vom germanischen Gott Wotan persönlich geschaffen wurden (die Parallele zum biblischen »... und das Wort kam von Gott« bietet sich hier an). Runar bedeutet im nordischen Sprachraum soviel wie »magische Zeichen, Signal (der Götter)«. Das altgermanische runa steht für »Geheimnis, geheime Beratung, Abstimmung und Rat«. Man könnte sagen, daß es darum ging, die geheime, weil verborgene Ordnung zu erfassen, Beratung mit den Schicksalsgöttinnen abzuhalten, sich mit dem von ihnen gewebten Schicksalsmuster abzustimmen und sich Rat zu holen. Womit wiederum das Wesen aller Orakeltechniken zusammengefaßt wäre.

Das Hellsehen und seine Gefahren

Zu den problematischsten, weil am stärksten vom persönlichen Entwicklungsstand des Mediums abhängigen Orakelmethoden, zählt das Hellsehen. Zweifellos gibt es Menschen, die das Talent haben, in Bereiche des Unbewußten vorzudringen und darin gespeicherte Inhalte über das seelische Muster und sich daraus ergebende Schicksalsabläufe von Menschen wahrzunehmen. Nicht selten zeigen sich sogenannte außersinnliche Wahrnehmungen auch bei ganz »normalen«, das heißt nicht unbedingt medialen Menschen in Form von präkognitiven (= vorauswissenden) Träumen oder telepathischen Kontakten. Fast jeder Mensch hat schon einmal erlebt, daß er ohne ersichtlichen Anlaß an jemanden dachte, von dem er jahrelang nichts mehr gehört hatte, und kurze Zeit später klingelte das Telefon und gerade dieser Jemand ist an der Leitung. Die Existenz solcher Phänomene außersinnlicher Wahrnehmung wird niemand, der sich näher mit diesem Thema beschäftigt hat, bestreiten können. Wobei hier nicht behauptet werden soll, daß alles, was unter diesem Schlagwort läuft, auch wirklich echte Phänomene sind. In einem Bereich, der sich mit so »irrationalen« Dingen beschäftigt, die so wenig greifbar sind, ist natürlich auch einer kranken Phantasie, Betrug und Wichtigtuerei Tür und Tor geöffnet. Aber dennoch gibt es eine größer als allgemein vermutete Anzahl von beeindruckenden Ergebnissen auf diesem Gebiet.

Bezogen auf das Hellsehen ist ein hoher Ego-Anspruch auf Seiten des Mediums die Hauptfehlerquelle. Das Medium wird um so besser sein, je mehr es fähig ist, seine persönlichen Probleme und Meinungen, seine Projektionen auszuschalten, vor allem, wenn es um eine Interpretation des auf medialem Weg geschauten Inhaltes geht. Denn auch beim Hellsehen äußert sich die Seele bzw. das Unbewußte in Form von symbolischen Bildern. Je mehr Druck das Medium nun vom Fragenden erfährt, möglichst konkrete Aussagen zu machen, um so größer ist die Gefahr von Mißinterpretationen.

Diese Problematik verdeutlicht das folgende Beispiel: Eine Frau kam auf Grund von massiven Beziehungsproblemen (sie war eine von drei Frauen, zwischen denen sich ihr Freund nicht entscheiden konnte) zu einer Hellseherin und wollte wissen, was sie in dieser Situation tun solle, die Beziehung aufgeben oder weiterkämpfen. Nachdem die Hellseherin in Trance gegangen war, sah sie ein Bild voller Blut. Nach der Fragestellung lag für sie die Interpretation auf der Hand: sie gab der hilfesuchenden Frau den Rat, auf jeden Fall die Finger von der Beziehung zu lassen, denn sonst werde es Mord und Todschlag geben. Die Liebe war stärker und die Frau befolgte den Rat der Hellseherin nicht. Der Mann entschied sich für sie, und sie führten eine langjährige Ehe, bevor der Mann an einem Blutsturz starb. Hier erst spielte das viele Blut, das die Hellseherin in Trance ganz richtig gesehen hatte, seine Rolle. Vorher aber hatte die Vorhersage jahrelang das Leben der Frau vergiftet.

An diesem Beispiel wird ein weiterer Schwachpunkt des gesamten Orakel- und Hellsehbereiches, wie er zur Zeit in Mode ist, deutlich. Jeder Mensch neigt automatisch dazu, alle Informationen, die er über zukünftige Ereignisse bekommt, durch den Filter seines gegenwärtigen Entwicklungsstandes zu sehen. Daß aber ein Geschehen völlig anders erlebt werden kann, wenn Zeit vergangen ist, man innere und äußere Lernschritte gemacht und neue Erkenntnisse gesammelt hat, wird (verständlicherweise) nicht mit in Betracht gezogen. Es entsteht dadurch eine Situation, als gäbe man beispielsweise einem fünfjährigen Kind, das noch keine Buchstaben kennt, einen komplizierten wissenschaftlichen Text mit dem Auftrag, diesen vorzulesen. Diese Aufgabe ist vom momentanen Entwicklungszustand des Kindes unlösbar. Ist aber die Zeit gekommen, sich mit komplizierten Inhalten auseinanderzusetzen, mag das ganz anders sein. Die inzwischen vergangene Zeit ermöglicht es dem Kind, sich eine sichere Basis zu schaffen, um ein vorerst unlösbar scheinendes Problem zu lösen.

Ganz ähnlich verhält es sich mit Zukunftsprognosen, die Einblicke in ein Erleben gewähren, für das noch keine Basis besteht. Wenn sich der Kartenleger, Astrologe oder Hellseher nicht in hohem Maße all dieser Dinge bewußt ist, nicht ständig versucht, gleichsam mit den Ohren seines Klienten zu hören, zu überprüfen, welche »Sprache« dieser versteht und sich die Verantwortung vor Augen führt, die er für jedes Wort trägt, kann aus wohlgemeinter Lebenshilfe sehr schnell ein Geschäft mit der Angst werden.

Orakel – der Draht nach »oben«

Drei zentrale Fragen sind es, die den Menschen zu allen Zeiten beschäftigten und nach deren Beantwortung auf die vielfältigste Weise gesucht wurde und wird: »Wer bin ich? Woher komme ich? Wohin gehe ich?« Unter dem Strich betrachtet kann man sagen, daß die Auseinandersetzung mit diesen Fragen, die Suche nach dem Weg und Sinn des Lebens, der Motor für das Denken und die Erforschung der Wirklichkeit ist. Hier wurzeln auch Wissenschaft und Religion, wobei erstere den Weg über die sichtbare, letztere den über die unsichtbare Welt nimmt.

Eine von unzähligen Möglichkeiten, um Antwort auf die drei großen Fragen zu finden, ist das Orakeln. Vorausgesetzt natürlich, daß es in seinem urprünglichen Sinne angewandt wird als Hilfe zu Selbsterkenntnis und um die Struktur der Weltordnung, in die man gerade eingebunden ist, zu sehen. Es kann helfen, einen Zugang zu dem instinktiven Wissen zu finden, das in jedem Menschen ruht. Dieses Wissen sagt ihm, daß er Teil eines

Kosmos (=Ordnung) ist und in dieser Ordnung seinen Platz und seine Bestimmung hat. Diesen Platz einzunehmen bedeutet Erfüllung, die nur dann wirklich möglich ist, wenn man sich in Harmonie mit dem großen Ganzen befindet. Es ist ein Charakteristikum des Menschen, daß er nicht automatisch bereit ist, sich einzufügen. Was im Tierreich noch (unbewußte) Selbstverständlichkeit ist, muß sich der Mensch über Bewußtwerdung erst wieder erarbeiten. Eine Maus käme nie auf die Idee, sich wie ein Adler zu verhalten, sie erfüllt instinktiv ihre Aufgabe, die mit dem Maus-Sein verbunden ist.

Das Problem, sich nicht mehr im Rahmen der großen Ordnung zu bewegen, ist heute für viele Menschen zur Quelle von Leid geworden und wird begünstigt von einem gewissen Hochmut, der in dieser Zeit liegt. Der Mensch neigt dazu, sich allmächtig zu fühlen, alles erscheint ihm machbar. Wie eine Krebszelle ist er nicht mehr bereit, sich dem Organismus des Lebens unterzuordnen und gefährdet damit die gesamte Existenz dieses Organismus und natürlich seine eigene. In der griechischen Antike nannte man dieses Verhalten, das alle Grenzen ignoriert, Hybris. Sie war die eigentliche und einzige wirkliche »Sünde«, die zwar Bestandteil des menschlichen Entwicklungsweges war, aber gnadenlos von den Erinnyen, den Rachegeistern des Schicksals, geahndet wurde.

Da immer mehr Menschen wach werden für die Erkenntnis dieser Entwicklungssackgasse, machen sich viele auf die Suche nach einer alternativen Weltanschauung. Es setzt eine Art Rückbesinnung auf das Wesentliche, die Wurzeln der menschlichen Seele ein. Bewußtheit für die Gesetze des Lebens beginnt wieder zu wachsen. Wieviel versponnene Früchte der Esoterikboom auch trägt, das noch sehr zarte Licht dieser Bewußtheit ist eine davon. Und das kann gar nicht hoch genug geschätzt werden angesichts der Notwendigkeit eines Gesinnungswandels.

Die Beschäftigung mit den verschiedensten Orakeltechniken ist Ausdruck dafür, daß viele Menschen wieder einen Weg suchen, um ihren Platz im kosmischen Gefüge zu finden. Eine religiöse Haltung kann damit in dem Sinne wiedergefunden werden, als eine Hinwendung zum Eigentlichen, Transzendenten, geistigen Bereich stattfindet (religio = Rückverbindung zum Urgrund und damit zum Geistigen).

Orakel bieten eine Möglichkeit zur Selbsterkenntnis. Das »Erkenne dich Selbst« als Leitspruch des Orakels von Delphi weist darauf hin, daß nur diese vordringlichste Aufgabe des Menschen die Lösung der Rätsel des Lebens bringen und die menschliche Sehnsucht nach Gotteserfahrung stillen kann. Denn, wie es Jesus sagte: »Das Himmelreich Gottes liegt in euch!«

Wundergläubigkeit – Die irrationale Antwort auf eine rationale Zeit

Die Frage, ob es Wunder gibt oder nicht, beschäftigte zu allen Zeiten die klügsten Köpfe der Geisteswissenschaften und Theologie. Geteilte Meinungen darüber hat es schon immer gegeben. Verschoben hat sich im Vergleich zu früher nur das Zahlenverhältnis zwischen Wundergläubigen und Zweiflern. Noch im Mittelalter galten Wunder bzw. unerklärliche Vorkommnisse eher als Normalfall. Mit dem aufkommenden Rationalismus in der Renaissance, mit den zunehmenden Erkenntnissen der Wissenschaft bis zur heutigen Zeit, reduzierten sich die sogenannten Wunder, da nun viele bis dahin unerklärliche Phänomene als ganz normale Naturereignisse vom Schleier des Geheimnisvollen befreit wurden.

Und trotzdem gibt es sie auch heute, jene Vorgänge, Ereignisse und Erfahrungen, die den Naturgesetzen widersprechen und für viele Menschen als Zeichen und Offenbarung göttlicher Macht und göttlichen Handelns gelten, auch wenn kritische Geister darauf hinweisen, daß immer noch nicht alles, was zwischen Himmel und Erde geschieht, erforscht ist. Die Leere und Schalheit, die ein Weltbild, das alles vernünftig zu erklären versucht, hinterläßt, schafft geradezu die Grundlage für eine richtiggehende Sucht nach Wundern. Das Wunder als Ausdruck göttlichen Handelns wiegt die Trostlosigkeit und Hoffnungslosigkeit eines rein materialistischen Weltbildes auf. Wo keine Aussicht (von mehr Geld abgesehen) auf ein besseres Leben besteht, winkt plötzlich etwas wie Erlösung und gibt ein Gefühl von Geborgenheit und Aufgehobensein.

Um das Wesen der Wunder zu verstehen, ist es am besten, einige der zahlreichen, im Neuen Testament beschriebenen Beispiele zu betrachten, von der Wandlung von Wasser in Wein auf der Hochzeit zu Kanaa über die Besänftigung eines Sturmes bis zur wundersamen Brotvermehrung oder dem Gang über das Wasser des Sees Genezareth. Die wohl eindrucksvollsten Wundertaten waren Jesu Krankenheilungen und Totenerweckungen. Mit ihnen wies er sich als der erwartete Messias

(Heiland) aus und erfüllte die Prophezeiung des Propheten Jesaja, der gesagt hatte: »Er nahm unsere Gebrechen weg und unsere Krankheiten trug er fort.«

Der Run auf Wunderheiler und die Suche nach immer neuen Gurus im Zuge der Esowelle legt die Vermutung nahe, daß es auch hier um die uralte Sehnsucht des Menschen nach einem Messias geht, von dem man gerettet werden, an den man glauben kann.

Vor allem an mangelndem Glauben leiden die Menschen unserer Zeit. Gerade der Glaube wäre es aber, der Wunder ermöglicht, wie die Beispiele von Jesu Wunderheilungen zeigen. »Und siehe, da brachten sie ihm einen Gelähmten, der auf dem Bette lag. Und als Jesus ihren Glauben sah, sprach er zu dem Gelähmten: Steh auf, nimm den Bett und geh! Und er stand auf und ging hinweg.« Eine an Blutfluß erkrankte Frau trat von hinten an Jesus heran und berührte sein Gewand. »Denn sie sagte sich selbst: Wenn ich nur sein Kleid anrühre, werde ich gesund werden. Jesus aber wandte sich um, sah sie und sprach: Sei getrost, meine Tochter, dein Glaube hat dich gerettet.« Auch bei der Heilung von zwei Blinden vergewissert sich Jesus: »Glaubt ihr, daß ich euch heilen kann? Sie antworteten ihm: Ja, Herr! Da berührte er ihre Augen und sprach: Euch geschehe nach eurem Glauben.«

Die erwähnten Beispiele machen den Zusammenhang zwischen Wunder und Glauben sehr deutlich. Im Grunde beweist jedes Wunder, daß es eine Kraft gibt, die stärker ist als Materie und Naturgesetze, daß der Geist die Materie beherrscht. Der Glaube ist eine geistig-seelische Kraft, die das unmöglich Erscheinende möglich macht, oder, wie Christus sagte, Berge versetzen kann.

Ein einfaches Beispiel aus dem Bereich der Hypnose kann zeigen, wie der Geist, die Vorstellung oder eben der Glaube körperliche Gegebenheiten dominieren kann. Suggeriert man einem Menschen, der sich in tiefer Trance befindet, daß er in seiner Hand ein glühendes Stück Kohle hält, werden sich augenblicklich alle Symptome einer Verbrennung zeigen, vom brennenden Schmerz bis zu Brandblasen. Und das alles geschieht ausschließlich über den Weg der Vorstellung, ohne daß wirklich ein Stück glühende Kohle notwendig wäre. Ähnlich verhält es sich mit dem seit einiger Zeit in der Esoszene so populären Feuerlaufen. Dabei werden die Teilnehmer aufgefordert, sich vorzustellen, statt über glühende Kohlen über einen kühlen weichen Moosteppich zu laufen. Und Unzähligen ist es schon gelungen, einige Schritte über 800 Grad heiße Kohlen zu machen, ohne Verbrennungszeichen wie Schmerzen oder Brandblasen davonzutragen.

An solch kleinen Beispielen mag klar werden, worum es bei allen Wundern geht: um die Herrschaft des Geistig-Seelischen über das Körperliche. In einer Zeit, wo der körperliche Aspekt der Wirklichkeit so überbewertet wird, muß ein Ungleichgewicht zwischen Körper, Seele und Geist entstehen. Insofern hat die Erfahrung von Wundern einen wichtigen Stellenwert, rückt sie doch den ins Abseits geratenen Teil der Wirklichkeit wieder ins Bewußtsein. Mag auch die Form noch so eigenartig sein, etwa wenn Charterflugzeuge zum Wunderkonsum auf die Philippinen fliegen. Neben dem vielen Betrug, den man bei solchen Gelegenheiten geboten bekommt, beeindrucken doch die wenigen absolut unerklärlichen Leistungen der »psychischen Chirurgen«. Wunderheilungen halten sich hier genauso in Grenzen wie bei ähnlichen Gelegenheiten in Lourdes. Aber immerhin gibt es sie in seltenen Fällen. Bezeichnend ist es, daß wir lieber um die halbe Welt fliegen, als uns im eigenen (Kultur-) Kreis umzutun.

Der grundsätzliche Vorbehalt gegen unerklärliche Geschehnisse sitzt tief in der Seele des westlich intellektuellen Menschen, der zudem vor allem auf körperliche Phänomene fixiert ist. Wo der Zweifel aber im Herzen sitzt, halten sich die Wunder in Grenzen.

AUSBLICK - GEFAHREN UND CHANCEN DER ESOTERIKWELLE

Während sich die momentan über uns schwappende Okkultwelle sehr schnell als ein typisches Kind des Zeitgeistes zu erkennen gibt, bleibt eigentliche Esoterik als Kern aller Religion und Rückverbindung zum Urgrund des Menschseins ein zeitloses Phänomen. Zu allen Zeiten gab es echte esoterische Strömungen, die Zugang zum Urwissen des Lebens hatten, und es wird sie wohl zu allen Zeiten geben, ganz unabhängig vom jeweils herrschenden Zeitgeschmack. Die ältesten uns überlieferten Schriften wie das Gilgameschepos oder die Veden sind religiösen Inhalts und in ihrem Kern wesentlich esoterisch. Auch viel jüngere Überlieferungen wie die Bibel oder die Sutren des Buddha verkünden dieselbe Grundidee. Wie zeitlos das in all diesen Schriften niedergelegte Wissen ist, mag schon die Tatsache belegen, daß größter Wert darauf gelegt wird, daß sie in ihrem Inhalt nicht verändert wurden. Durch Veränderungen könnte nichts gewonnen, sondern im Gegenteil nur Wesentliches verloren gehen. Daß Esoterik im Augenblick in Mode ist, hat mit diesem Urwissen recht wenig zu tun. Mode ist ihrem ganzen Wesen nach immer exoterisch und paßt sich per Definition dem jeweils gültigen Zeitgeschmack an, ja sie verkörpert ihn. Esoterik aber ist frei von der Illusion der Zeit und existiert jenseits der Zeit. Anpassung ist auf dieser Ebene völlig undenkbar. Insofern ist auch der in der New-Age-Szene gefeierte Satz, daß sich moderne Wissenschaft und Esoterik einander immer mehr annähern, falsch. Zwar sind sich Esoterik und Wissenschaft heute wesentlich näher als früher, das aber liegt einzig daran, daß sich die moderne Physik auf das Wissen der Esoterik zuentwickelt. Dieses aber ist unverrückbar, bewegt sich nicht im geringsten. Es ruht sozusagen in der Mitte, dort, wo im Mittelpunkt die Einheit herrscht, die keine Bewegung kennen kann, da sie weder Zeit noch Raum kennt. Je weiter sich Wissen von dieser Urquelle entfernt, desto verfälschter muß es notgedrungen werden durch seine Anpassung an die Zwänge unserer polaren Welt. Wenn solches Wissen bis an die gesellschaftliche Oberfläche dringt und sich auf Verkaufsmessen, in Tageszeitungen und auch Taschenbüchern breit macht, ist es zumeist viel zu weit von seiner Quelle entfernt, um noch das echte Anliegen vermitteln zu können.

Andererseits läßt sich im Gegensatz zur Mitte, der Quelle des Wissens, auf dieser Oberfläche alles sehr leicht beschreiben. Echte Esoterik ist auf solchen Ebenen nicht zu bekommen, doch kann es Sinn machen, an der Oberfläche die Dinge zu ordnen und zumindest zu erkennen, was hier nicht möglich ist. So lassen sich jedenfalls Irrtümer vermeiden. Aus dem Wissen, wie weit die Okkultwelle von Esoterik entfernt ist, lassen sich die Probleme wie auch die Chancen besser einschätzen, die mit diesem Zeitphänomen verbunden sind.

Nicht zu unterschätzende Gefahren ergeben sich vor allem dort, wo das Urwissen, daß letztlich alles Eins ist, ins Gegenteil umgebogen wird. Krasse Beispiele dafür wären einige Richtungen des positiven Denkens, die auf Ausschließen und Verdrängen hinauslaufen und damit in die Gegenrichtung von Esoterik zielen. Das Ergebnis ist Schattenbildung, die sich in allen Arten von Krankheitssymptomen niederschlagen kann, ganz entsprechend der eigenen Disposition. Über die Symptombildung aber kommen derlei Verirrungen letztlich immerhin zurück auf den Weg. Denn zusammen mit seinem Schatten wird der Betreffende wieder ehrlich und heil. Wer mit positiven Gedanken auf physische Unsterblichkeit zielt, wird durch sein unaufhaltsames Altern heilsam an die Zwänge der Polarität erinnert. In dieser Welt der Gegensätze entwickelt sich nun einmal alles in Rhythmen, einem ständigen Auf und Ab. In der Angst vor dem Altern werden die Betroffenen wieder ehrlich: sie wollen einen Pol der Wirklichkeit, nämlich Jugend, und lehnen den anderen, das Alter, ab. Altern sinkt damit in den Schatten und wird im Körper besonders eindrucksvoll und heilsam sichtbar. Im Bewußtsein wird nur die Jugend geduldet, das Altern muß sich deshalb um so stärker *verkörpern.*

Gefahren, in körperlicher, seelischer oder geistiger Hinsicht zu erkranken, bringen auch die zum Teil äußerst wirksamen Techniken zur Bewußtseinsentwicklung mit sich, über die esoterische Traditionen verfügen. Diese sind nicht an sich gefährlich, können aber, im falschen Moment an der falschen Stelle eingesetzt, überfordern. Eingebettet in die entsprechende Tradition und angeleitet von kompetenten Lehrern, lassen sich damit eindrucksvolle Entwicklungsschritte bewältigen. Von ihrem geistigen Hintergrund isoliert und funktional angewandt, um bestimmte, zumeist auch noch egoistische Ziele zu erreichen, kann ihre Wirksamkeit zur erheblichen Gefahr werden und unvorbereiteten Anwendern den Boden unter den Füßen wegziehen. Die Funktionalisierung und Verbreitung alter Techniken, losgelöst von ihrem religiösen Rahmen, ist heute zu einer Lieblingsbeschäftigung der Esowelle geworden. Während Geheimhaltung eines der ersten Gebote esoterischer Tradition ist, setzt die moderne Esoterikbewegung auf »Demokratisierung« und Verbreitung des Wissens. Echte esoterische Wissensvermittlung lebt von strenger Hierarchie: Das Wissen darf nur vom Lehrer persönlich an den Schüler weitergegeben werden. Selbst in dieser strengen Beziehung wird der Weg auf Grund der hohen Wirksamkeit der entsprechenden Anweisungen von den Eingeweihten noch als gefährlich bezeichnet. Die heutige Zeit liebt Hierarchie grundsätzlich nicht und handelt sich damit entsprechende Gefahren ein. Im ursprünglichen griechischen Sinne bedeutet das Wort die Herrschaft des Heiligen, Einen. So ehrenwert die Demokratisierung und Sozialisierung allen Wissens sein mag, dem esoterischen Wissen wird sie in keiner Weise gerecht. Es wird zur Gefahr oder schützt sich bestenfalls selbst, indem es unverständlich bleibt. Der Versuch jedenfalls, es in entsprechenden Zeitschriften auszuschlachten, die wöchentlich immer wieder neues Spektakuläres bieten wollen, gerät zur Farce. Selbst bei persönlicher Einweisung ist heutzutage allerdings die Gefahr nicht mehr gebannt angesichts der Inflation von esoterischen Lehrern, Trainern und selbsternannten Gurus.

Was auf den heute für spirituelle Betätigung üblichen oberflächlichen Ebenen möglich ist, wo der esoterische Weg zum Hobby und zur spannenden Nebenbeschäftigung geworden ist, läßt sich bestenfalls als Vorbereitung für ernste Schritte bezeichnen. Dann zeichnen sich die betreffenden Übungen aber gerade durch einen auffallenden Mangel an Spektakulärem aus. Den Körper in Zucht zu nehmen, ihn gehorchen zu lehren, etwa durch Fastenzeiten oder Exerzitien, wie sie die Zen-Tradition kennt, wäre hier beispielsweise zu erwähnen.

Letztlich muß man auch Bereiche des alternativen Gesundheitsmarktes zur Esoterikszene rechnen. Und auch hier lauern inzwischen vielfältige Gefahren. Was als Reaktion auf die überzogene Entwicklung der Schulmedizin so hoffnungsvoll begonnen hatte, ist an einigen Punkten bereits ins andere Extrem gekippt. Immer mehr und kompliziertere Apparate und immer neue Pharmazeutika sind sicherlich keine adäquate Antwort auf die gesundheitlichen Probleme dieser Zeit. Völlig unkontrollierbares Pendeln, »Hellsehen« und »Auralesen« sind aber oft noch viel weniger geeignet, kranken Menschen zu helfen. Die Tatsache, daß einige wenige Menschen medial und intuitiv hochbegabt sind, kann nicht darüber hinwegtäuschen, daß ein Heer von Scharlatanen auf der Esowelle schwimmt und zum Teil recht gut im Schutze von Kritiklosigkeit und -unfähigkeit profitiert. Eine ebenfalls nicht zu unterschätzende Gefahr liegt darin, daß diese Flut jene wenigen wirklich Begabten in Mißkredit bringt und die entsprechenden Methoden gleich mit. Bezeichnend ist, daß die wenigsten »Heiler« vorsätzlich betrügen. Sie leiden im allgemeinen an derselben Kritikunfähigkeit wie ihre Kunden und halten sich selbst für hochbegabt, die anderen aber für Scharlatane.

Sogar gut reproduzierbare Röntgen- und Laborergebnisse werden zur Kontrolle wiederholt. Bei allen vermeintlich intuitiven Ergebnissen wäre das noch *notwendiger.* Wer beim dritten Pendler oder Auraspezialisten die dritte unterschiedliche Diagnose erhält, sollte aufhorchen.

Eine weitere und vielleicht die größte Gefahr liegt in der Hybris, die aus einer funktionalen Benutzung okkulter Übungen und entsprechenden Wissens folgt. Immerhin fällt an der Esowelle auf, daß Methoden und Techniken bevorzugt werden, die bestens geeignet sind, sich etwas vorzumachen in Bezug auf die eigene Wirklichkeit. Ist die Diskrepanz zwischen Realität und eingebildetem Entwicklungsniveau zu groß geworden, folgt nicht selten die Flucht aus der Realität, die in ihrer Ehrlichkeit zu unangenehm wird. Die Fluchtwege sind dabei vielfältig und von unterschiedlicher Gefährlichkeit. Sie reichen von der Psychose bis zu Rückkehr zur Natur auf die Ebene eines Steinzeitlebens, das aller Technik angewidert den Rücken kehrt.

Bei der Beschreibung all dieser Gefahren klingen die Chancen schon mit an. Natürlich kann das wachsende Bewußtsein für die Natur zu unserer Rettung werden. Die Erkenntnis, daß nicht nur wir ihr gegenüber Ansprüche haben, sondern die Natur auch ihrerseits berechtigte Bedürfnisse hat, ist sicherlich u.a. der wachsenden Sensibilität im Zuge der New-Age-Bewegung zu danken. Es hat sich ausgehend von Findhorn und ähnlichen Plätzen herumgesprochen, daß die Erde ein Lebewesen ist, das unter uns zu leiden hat. Menschen, die meditieren und sich solcherart nach innen wenden, werden automatisch auch nach außen offener für die Bedürfnisse anderer Lebewesen, und sei es der Erde. Die Erkenntnis, daß alles lebt und Energie ist, kommt da gerade rechtzeitig von der Physik, um die Erfahrungen spirituell suchender Menschen auch theoretisch zu untermauern. Die Esoterikbewegung kann es sich in dieser Hinsicht durchaus als Verdienst anrechnen, eine große Anzahl von Menschen für solche Erfahrungen geöffnet zu haben. Der gerade noch beklagte Ausverkauf alter esoterischer Exerzitien hat hier auch wieder seine positiven Seiten, hat er doch vielen Menschen Übungen an die Hand gegeben, die, wenn auch nicht im eigentlichen esoterischen Sinne angewandt, doch für die tieferen eigenen Bedürfnisse und die der Umwelt sensibilisieren.

Das sich anbahnende Ende des überzogenen Materialismus ist ebenfalls in diesem Zuge zu erwähnen. Meditative Erfahrungen und theoretische Erkenntnisse aus Physik und Biologie haben, sich gegenseitig befruchtend, hier ihren unverkennbaren Beitrag geleistet. Der gesellschaftliche Schwerpunkt beginnt sich merklich vom rein Materiellen zum Spirituellen zu verlagern, wenn dabei auch die Gefahr eines wachsenden spirituellen Materialismus nicht zu übersehen ist.

Die Esoterikwelle hat schließlich nicht nur die Flucht aus der Verantwortung bei vielen Menschen gefördert, sie hat gleichzeitig auch das Verantwortungsbewußtsein für die Erde als Organismus wachsen lassen. Die Stimmung auf und zu diesem Planeten ist tatsächlich offener geworden. Wenn mehr

Menschen beginnen, sich und ihrer Umwelt liebevoller zu begegnen und innere und äußere Grenzen einzureißen, kann das nicht ohne Auswirkungen auf das Ganze bleiben. Und tatsächlich erleben wir zu Beginn des letzten Jahrzehnts dieses Jahrhunderts ein beispielloses Aufweichen von Grenzen bis in wirtschaftliche und politische Bereiche. Verkrustete Formen brechen auf und bringen Wachstumschancen mit sich. Interessant mag in diesem Zusammenhang sein, daß der indische Guru, Maharishi Mahesh Yogi, eine entsprechende Entwicklung seit gut einem Jahrzehnt voraussagt und sie aufs Engste mit der Zahl der meditierenden Menschen in Zusammenhang bringt. Der globale Effekt schlägt auch bereits auf die untergeordneten Zellen zurück. Unternehmensleitungen geht es zunehmend auch um inneres Wachstum ihrer Mitarbeiter. Wenn sie auch auf äußeres Wachstum noch lange nicht verzichten wollen, erkennen sie doch zunehmend, daß dieses nicht allein seligmachend sein kann. Hier zeichnet sich natürlich andererseits die Gefahr ab, auf »Esoterisches« zurückzugreifen, weil das gerade in Mode ist, und solcherart das alte Spiel weiterzutreiben. Ähnlich wie in einigen Betrieben vermeintlich eherne Werte in Bewegung geraten, gibt es solche hoffnungsvollen Ansätze auch in Pädagogik und Landwirtschaft.

Was in der Medizin als erhebliche Gefahr aufgetaucht war, als kritiklose Überbewertung von intuitiven Methoden, hat auf der anderen Seite auch zu einer rasch wachsenden Offenheit gegenüber einer neuen Medizin geführt, die jedenfalls insoweit esoterische Anteile hat, als sie versucht, Form und Inhalt wieder zusammenzubringen. Das Deuten von Krankheitssymptomen kann so den Weg bereiten zu ganzheitlicher Entwicklung und Übernahme der Verantwortung für das eigene Leben mit all seinen Höhen und Tiefen.

Betrachtet man all das zusammen, halten sich Gefahren und Chancen der Esoterikwelle, wie nicht anders zu erwarten, die Waage. Dort, wo das Wissen und die Techniken von ihren Wurzeln gelöst werden, droht die Gefahr von Verdrängung der eigenen und der globalen Probleme, von Ausgrenzung anderer und der eigenen Person, von Flucht aus der Verantwortung vor sich und der Welt. Wo die Verbindung zu den Wurzeln esoterischer Tradition aber gewahrt bleibt, liegen auch die Chancen, wenn nicht gar auf den Weg, so doch zu Schritten in eine evolutionäre Richtung zu finden: Fremdes zu integrieren, Grenzen immer weitergehender zu öffnen und so auf die Einheit alles Geschaffenen zuzuwachsen. Solche Vorstöße in Richtung Esoterik sind das genaue Gegenteil von Flucht und liefern ständig Gelegenheit, sich an der alltäglichen Wirklichkeit zu messen. So ist die Haltung, die man zu allem Fremden einnimmt, in unserer Zeit ein guter Gradmesser für die eigene Verwirklichung. Fremdes, vermeintlich Feindliches zu akzeptieren, hereinzunehmen und zum Eigenen zu machen, wäre ein Gebot der Offenheit und damit auch der Esoterik. Das wird meist damit beginnen, daß man erkennt, daß man sich selbst noch ein Fremder ist und in allen Ländern der Welt mit nur einer einzigen Ausnahme ein Ausländer. Von der Einheit allen Lebens zu reden ist eine Sache und hat mit Esoterik noch nicht sehr viel zu tun, die Verbundenheit mit allem und allen Fremden und Ausländern zu spüren, und tief in seinem Innern zu wissen, daß wir alle eins sind, ist dagegen ein wesentlicher Schritt auf dem esoterischen Weg – ein Schritt vor allem, der sich in der täglichen Lebenspraxis erweisen muß. Nur wo das gelingt, ist die Gefahr der Scheinheiligkeit, die so drückend über der Esoterikszene lagert, gebannt, und Heiligkeit rückt näher. Die aber bedeutet ja nichts anderes, als heil und ganz zu sein, nichts mehr auszuschließen, mit allem eins zu sein.

Über den Autor:

Dr. med. Rüdiger Dahlke, Jahrgang 1951, Medizinstudium in München, Weiterbildung in Psychotherapie, Homöopathie und Naturheilverfahren. Erarbeitung eines ganzheitlichen Psychosomatikkonzeptes: »Krankheit als Sprache der Seele«. Seit 1981 Fasten- und Meditationskurse und Seminare in esoterischer Medizin. 1990 Gründung des Heil-Kunde-Zentrums in 84381 Johanniskirchen.

Veröffentlichungen:

Bewußt fasten. Ein Wegweiser zu neuen Erfahrungen. München 1980
Krankheit als Weg. Deutung und Bedeutung der Krankheitsbilder. München 1983 (mit T. Dethlefsen)
Mandalas der Welt. Ein Meditations- und Malbuch. München 1985
Mandala-Malblock. München 1985
Das senkrechte Weltbild. Symbolisches Denken in astrologischen Urprinzipien. München 1986 (mit N. Klein)
Habakuck und Hibbelig. Das Märchen von der Welt. München 1986
Der Mensch und die Welt sind eins. Analogien zwischen Mikrokosmos und Makrokosmos. München 1987
Die Psychologie des blauen Dunstes. Be-Deutung und Chance des Rauchens. München 1989 (mit M. Dahlke)
Gewichtsprobleme. Be-Deutung und Chance von Über- und Untergewicht. München 1989
Herz(ens)probleme. Be-Deutung und Chance von Herz-Kreislauf-Problemen. München 1990
Verdauungsprobleme. Be-Deutung und Chance von Magen- und Darmproblemen. München 1990 (mit R. Hößl)
Okkultismus. Der Esoterik-Boom: Ursachen – Gefahren – Chancen. München 1990 (mit M. Dahlke) – Neuauflage unter dem Titel »Die spirituelle Herausforderung«. München 1994
Krankheit als Sprache der Seele. Be-Deutung und Chance von Krankheitsbildern. München 1992

Reisen nach innen. Geführte Meditationen auf dem Weg zu sich selbst. München 1994

Lebenskrisen als Entwicklungschance – Be-Deutung der Übergänge und ihrer Krankheitsbilder, München 1995

Krankheit als Symbol. Ein Handbuch der Psychosomatik. Symptome, Be-Deutung, Einlösung, München 1996

Das spirituelle Lesebuch. Mit Texten von Khalil Gibran, Dalai Lama, Thorwald Dethlefsen, David Steindl-Rast, Oliver Sacks, Lama Anagarika Govinda, C.G. Jung, Rabindranath Tagore, Bern 1996

Audiokassetten:

Vorträge, erschienen im Verlag Audiotex, Innsbruck, Österreich: 1. Der Mensch und die Welt sind eins; 2. Krankheit als Weg; 3. Krankheitsbilder unserer Zeit; 4. Sucht und Suche; 5. Fasten – gesund durch Verzicht; 6. Krankheit als Sprache der Seele; 7. Heilung durch Meditation.

Reihe »Ganzheitliche Medizin«, erschienen bei Edition Neptun, München: Tiefenentspannung; Innerer Arzt; Leber; Verdauungsprobleme; Gewichtsprobleme; Hoher Blutdruck; Niedriger Blutdruck; Rauchen; Krebs; Allergie; Rückenprobleme; Angst; Suchtprobleme; Kopfschmerzen.

Reihe »Sternzeichen-Meditationen« (zusammen mit M. Dahlke) zu jedem Tierkreiszeichen, erschienen bei Edition Neptun, München

Register